Das Regenmacher-Phänomen

Organisationen, die viel und systematisch lernen, sind erfolgreicher also solche, die nicht lernen – so jedenfalls versprechen es die Managementkonzepte der lernenden Organisation und der wissensbasierten Unternehmung. Stefan Kühl hinterfragt diese allseits akzeptierten Annahmen hinter den aktuellen Managementleitbildern und zeigt anhand von Erkenntnissen der neueren Organisationsforschung, dass diese ihr Versprechen, den Wandel von Unternehmen und Verwaltungen plan- und steuerbarer zu machen, nicht halten können.

Stefan Kühl lehrt Arbeits- und Industriesoziologie sowie Organisationstheorie an der Universität München und ist als Berater für verschiedene deutsche Unternehmer tätig. Er ist Autor des Campus-Titels *Wenn die Affen den Zoo regieren* (5. Aufl. 1998), der sich mit den Tücken flacher Hierarchien auseinandersetzt.

Anschrift: Dr. Stefan Kühl; Institut für Soziologie; Konradstraße 6; 80801 München; Telefon (089) 30 72 47 54; email: sk.deo@t-online.de

Stefan Kühl

Das Regenmacher-Phänomen

Widersprüche und Aberglaube im Konzept der lernenden Organisation

Campus Verlag
Frankfurt/New York

Die Deutsche Bibliothek – CIP-Einheitsaufnahme
Ein Titeldatensatz für diese Publikation ist bei
Der Deutschen Bibliothek erhältlich

Das Werk einschließlich aller seiner Teile ist urheberrechtlich geschützt.
Jede Verwertung ist ohne Zustimmung des Verlags unzulässig. Das gilt insbesondere
für Vervielfältigungen, Übersetzungen, Mikroverfilmungen und die Einspeicherung und
Verarbeitung in elektronischen Systemen.
Copyright © 2000 Campus Verlag GmbH, Frankfurt/Main
Umschlaggestaltung: RGB, Hamburg
Umschlagmotiv: © Photonica
Satz: Publikations Atelier, Frankfurt am Main
Druck und Bindung: Wiener Verlag GmbH, Himberg
Gedruckt auf säurefreiem und chlorfrei gebleichtem Papier.
Printed in Austria
ISBN 3-593-36188-4

Besuchen Sie uns im Internet: www.campus.de

Inhalt

Inhalt　　　9

Von Regenmachern, Veränderungsprojekten und Managementkonzepten

Was haben Regenmacher in einem Buch über Veränderungsprojekte und Managementkonzepte zu suchen? Die Irritation, die für mich Anlass war, dieses Buch zu schreiben, stellte sich erstmals während eines zweijährigen Aufenthaltes in der Zentralafrikanischen Republik ein. Bei der Analyse verschiedener Entwicklungshilfeprojekte zur Wirtschaftsförderung, zum Infrastrukturausbau und zur Gesundheitserziehung sprang die Diskrepanz zwischen den offiziellen Projektdarstellungen und der alltäglichen Realität der Projektbeteiligten förmlich ins Auge. Während in den Projektanträgen, Planungen und Beschreibungen Prinzipien wie Selbstorganisation, Partizipation, Kommunikation, permanente Lernprozesse und klare Zielsetzung dominierten, schienen die Projekte im Alltag nach ganz eigenen, widersprüchlichen und umstrittenen Regeln zu funktionieren. Die so positiv klingenden Leitbilder, an denen sich diese Projekte vermeintlich orientierten, hatten mit der von den Betroffenen wahrgenommenen Realität nur wenig gemein.

Es hätte nahe gelegen, diese doppelte Realität auf den schwierigen politischen, sozialen und wirtschaftlichen Kontext von Entwicklungshilfeprojekten im Allgemeinen und eine Mischung aus Bürgerkrieg, ausgeprägt postkolonialen Verwaltungsstrukturen, korrupten Beamten, zum Teil inkompetenten Projektmitarbeitern und problematischen Zielgruppen in Zentralafrika im Besonderen zurückzuführen. Später musste ich aber feststellen, dass sich die Erlebnisse mit den zentralafrikanischen Entwicklungshilfeprojekten nicht grundsätzlich von Erfahrungen mit Strategie- und Organisationsentwicklungsprojekten

in Unternehmen und Verwaltungen unterschieden. Auch bei diesen
herrschte eine unübersehbare Diskrepanz zwischen den propagierten
Leitbildern für einen »guten« Organisationswandel und der von den
Beteiligten wahrgenommenen Realität. Während die Organisations-
gestalter unter so eingängigen Konzepten wie lernende Organisation
oder wissensbasierte Firma von der Möglichkeit plan- und steuerbaren
Wandels ausgingen, waren die konkreten Veränderungsprozesse durch
Kämpfe, Widersprüchlichkeiten und Paradoxien geprägt.

Die Antworten, die die Managementliteratur auf diese Diskrepanz
zwischen den hehren Prinzipien ihrer Leitbilder und Konzepte auf der
einen und den Problemen, Widersprüchen und Konflikten in konkreten Veränderungsprozessen auf der anderen Seite liefert, lassen wohl
nicht wenige Leser unzufrieden zurück. Auf einen Nenner gebracht
führt diese Literatur die Widersprüche und Konflikte lediglich auf
Umsetzungsprobleme zurück und liefert Rezepte, wie die Veränderungsprozesse durch noch mehr und noch besserer Zielfindung, Partizipation, Selbstorganisation, Mitarbeitermotivation und Lernen doch
noch erfolgreich gestaltet werden können. Es werden »45-Minuten
Managementbücher« mit Checklisten und Praxistipps auf den Markt
geworfen. Diese Rezeptliteratur mag sich für konkrete Fragen des Managements – wie Buchhaltung, Qualitätssicherung, Gruppenarbeit
oder Auftragssteuerung – vielleicht noch eignen, zu einem besseren
Verständnis organisationaler Lern- und Veränderungsprozesse trägt sie
nicht bei. Wenn die Rezepte wirklich so erfolgreich wären, wie sie es
versprechen, wundert es, weshalb noch immer so viele Mitarbeiter bei
Veränderungsprojekten unter einer Vielzahl von Widersprüchlichkeiten und Dilemmata »leiden«.

In Abgrenzung von dieser Art Managementliteratur geht es mir in
diesem Buch darum, die Diskrepanz zwischen Leitbildern »guten« Organisationswandels und den Widersprüchlichkeiten in Veränderungsprozessen nicht einer mangelhaften Umsetzung von Veränderungs-
konzepten anzukreiden, sondern den vermeintlich rationalen Vorstellungen von Organisationswandel. Es ist eine zentrale Einsicht der Organisationsforschung nach dem Zweiten Weltkrieg, dass Unterneh-

men und Verwaltungen nur sehr begrenzt nach den offiziell propagierten Rationalitätsannahmen funktionieren. Die Widersprüchlichkeiten, Paradoxien und Dilemmata in Organisation werden aus dieser Perspektive nicht als pathologische Zustände diskriminiert. Vielmehr werden sie als Kernbestandteil in Veränderungsprozessen verstanden, die lediglich notdürftig durch modische Leitbilder überdeckt werden. Trotz dieser Grundskepsis gegen Rationalitätsannahmen in Unternehmen wäre es aber ein Kurzschluß, auf die rational klingenden Leitbilder wie lernende Organisation verzichten zu wollen. Und an dieser Stelle kommen die Regenmacher ins Spiel.

Es ist eine in der Zwischenzeit weitgehend akzeptierte Beobachtung der Naturwissenschaften, dass die in Teilen Afrikas verbreiteten Regenmacher in der Regel keinen Regen produzieren. Aber trotzdem wäre es problematisch, wenn traditionelle Kulturen auf ihre Regenmacher verzichteten. Der Nutzen der Regenmacher, darauf haben schon zu Beginn des zwanzigsten Jahrhundert Ethnologen und Soziologen hingewiesen, besteht nicht so sehr im offiziellen Auftrag der übernatürlichen Produktion von Niederschlägen, sondern vielmehr in der Stiftung von Zusammenhalt im Gemeinwesen. Der Regenmacher bietet der Gemeinschaft die Möglichkeit, anhand der Frage von Regen oder Nicht-Regen zu diskutieren, ob ihnen die Götter und Geister wohlgesinnt sind. Der Regenmacher-Effekt beschreibt die Einsicht, dass viele gesellschaftliche Institutionen zwar nicht das erreichen, was sie versprechen, dafür aber andere nützliche, nicht sofort sichtbare Funktionen haben.[1]

Die zentrale These dieses Buches ist, dass wir bei den zur Zeit im Management gehandelten Konzepten wie der lernenden Organisation oder der wissensbasierten Unternehmung einen solchen Regenmacher-Effekt beobachten können. Diese neuen Managementkonzepte versprechen bewährte, vermeintlich rationale Prinzipien für einen erfolgreichen Unternehmenswandel. Nur wenn man einen Veränderungsprozeß nach bewährten Prinzipien wie klare Zielsetzung, Identifikation der Mitarbeiter, Partizipation und Kommunikation, permanentes Lernen organisiere, könne man mit einem Erfolg der Veränderungsmaßnahmen rechnen. In diesem Buch wird die Schlüssigkeit dieser Prinzipien grundlegend hinterfragt, ohne aber damit die neuen, wandlungsorientierten Managementkonzepte gleich als nutzlos zu verdammen. Wie bei den Regenmachern gibt es auch bei den neuen Managementkonzepten einen versteckten, nicht sofort sichtbaren Nutzen. Der versteckte Nutzen der aktuell gehandelten Leitbilder besteht darin, in einer Situation hoher Verunsicherung den Mitarbeitern Orientierung zu geben. Genauso wie es zweifelhaft ist, ob Regenmacher wirklich Regen machen, ist es fragwürdig, ob die Prinzipien »guten« Organisationswandels zum Erfolg der geplanten Veränderungsmaßnahmen führen. Aber sie halten in Momenten radikaler Umbrüche das Gemeinwesen in Betrieben, Verwaltungen, Verbänden oder afrikanischen Dörfern zusammen.

Die Herausforderung in diesem Buch war es für mich, die Probleme, die Organisationspraktiker in Veränderungsprojekten beobachten, mit Einsichten der Organisationsforschung zu verknüpfen. Meine Hoffnung ist es, durch die Einmischung in die Diskussion über die lernende Organisation und die wissensbasierte Unternehmung – als zur Zeit dominierende Managementleitbilder zum Organisationswandel – eine Brücke zwischen den weitgehend getrennten Welten der Organisationspraxis auf der einen und der tendenziell im wissenschaftlichen Elfenbeinturm verharrenden Organisationstheorie auf der anderen Seite zu schlagen. Das Managementkonzept der lernenden Organisation dient mir dabei als Aufhänger, um ein komplexeres und meiner Meinung nach treffsicheres Verständnis von Organisationswandel zu entwickeln.

Organisationspraktiker seien an dieser Stelle beruhigt: Obwohl verschiedene organisationstheoretische Ansätze herangezogen werden, ist kein »typisch wissenschaftliches Buch« entstanden. Es wäre für mich unbefriedigend gewesen, die theoretisch reflektierten Erfahrungen bei Veränderungsprozessen in Unternehmen in eine Form zu pakken, in der sie von Organisationspraktikern nicht mehr zur Kenntnis genommen würden.

Trotzdem ist dieser Versuch der organisationstheoretisch aufgeklärten Einmischung in eine Diskussion von Organisationspraktikern gewissermaßen eine doppelte »Zumutung«:

Organisationspraktikern wird abverlangt, sich mit einem Konzept auseinander zu setzen, das nicht den gängigen Vorstellungen von »Erfolgsversprechen« und »Schlüssigkeit« entspricht. Die Überlegungen in diesem Buch haben zwar den Anspruch »praktisch« zu sein, sie sind aber nicht geschaffen, eins zu eins in konkretes Handeln umgesetzt zu werden. Wer die Hoffnung hat, am Ende dieses Buches eine Checkliste »Was sie ab nächster Woche anders machen müssen« zu finden, wird enttäuscht sein. Wer sichere Wege für größeren unternehmerischen Erfolg und finanziellen Reichtum erwartet, der sollte dieses Buch lieber zur Seite legen.

Organisationstheoretikern wird zugemutet, Überlegungen und Thesen in essayistischer Form präsentiert zu bekommen, in einer Form also, die nicht den gewohnten Kriterien des innerwissenschaftlichen Diskurses entspricht. Dieser – zugegebenermaßen etwas länger geratene – Essay zeichnet sich nicht vorrangig durch jene theoretische Kohärenz und Eindeutigkeit aus, die »gute« wissenschaftliche Literatur kennzeichnet. Ich greife vielmehr auf verschiedene theoretische Schulen zurück, um meine Hauptthesen unter verschiedenen Gesichtspunkten illustrieren zu können. Desweiteren findet sich die theoretische Einordnung meiner Thesen entgegen den wissenschaftlichen Gepflogenheiten in den Fußnoten. Dagegen nehmen die illustrierenden Geschichten »aus dem Leben« der Organisationen einen prominenten Platz ein. Diese Geschichten, die Forschungs- und Beratungsprojekten, Erzählungen von Kolleginnen und Kollegen oder der Managementliteratur entstammen, haben dabei nicht das Ziel meine Thesen zu belegen, sondern dienen lediglich der Verdeutlichung der Argumentation.[2]

Der Spagat zwischen Wissenschaft und Praxis ist in der deutschsprachigen Literatur eher selten. Ich bin den Kolleginnen und Kollegen aus Management, Beratung und Wissenschaft dankbar, die dieses Projekt nicht sofort als unseriös zurückgewiesen haben, sondern mich ermutigt haben, mich mit diesem »Grenzgang« zwischen Wissenschaft und Praxis in die Diskussion über Organisationswandel einzumischen. Erste Vorüberlegungen zu diesem Buch, die teilweise auch als Artikel erschienen sind, habe ich in verschiedenen Zusammenhängen mit Kolleginnen und Kollegen aus Wissenschaft, Beratung oder Management diskutieren können.[3] Dies hat mir geholfen, einige offene Fragen zu klären.

Herzlicher Dank geht an Jens Aderhold, Ulrich Beck, Michael Faust, Markus Füller, Mike Geppert, Karin Hirschfeld, Manfred Moldaschl, Roland Springer, Thomas Schnelle, Wolfgang Schnelle, Veronika Tacke, Peter Walgenbach, Christof Wehrsig und Doris Zimmermann, die mir mit teilweise ausführlichen Stellungnahmen zu einzelnen Kapiteln und ersten Fassungen dieses Buches sehr geholfen haben. Ganz besonderen Dank gilt Petra Strodtholz, die mir bei der Entwicklung der zentralen Thesen wichtige Anregungen gegeben hat. Alle Ignoranzen, Irrationalitäten und Vergesslichkeiten, die dieses Buch kennzeichnen, gehen selbstverständlich zu meinen Lasten. Für die blinden Flecken, die ich mir durch meine Beobachterperspektive geschaffen habe, bin ich ganz allein verantwortlich.

Stefan Kühl
München, im Januar 2000

I
Die Grenzen
der lernenden Organisation

»Je planmäßiger die Menschen vorgehen,
desto wirksamer vermag sie der Zufall zu treffen.«

Friedrich Dürrenmatt[1]

Organisationen, die viel und systematisch lernen und ihr Wissen effektiv managen, sind besser als Organisationen, die wenig oder gar nicht lernen. So lautet die allseits akzeptierte Annahme hinter der Idee der lernenden Organisation. Je stärker man sich wandelt, desto besser funktioniere die Anpassung an die sich verändernden Umweltbedingungen. Die lernende Organisation wird als die Form der Unternehmung gepriesen, die am besten »proaktiv auf die wechselnden Umweltbedingungen einzugehen vermag« (vgl. Wieselhuber 1996: 20). Sie fördere das ständige »Lernen und die Entwicklung individueller Fähigkeiten zur flexiblen Anpassung des einzelnen Mitarbeiters und des Gesamtunternehmens« (vgl. Otala 1994: 14f). Nur eine solche Organisation sei in der Lage, »Wissen zu schöpfen, zu erwerben und weiterzugeben sowie ihr Verhalten im Lichte neuer Kenntnisse und Einsichten teilweise zu revidieren« (vgl. Garvin 1994: 76).

Das Ziel scheint eine Organisation zu sein, die ununterbrochen lernt. Deswegen sprechen besonders avancierte Wissenschaftler und Berater gar nicht mehr von der »lernenden Organisation«, sondern gleich von der »schnell lernenden Organisation« (Wildemann 1996), der »schnellst lernenden Organisation« (vgl. Fatzer 1997: 7) oder gar von der »megaschnell lernenden Organisation«.[2]

Als Merkmale der lernenden, schnell lernenden oder schnellst lernenden Organisation werden Elemente benannt, die zurzeit als zentrale Erfolgsfaktoren von Unternehmen, Verwaltungen und Verbänden gehandelt werden: offene Kommunikation, Selbstorganisation, Partizipation, Mitarbeiter als zentrale Ressource, kurze Lernzyklen, spontaner Arbeitsstil und eine vertrauensbasierte Unternehmenskultur. In einem »virtuosen Methoden-Mix«, so die Vertreter dieses Konzepts, werden bisher vereinzelt eingesetzte Instrumente des Change Managements wie Benchmarking, Kontinuierlicher Verbesserungsprozess, Qualitätszirkel, Gruppenarbeit, Balanced Scorecard oder Vernetzung neu kombiniert und systematisch zu einer umfassenden Lernorganisation ausgebaut.

Die lernende Organisation schafft – glaubt man ihren Verfechtern – die Quadratur des Kreises: Sie ist in ihrer Ausrichtung auf Organisationswandel gleichzeitig kunden-, innovations-, mitarbeiter-, prozess- und produktorientiert. Es entstünden »Win-win-Situationen«, in denen gleichermaßen die Bedürfnisse der Kunden, der Geschäftsführung, der Eigentümer und der Mitarbeiter befriedigt werden.[3]

Wie in kaum einem anderen Konzept verdichten sich im Leitbild der lernenden Organisation die zurzeit im Management dominierenden Vorstellung vom plan- und steuerbaren Wandel. Der überwältigende Teil der Literatur zum Thema lernende Organisation setzt sich damit auseinander, wie Organisationen ihre Lernprozesse und ihr Wissensmanagement verbessern und ihre Veränderungsprozesse noch effektiver gestalten können. Gesucht wird nach lernfreundlichen Rahmenbedingungen und Instrumenten, die Lernen und Wissensaneignung und -verbreitung in Organisationen unterstützen. Lernpathologien, Veränderungsblockaden und defensive Routinen werden analysiert und Mechanismen zur ihrer Überwindung entwickelt.

Die Frage, ob Organisationen, die lernen und ihr Wissen effektiv managen, wirklich besser funktionieren als Organisationen, die nicht lernen, wird nicht gestellt. Die über das Leitbild der lernenden Organisation transportierten Vorstellungen vom steuerbaren Wandel bleiben somit weitgehend unhinterfragt.

Es gibt zwei zentrale Gründe, weswegen kritische Auseinandersetzungen mit dem Konzept der lernenden Organisation so selten zu finden sind. Ein erster Grund ist, dass im Management unter dem Begriff der lernenden Organisation oder der wissensbasierten Unternehmung die ganze Palette humanistisch klingender Organisationsvorstellungen mobilisiert wird. Partizipation, Mensch im Mittelpunkt, Kommunikation, Selbstorganisation oder permanenter Wandel sind so positiv besetzte Vorstellungen, dass sich jede Kritik an der lernenden Organisation erst einmal den Vorwurf des Anti-Humanismus einhandelt. Ein zweiter Grund ist, dass sich die lernende Organisation bisher lediglich als eine ambitionierte Zielvorstellung darstellt. Es wird argumentiert, dass das Konzept erst unvollständig in die organisatorische Praxis umgesetzt worden sei. Verfechter des Konzeptes verweisen darauf, dass die Anwendung noch mit Verzögerungen und Schwierigkeiten ringe, weil das Personal einfach einige Zeit brauchen würde, um sich von einer hierarchischen Organisation auf die Prinzipien einer sich permanent wandelnden Organisation umzustellen. Durch den Verweis auf die noch fehlende Umsetzung immunisieren die Verfechter der lernenden Organisation das Konzept gegen eine substanzielle Kritik: das Scheitern in der Praxis. Wenn alle Unternehmen, Verbände und Verwaltungen sich lediglich als auf dem »Weg zur lernenden Organisation« beschreiben, dann lässt sich ein Scheitern von lernenden Organisationen empirisch nicht nachweisen. Es kann ja immer darauf verwiesen werden, dass eine Organisation gescheitert ist, weil sie noch nicht genug gelernt hat – und nicht etwa, weil sie schon zu viel gelernt hat.[4]

Aus diesen Gründen ist in Teilen der Organisationswissenschaft eine Tendenz zu beobachten, die Auseinandersetzung mit der Managementkonzeption der lernenden Organisation oder der wissensbasierten Unternehmung in den Aufgabenbereich der Religions- und Mythenforschung zu delegieren. Für einen distanzierten Wissenschaftler scheint auf den ersten Blick vieles von dem, was in Organisationen momentan als Wunschlisten »guten« Organisationswandels gehandelt wird, eher an einen Voodoo-Zauber als an grundlegende Veränderungen in der Praxis von Organisationen zu erinnern.[5] Deswegen beschäftigen sich viele Wissenschaftler unter dem Stichwort »organisatorisches Lernen« oder »Wissensmanagement« lieber mit den »realen« Lern- und Veränderungsprozessen in Organisationen, statt sich mit den neuen, am Wandel orientierten Managementleitbildern intensiver auseinander zu setzen.

Gegen diesen Trend stehen in diesem Buch die an Wandel orientierten Managementkonzepte wie lernende Organisation, evolutionäre Unternehmung und wissensbasierte Firma im Mittelpunkt.[6] Diese Leitbilder »guten« Organisationswandels sind sicherlich nur lose mit der Praxis des Organisationswandels gekoppelt – aber sie sind gekoppelt. Die Leitbilder prägen in Organisationen das Denken und Reden über Veränderungen als plan- und steuerbare Prozesse und entwickeln so eine Wirkmächtigkeit. Mit ihrer orientierenden, Sinn stiftenden und legitimierenden Funktion beeinflussen sie als Grundsätze »guten« Handelns die konkrete Ausgestaltung von Veränderungsprozessen.

Ich möchte die Vertreter des Managementkonzeptes der lernenden Organisation beim Wort nehmen und die Kriterien rationalen Organisationswandels auf ihre Tragfähigkeit hin untersuchen. Dabei behandele ich diese Leitbilder »guten« Change Managements als Idealtypen. Der Soziologe Max Weber hat das Konzept des Idealtypus als Untersuchungsmethode entwickelt, um komplexe soziale Sachverhalte erfassen zu können. Bei einem Idealtypus handelt es sich um die (Re-) Konstruktion eines weitgehend rationalen Organisationsbildes. Es wird ein in sich schlüssiges Modell gebildet, das sich als Raster zur Analyse von Entwicklungstrends in Organisationen nutzen lässt.

Das Arbeiten mit dem Idealtypus der lernenden Organisation ermöglicht es, kritische Fragen an die damit verknüpften vermeintlich rationalen Managementkonzepte zu stellen: Weswegen tragen die klassischen Vorstellungen von einer rationalen Organisationsstruktur nicht mehr? Warum haben an Organisationsstrukturen orientierte Managementkonzeptionen wie Lean Management oder Business Process Reengineering so viel an Überzeugungskraft eingebüßt? (Leitfragen für Kapitel 2) Worin besteht das spezifisch Neue des Leitbildes der lernenden Organisationen? Welche Rolle spielen die Regeln »guten« Organisationswandels in diesem Konzept? Auf welche Weise setzen sich durch das neue Leitbild Vorstellungen von plan- und steuerbarem Wandel in Organisationen durch? (Leitfragen für Kapitel 3) Worin bestehen die Schwachstellen einer auf Wandlung und Lernen konzentrierten neuen »idealen Organisationsform«? Wie tragfähig sind die allgemein akzeptierten Prinzipien einer lernenden Organisation wie etwa klare gemeinsame Zielsetzungen, Identifikation der Mitarbeiter, Partizipation, Selbstorganisation oder Wandel als permanenter Lernprozess? Welche blinden Flecken schafft man sich mit der Managementkonzeption der lernenden Organisation? (Leitfragen für Kapitel 4) Wenn sich die Kriterien der lernenden Organisation als nicht ganz so rational darstellen, wie man es sich eigentlich erhofft hat – welche Funktionen erfüllt das Propagieren des Konzepts? Wo liegt sein versteckter Nutzen? Haben wir es in lernenden Organisationen vielleicht mit einer besonders ausgefeilten Strategie von Irrationalität, Ignoranz und Vergesslichkeit zu tun, die am Ende die Organisation aber erst handlungsfähig macht? (Leitfragen für Kapitel 5) Was bedeuten diese Überlegungen für die Praxis des Organisationswandels? Welche Alternativen des Organisationswandels jenseits der Vorstellungen eines »guten« Organisationswandels gibt es? (Leitfragen für Kapitel 6)

Über die Auseinandersetzung mit den Schwachstellen und dem versteckten Nutzen der lernenden Organisation möchte ich Einsichten in die Wandlungsprozesse von Organisationen eröffnen. Es fällt auf, dass auf der einen Seite ein großer Teil der Manager die Eigenkomplexität der Organisation anerkennt und sich zunehmend von jenen einfachen Steuerungsvorstellungen distanziert, die lange Zeit die Diskussion über effektive und effiziente Organisationsstrukturen beherrscht haben. Organisationen werden kaum noch wie triviale Maschinen behandelt. Der Glaube an den »einen besten Weg« der Organisation scheint in der Zwischenzeit weitgehend verpönt zu sein (Thema des Kapitels 2).

Auf der anderen Seite scheinen sich aber durch die Hintertür relativ simple Rationalitäts- und Steuerungsvorstellungen wieder einzuschleichen. Man geht zwar nicht mehr davon aus, dass es die eine »gute« Organisationsstruktur gibt, aber man glaubt daran, dass es Regeln für einen »guten« Organisationswandel gibt. Zunehmend setzt sich in der Management- und Beraterszene die Vorstellung durch, dass man stabile Kriterien dafür entwickeln kann, wie sich Projekte des Wandels erfolgreich gestalten lassen. Man geht davon aus, dass betroffene Mitarbeiter in einem gut geplanten Wandel überzeugende Lösungen für diagnostizierte Probleme finden und diese dann auch in der Praxis verwirklichen. Die lernende Organisation, die evolutionäre Unternehmung oder die wissensbasierte Firma sind die Managementleitbilder, unter denen diese Vorstellungen eines rationalen Organisationswandels gehandelt werden (Thema des Kapitels 3).

Wenn Schwierigkeiten in Veränderungsprozessen auftreten, dann wird darauf verwiesen, dass das Personal die Kriterien für den »guten« Organisationswandel noch nicht ausreichend beachtet hat. Es werde, so die Argumentation, einfach noch zu wenig partizipiert, selbst organisiert, kommuniziert und gelernt. Das Personal war noch nicht weit genug, um die rationalen Kriterien für einen guten Organisationswandel zu erfüllen und ein Change-Projekt zu einem erfolgreichen Abschluss zu führen.

Diese Problemanalyse geht davon aus, dass Organisationswandel vernünftig und effektiv funktionieren könnte, wenn es gelänge, den menschlichen Faktor in den Griff zu bekommen. Es herrscht die Überzeugung, dass die Probleme zu bewältigen wären, wenn es gelänge, die Anforderungen der Organisation in ausreichender Weise mit den Erwartungen und Hoffnungen der Menschen zu verknüpfen.

Dieses Erklärungsmuster für die Probleme im Verlauf von Veränderungsprozessen stelle ich grundsätzlich in Frage. Die Personalisierung der Probleme verbaut den Blick auf die strukturellen Probleme, die in betrieblichen Veränderungsprozessen auftreten. Sie führt dazu, dass Organisationsgestalter in relativ simplen Steuerbarkeits- und Beherrschbarkeitsvorstellungen von Prozessen des Wandels verhaftet bleiben. In Abgrenzung von diesen Steuerbarkeitsvorstellungen geht es mir darum, ein Organisationsverständnis zu entwickeln, das die in Veränderungsprozessen immer wieder entstehenden Widersprüchlichkeiten verstehbar macht.[7]

Leitbilder des »guten« Organisationswandels, so meine These, gewinnen ihre Plausibilität nur durch die Missachtung dieser grundsätzlichen Widersprüchlichkeiten. Die Konzepte der lernenden Organisation oder der evolutionären Unternehmung erreichen den Anschein von Rationalität nur durch die Inkaufnahme vielfältiger blinder Flecken. Ein Blick auf diese blinden Flecken kann zeigen, dass die Ver- und Beschreibungen der lernenden Organisation wie klare Zielsetzung, Identifizierung der Mitarbeiter, Mensch im Mittelpunkt, Selbstorganisation, Kommunikation und permanenter Lernprozess höchst problematisch sind.[8] Sie können gar bei konsequenter Anwendung zu einem Scheitern der Organisation führen. Es lassen sich gute Gründe dafür finden, es mit den momentanen Vorstellungen rationalen Organisationswandels nicht so genau zu nehmen (Thema des Kapitels 4).

Die Hinweise auf die blinden Flecken der lernenden Organisation sollen jedoch nicht als grundsätzliches Plädoyer gegen dieses Managementleitbild verstanden werden. Die Kriterien eines »guten« Organisationswandels sind zwar nicht so tragfähig, wie gern suggeriert wird, aber das Leitbild erfüllt durchaus versteckte, nicht auf der Hand liegende Funktionen. Organisationen bringen häufig erst durch die systematische Ignoranz gegenüber den problematischen Nebenfolgen des Organisationswandels den Mut auf, unter Bedingungen hoher Unsicherheit neue Handlungen auszuprobieren. Das Leitbild der lernenden Organisation trägt zur Missachtung dieser Nebenfolgen bei. Es mag paradox klingen, aber die Stärke der lernenden Organisation als Managementleitbild liegt gerade in ihrer Ignoranz, Irrationalität und Vergesslichkeit. Sie können aber – das ist die andere Seite der Medaille – Organisationen auch in schwerwiegende Krisen treiben (Thema des Kapitels 5).

Dieses Buch stellt die Steuerungs-, Beherrschbarkeits- und Ordnungsvorstellungen grundlegend in Frage, die die Vorstellungen über Organisationswandel bislang dominieren. Es ist jedoch kein Plädoyer für ein postmodernes »everything goes«. Es reiht sich auch nicht in die wachsende Zahl von Büchern und Artikeln ein, die versuchen, die jeweils aktuellen Managementkonzepte als »heiße Luft« oder »alten Wein in neuen Schläuchen« zu entlarven. Ich will vielmehr eine übergreifende Sichtweise auf Veränderungsprozesse entwickeln, die es erlaubt, sich nicht zum »Gläubiger« des jeweils gerade als rational und optimal gehandelten Leitbildes zu machen, sondern dieses gezielt zu nutzen, um die Organisation ignoranter und damit handlungsfähiger zu machen.

Das in diesem Buch propagierte Management von Dilemmata basiert auf der Überlegung, dass man zwei Möglichkeiten hat, mit den vielfältigen Widersprüchlichkeiten in Organisationen umzugehen. Einerseits können diese Widersprüchlichkeiten in Organisationen mit Hilfe der beschriebenen Leitbilder ausgeblendet werden. Andererseits können jedoch auch Rationalitätsmythen kritisch hinterfragt und Organisationen so mit ihren jeweils eigenen blinden Flecken konfrontiert werden. Für beide Vorgehensweisen kann es gute Gründe geben. Die Kunst des Managements besteht zunehmend darin, Dilemmata, Paradoxien und Widersprüchlichkeiten der Situation angemessen entweder auszublenden oder zu mobilisieren (Thema des Kapitels 6).[9]

II
Das Ende des Traums von der optimalen Organisationsstruktur

»Ein erstklassiger Geist zeichnet sich dadurch aus, dass er in der Lage ist,
zwei gegensätzliche Ideen in seinem Kopf auszuhalten und
trotzdem noch in der Lage ist zu funktionieren.«

F. Scott Fitzgerald

Es gehört mittlerweile zu einer der bestgepflegten Vermutungen im Management, dass das Umfeld von Unternehmen, Verwaltungen und Verbänden in der Vergangenheit durch Stabilität geprägt war. In diesem stabilen Umfeld, so die Annahme, waren die Aufgaben des Managements relativ einfach: Das Management konnte sich darauf konzentrieren, die Grenzen der Organisation so zu gestalten, dass möglichst nur eindeutige Informationen aus der Umwelt in die Unternehmen eindrangen und alles andere außen vor blieb. Die ganze Widersprüchlichkeit der Welt wurde durch diese engen Grenzen auf einige wenige klare Nachrichten heruntergebrochen. Informationen, die Veränderung erfordert hätten, wurden ausgeblendet. Der Eindruck, dass es auch anders möglich wäre, wurde gezielt vermieden.

So nahmen die für die Bearbeitung von Auftragseingängen zuständigen Mitarbeiter nur die Kundenwünsche wahr, die weitgehend ohne Veränderung der Unternehmens- oder Verwaltungsroutinen bearbeitet werden konnten. Alle Kundenwünsche, die nicht zum Programm des Unternehmens gehörten, wurden mit Aussagen wie »das führen wir nicht« oder »damit sind Sie bei uns falsch« abgewiesen. Die Organisation, so die Vorstellung, funktionierte wie eine simple Maschine.

Natürlich ist es illusorisch zu glauben, dass das Management bei stabilen Umweltbedingungen die Grenzen so abschotten könnte, dass keine widersprüchlichen Informationen in die Organisation gelangen. Häufig kommt es vor, dass Kunden dann doch nicht mehr genauso

viele Autos, Zahnbürsten oder Kochtöpfe nachfragen, wie man es anhand der Vorjahreszahlen geplant hatte. Kunden ändern ihre Wünsche
kurzfristig. Kapitalgeber wechseln. Mitarbeiter versuchen, ihre eigenen Interessen gegenüber den Interessen des Managements durchzu-
setzen.

Die zentrale Herausforderung an Führungskräfte ist es, die beiden
widersprüchlichen Anforderungen von Stabilität und Wandel zugleich
zu erfüllen. Sie müssen angesichts wechselnder Umweltbedingungen
die Veränderungen in der Organisation fördern, gleichzeitig aber eine
Kontinuität der Wertschöpfung gewährleisten und das eigene Image
stabil halten. Sie müssen in der Organisation sowohl Veränderungsfähigkeit gewährleisten, um sich veränderten Rahmenbedingungen organisatorisch anzupassen und mit unberechenbaren Situationen umgehen zu können, als auch über ein erhebliches Maß an technologi-
scher und organisatorischer Berechenbarkeit und Kontrollierbarkeit
verfügen. Sie müssen dafür sorgen, dass von allen Mitarbeitern akzeptierte Regeln, Werte und Einstellungen existieren, um so gemein-
schaftlich handeln zu können. Gleichzeitig müssen sie aber auch Veränderungen gegen den Willen betroffener Mitarbeitergruppen durch-
setzen.[1]

Im ersten Teil dieses Kapitels zeige ich, dass sowohl in den bürokratischen und tayloristischen Unternehmensmodellen als auch im Lean
Management und im Business Process Reengineering das zentrale Problem der Gleichzeitigkeit von Wandel und Stabilität durch unterschiedliche organisatorische Zuständigkeiten gelöst wurde. Spezialisierte Einheiten wurden dafür zuständig erklärt, in einem möglichst
stabilen Produktionsprozess die Wertschöpfungsaktivitäten vorzunehmen, während andere Einheiten wie zum Beispiel der Einkauf, der
Verkauf oder die Qualitätssicherung die Organisation an neue Umweltanforderungen anzupassen hatten.

Diese Trennung von Innovations- und Veränderungsaufgaben auf
der einen und stabilen Wertschöpfungsaktivitäten auf der anderen
Seite wird jedoch immer riskanter. Im zweiten Teil des Kapitels wird
deutlich, dass die Trennung von Innovations- und Routineaufgaben

verhindert, dass Veränderungen schnell umgesetzt werden. Deswegen geht das Management dazu über, alle organisatorischen Einheiten damit zu beauftragen, neben Routinetätigkeiten selbständig Innovationen und Veränderungen vorzunehmen. Das Ergebnis ist jedoch, dass durch die permanenten Veränderungsprozesse immer weniger Sicherheit und Stabilität vorhanden ist.

1. Eine erste Lösung für das Stabilitäts- und Veränderungsdilemma – stabile Organisationsstrukturen mit veränderungsorientierten Einheiten

Die naheliegendste Strategie, um auf die gegensätzlichen Anforderungen nach Stabilität und Veränderung zu reagieren, wäre ein Mittelweg. Die Forderung nach einer »vernünftigen Mitte« ist für den unbefangenen Beobachter die einfachste Lösung, um mit dem Problem umzugehen, dass Veränderung und Stabilität verschiedene organisatorische Handlungsweisen verlangen. Oberflächlich beurteilt reicht es aus herauszufinden, wie viel Veränderung ein soziales System »ertragen« kann, ohne seine Identität und damit seine Existenz zu gefährden und die Organisation dann in diesem Zustand zu halten.

In einigen Managementschulen wird dieser Prozess des Austarierens mit der »Strategie« von Bäumen verglichen, sich auch in heftigen Stürmen zu behaupten. Der Baum muss die nötige Stabilität in Form eines verzweigten Wurzelwerkes haben, um dem Sturm zu trotzen. Neben diesem verzweigten Wurzelwerk benötigt der Baum aber auch eine gewisse Flexibilität des Stammes. Er ist darauf angewiesen, sich durch dessen Biegsamkeit dem Druck des Sturmes zu beugen. Sonst würde er aufgrund seiner Starrheit gefällt werden (vgl. Klimecki/Probst/Eberl 1994: 14).

Die Gefahr dieser Art von Vergleichen ist, dass sie mit ihrer Simplifizierung ein grundlegendes Paradox verdecken. Die Forderung nach Balance, Austarieren und Kompromiss darf nicht davon ablenken, dass es sich bei dem Versuch, sowohl innovativ als auch stabilitätsorientiert zu handeln, um grundlegend widersprüchliche Prozesse handelt. Eine Ausrichtung an Veränderung widerspricht einer Ausrichtung an Stabilität. Wandel und Stabilität sind ein gegensätzliches Paar, weil jeder Wandel erst einmal die bestehende Ordnung stört und weil Ordnung erst einmal bei Veränderungsversuchen hindert. Organisationen stehen vor der Herausforderung, gleichzeitig stabilitäts- und veränderungsadäquat zu handeln, obwohl sich diese beiden Prozesse eigentlich widersprechen (Luhmann 1988a: 181f).

Veränderungsorientierte Einheiten und ein geschützter Kern

Für das Management wäre es problematisch, wenn jede Verunsicherung, jede widersprüchliche Anforderung gleich die ganze Organisation träfe. Man kann sich vorstellen, was passiert, wenn bei einer kleinen Störung sofort die gesamte Mannschaft mobilisiert wird. Eine kleine Information über sich widersprechende Anforderungen würde dazu führen, dass die ganze Organisation sich den Kopf darüber zerbricht, wie die Widersprüche zu bearbeiten wären.

Wenn das Management bei Eingang eines ungewöhnlichen Auftrags sofort das Fließband anhielte, um alle Kräfte für die Reflexion über diesen Auftrag zur Verfügung zu haben, käme es wohl nie zu einer effizienten Arbeitsstruktur. Verließen bei einer Reklamation eines Kunden alle Mitarbeiter sofort ihre normale Arbeit, um sich auf die Suche nach der Ursache der Reklamation zu machen, käme ein Unternehmen wohl niemals dazu, seine eigentlichen Aufgaben zu bewältigen.

Lange Zeit, so der Organisationssoziologe James D. Thompson, bestand deswegen eine zentrale Strategie von Organisationsgestaltern darin, den Wert schöpfenden, produzierenden Kern des Unternehmens gegen Verunsicherungen und widersprüchliche Anforderungen abzuschotten. Der Wert schöpfende Kern kann zum Beispiel das Montageband eines Automobilzulieferers, Lager und Versand eines Großhandelsunternehmens, die Sachbearbeitungsabteilung einer Behörde oder das Labor eines chemischen Forschungsinstituts sein. Diese unmittelbar Wert schöpfenden Einheiten eines Unternehmens oder einer staatlichen Verwaltung werden hermetisch gegen Unwägbarkeiten aus der Umwelt abgeschlossen, indem sie mit weitgehend gleich bleibenden Informationen versorgt werden.[2] Der Wert schöpfende Kern kann dadurch ruhig gestellt werden, dass das Management Funktionen, Strukturen und Regeln ausbildet, die die Mitarbeiter in diesem Kern von den auftretenden Unsicherheiten und Widersprüchen entlasten. Es werden Aufgabenbereiche definiert, die »gewährleisten« sollen, dass der produktive Kern gut funktioniert. Es werden »Spezialisten der Unspezialisiertheit« ausgebildet, die dafür sorgen, dass Spezialisten im produktiven Kern ihre Aufgabe vornehmen können. Das Management bildet Abteilungen, die – überspitzt formuliert – dafür bezahlt werden, dass der Wert schöpfende Kern im Glauben stabiler Umweltanforderungen belassen werden kann.[3]

So übernimmt die Einkaufsabteilung in Kooperation mit der Lagerhaltung die Aufgabe, immer ausreichend viele Rohstoffe zur Verfügung zu stellen, um den Produktionsprozess am Laufen zu halten. Die Abteilungen für Produktionsplanung und -steuerung sorgen dafür, dass die Produktion in einem kontinuierlichen Fluss ablaufen kann. Die Instandhaltung kümmert sich darum, dass die Maschinen nicht plötzlich ausfallen. Die Pförtner und der Werkschutz gewährleisten, dass der Produktionsprozess nicht durch unangenehme Störungen beeinflusst wird. Der Werksarzt hat einerseits die Aufgabe, bei Unfällen erste Hilfe zu leisten, andererseits durch seine Präsenz den Krankenstand zu reduzieren. Die Personalabteilung ist dafür verantwortlich, dass immer ausreichend Personal vorhanden ist und gleichzeitig störende oder potenziell störende Elemente möglichst reibungslos ersetzt werden. Die Qualitätssicherung übernimmt in Zusammenarbeit mit der Nacharbeit die Aufgabe, mögliche Fehler im Produktionsprozess auszubessern, ohne die Produktion selbst zu stören. Der Verkauf ist zusammen mit dem Vertrieb dafür zuständig, den Output so zu organisieren, dass der produktive Kern nicht durch Stauungen von Zwischen- oder Fertigprodukten an der Arbeit gehindert wird.[4]

Diese Einheiten haben ein Monopol darauf, in einem begrenzten Bereich die Regeln und Programme zu verändern. Die Einkaufsabteilung darf die Regeln zur Materialbeschaffung variieren. Die Abteilung für Produktionsplanung und -steuerung kann die vereinbarten, häufig im EDV-System festgeschriebenen Regeln außer Kraft setzen, um den Produktionsprozess am Laufen zu halten. Das Personalmanagement kann die Rekrutierungsstrategien modifizieren, um fügsamere Mitarbeiter einzustellen.

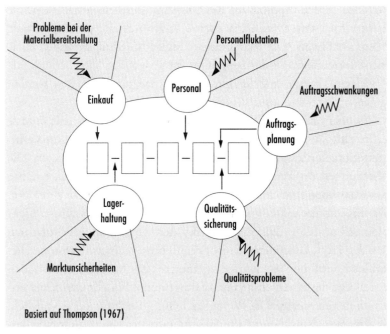

Abbildung 1: Abfederung von Unsicherheit durch Gewährleistungseinheiten

Im Ideal funktioniert dieses Organisationsmodell wie ein großindustrielles Gewächshaus. Die angestellten Gärtner, Mechaniker und Chemiker werden einzig und allein dafür bezahlt, schädliche Umwelteinflüsse so abzufedern, dass den Salatköpfen und Tomatenpflanzen zu jeder Zeit gleiche »optimale« Bedingungen geboten werden. Ziel ist es, Temperaturschwankungen, Lichteinfall, Nährstoffzufuhr und Schädlinge so zu regulieren, dass Salatköpfe und Tomatenpflanzen in der Gewissheit leben, dass immerzu sonnige 20 Grad herrschen und Schädlinge nur in Büchern vorkommen.

Diese Perspektive erklärt die häufig beklagte Existenz von Lehm- und Lähmschichten auf der Ebene der mittleren Manager. Denn es ist gerade ihre Funktion, die verschiedenen Umweltanforderungen wie durch eine Lehmschicht zu filtern, damit nur noch eindeutige Informationen in den produktiven Kern der Organisation gelangen. Dass dieser infolgedessen vielleicht auch irgendwann wie gelähmt wirkt, weil er nur noch ganz eng umgrenzte Handgriffe vornehmen kann, ist kein Missgeschick, sondern organisatorisch gewollt.

In letzter Konsequenz erkauft sich die Organisation den Ausgleich zwischen Stabilitäts- und Veränderungsanforderungen durch organisatorisches Wachstum. Der produktive Kern wird abgesichert, indem zusätzliche Abteilungen ihn mit möglichst stabilen Arbeitsanweisungen versorgen (vgl. Scott 1986: 262).

Das Gerede von den »Wasserköpfen«, der »parkinsonschen Krankheit«, der »Kopflastigkeit«, dem »Speck auf den Rippen« oder der »Aufblähung indirekter Bereiche« erklärt sich aus diesem Trend (vgl. Berger 1984: 137). Die Explosion der auf die produktiven Einheiten umzulegenden Gemeinkosten ist der Preis, den Unternehmen für die Stabilität des Produktionsprozesses zahlen.

Ketzerische Stimmen mögen diese Situation mit der Staatssicherheit in der ehemaligen DDR vergleichen. Der »produktive Kern der Werktätigen« wurde durch die Stasi-Mitarbeiter vor allzu großer Beunruhigung abgeschirmt. Dies war sicherlich organisatorisch keine leichte Aufgabe. Die vergleichsweise hohen Gehälter der Stasi-Mitarbeiter rechtfertigten sich nicht durch überdurchschnittliche Beiträge zum Bruttosozialprodukt der DDR, sondern durch ihren Beitrag zur Absicherung der Produktivität. Aus dieser Perspektive konnten die Forderungen der Bürgerrechtsbewegung »Stasi in die Produktion« für die Vertreter des Systems natürlich nur skandalös wirken. Gerade weil diese nicht mit Produktionsarbeiten belastet war, konnte sie die organisatorisch so wichtigen Abschirmungsaufgaben vornehmen.

Das Anpassungslernen der Mitarbeiter im produktiven Kern

Wie die zitierte Tomate im Gewächshaus bekommen die Mitarbeiter des produktiven, Wert schöpfenden Kerns den Eindruck, dass die Anforderungen aus der Umwelt gleich bleibend klar und eindeutig sind. Falls dann doch Umweltturbulenzen an den Wert schöpfenden Kern herangetragen werden, erscheinen sie als massive Störung, für die eigentlich keine geeigneten Programme zur Verfügung stehen.

Von den Mitarbeitern im Wert schöpfenden Kern wird lediglich einfaches Anpassungslernen erwartet. Sie sind zur Regelbefolgung und nicht zur Regeländerung eingestellt. Man vermittelt ihnen, dass komplexes Denken von ihnen nicht erwartet wird, weil dafür andere Leute bezahlt werden. Sie sollen lediglich im Rahmen der vorgegebenen Regeln Abweichungen feststellen und korrigieren.

Schon der Ingenieur und Erfinder der »wissenschaftlichen Betriebsführung«, Frederick W. Taylor, ging davon aus, dass sich die Unternehmensführung komplexe Märkte, Zulieferprozesse und Fertigungsstraßen nur dann »leisten« kann, wenn »Experten« die entstehenden Umweltunsicherheiten in beherrschbare und berechenbare Arbeitsprozesse übersetzen. Der Arbeiter, so Taylor, müsse von der Komplexität der Märkte und der Arbeitsprozesse nichts wissen. Vielmehr würde zu große Kenntnis des Gesamtprozesses die Belegschaft nur unnötig von der Arbeit ablenken.

Der Ablauf innerhalb eines produktiven Kerns ist einer trivialen Maschine vergleichbar. Trivial ist die Maschine deswegen, weil auf eine definierte Ursache immer die gleichen Wirkungen folgen. Unternehmer oder Manager geben als verantwortliche »Mechaniker« dieser Maschinerie einen Input und die Maschine setzt sich in Gang. Ein Rad greift ins andere und produziert einen vorher genau definierten Output. Wird die Anweisung »verarbeite das Papier zu 5 000 Pappkartons«

eingespeist, dann kann das Management davon ausgehen, dass am Ende als Output 5 000 Pappkartons dastehen.

Wenn wider Erwarten doch nicht genau die 5 000 Pappkartons herauskommen, geht der »Mechaniker« der Logik der trivialen Maschinen folgend davon aus, dass entweder mit dem eingespeisten Papier, den Maschinen oder den Mitarbeitern an dieser Maschine etwas nicht in Ordnung ist. Der »Mechaniker« schreitet zur Störungsbeseitigung. Durch »Reparaturen« am Input, an den Maschinen oder an den Menschen wird die triviale Maschine wieder in Gang gesetzt.[5]

Der Soziologe George Ritzer (1997: 179) hat das Arbeiten in solchen Wert schöpfenden Kernen mit dem Kinderspiel »Malen nach Zahlen« verglichen. Die Mitarbeiter, die im Unternehmen eindeutige Anweisung erhalten und nach diesen Anweisungen ein vorher genau spezifiziertes Produkt schaffen, machen demnach nichts anderes, als dass sie von außen vorgegebene Punkte zu einem genau definierten Bild verbinden. Der Arbeitsprozess existiert quasi doppelt – einmal als ausgefeilter (Mal-)Plan des Managements und dann als realer Arbeitsprozess, in dem nach diesen Anweisungen die vorgegebenen Handlungsschritte ausgeführt werden. Kreativität, Originalität und Inspiration der Mitarbeiter behindern in dieser Logik lediglich die Pläne des Managements.

Bei Bosch brachten die Mitarbeiter ihre Rolle im Wert schöpfenden, produktiven Kern in schwäbischer Prägnanz auf den Punkt: »I schaff' beim Bosch und halt' mei Gosch'«. Der »einfache Mitarbeiter«, so hieß es, kann beruhigt sein »Gehirn mit dem Stempeln seiner Zeitkarte abgeben«. Er kann sich darauf verlassen, dass die Angestellten, die nicht in das gleiche Zeiterfassungssystem eingebunden sind, schon dafür sorgen, dass während der Arbeit keine Widersprüchlichkeiten und Unklarheiten an ihn herangetragen werden.

In letzter Konsequenz ist die Monotonie der Fließbandarbeit das Ergebnis dieser Abschottung. Die Gleichförmigkeit kann dadurch entstehen, dass Überraschungen oder Widersprüche gar nicht erst an den produktiven Kern herangelassen werden. Die Widersprüche werden so stark abgefedert, dass die Handlungen der Mitarbeiter im De-

tail definiert werden können. Einer Mitarbeiterin in der Automobilmontage kann vermittelt werden, dass sie in den nächsten zwei Jahren
weiterhin alle 20 Sekunden die gleichen standardisierten Handgriffe
zu verrichten hat. Einem Zimmermädchen in einem Luxushotel kann
angeordnet werden, dass sie in 30 Minuten in einem Zimmer genau
104 verschiedene Arbeitsschritte erledigen muss. Dabei wird definiert,
in welchem Winkel das Notizblöckchen neben dem Telefon zu liegen
hat und wie drei Briefbögen und drei Umschläge in der Informations-
mappe angeordnet sein müssen. Dem Mitarbeiter der Restaurantkette
Burger King kann vorgeschrieben werden, wie er seinen Kunden anzu-
lächeln hat, wie die Eiswürfel in den Colabecher zu füllen und die Pa-
piertüten mit den Hamburgern zu falten sind.[6]

Für die Führungskraft entsteht dadurch natürlich die Situation,
dass die Mitarbeiter in der Produktion kaum etwas von den Veränderungen des Marktes mitbekommen. Ein Manager, der darüber klagt,
dass seine Mitarbeiter radikale Marktschwankungen nicht wahrnehmen und deshalb seine Veränderungsvorschläge unterlaufen, findet
die Ursachen für dieses Verhalten nicht bei der Dummheit seiner Mitarbeiter. Vielmehr liegt die Ursache für die begrenzte Marktwahrnehmung der Mitarbeiter darin, dass eine Vielzahl organisatorischer Einheiten diesen Markt nicht an die Mitarbeiter in der Produktion heran-
lässt. Überspitzt ausgedrückt ist der Manager, der über die begrenzten
Veränderungseinsichten seiner Mitarbeiter klagt, im Rahmen der beschriebenen Systeme durch seine Existenz selbst dafür verantwortlich,
dass die Mitarbeiter keine Informationen über den Markt haben. Dabei liegt das Problem nicht in der mangelhaften Weitergabe von Informationen, sondern in der Entscheidung seines Vorgesetzten, diese Ma-
nagementposition überhaupt geschaffen zu haben.

Der Schutz des Produktionskerns gegen Umweltunsicherheiten
führt dazu, dass es bisweilen zu der auf den ersten Blick grotesken Situation kommt, dass die Mitarbeiter kontinuierlich ihre Arbeit ver-
richteten und dabei die drohende Unternehmenspleite in keiner Weise
bemerken. Die Montagemitarbeiter eines Automobilkonzerns, die
Zimmermädchen eines Hotels oder die Restaurantfachkräfte bei Bur-

ger King nehmen die Veränderungen im Umfeld des Unternehmens zumindest innerbetrieblich so gut wie gar nicht wahr. Im Extremfall haben sie am Tag zuvor noch die gleichen Handgriffe wie all die Jahre zuvor verrichtet und plötzlich finden Sie das Werkstor verschlossen vor und erfahren dass der Unternehmenschef sich auf die Bahamas abgesetzt hat.

Die rationale Organisation und die Ausblendung von Unsicherheit

Die Kombination von Abteilungen und Hierarchien und die Stabilisierung dieser Strukturen durch Regeln federn Unsicherheiten aus der Umwelt so ab, dass Unternehmen und Verwaltungen selbst, die eigenen Mitarbeiter und die externe Umwelt schließlich den Mythos einer eindeutigen Zielsetzung und effektiver Mittel akzeptieren. Stark vereinfachend: Die Hoffnung, dass ein Unternehmen einen klaren Zweck hat und zweckmäßige, effiziente Mittel zu dessen Erreichung einsetzt, bildet sich nur deshalb aus, weil Widersprüche und Unsicherheiten regelmäßig abgefangen werden.[7] Die an stabilen Strukturen orientierten Organisationsbeschreibungen liefern anschauliche Beispiele dafür.

Thompson brachte das Modell einer nach rationalen Prinzipien funktionierenden Organisation auf den Punkt. Unternehmen, so Thompsons Überzeugung, streben danach, rational zu sein, obwohl sie als offene Systeme sensibel auf die sich ändernden Umwelteinflüsse reagieren müssen. Durch die Ausbildung von Gewährleistungseinheiten, die die Unruhe aus der Umwelt des Unternehmens abpuffern, können im abgeschlossenen Wert schöpfenden Kern rationale Regeln etabliert werden. Nach und nach entsteht der Eindruck, dass die Abläufe im Kern nach eindeutigen Ursache-Wirkungs-Ketten und klaren Zweck-Mittel-Beziehungen funktionieren.[8]

Besonders in der Logik des Taylorismus war es für das Management einfach, den Eindruck zu erwecken, es gäbe allgemein gültige Prinzipien für eine rationale Organisation. Die Marktbedingungen wurden als stabil angenommen, man konnte von relativ klaren Rahmenbedingungen ausgehen. Die Führungskräfte glaubten in ihrer Umwelt lesen zu können wie in einem aufgeschlagenen Buch. Aufgrund der Annahme einer dauerhaft beständigen und stabilen Umwelt war es möglich, den Eindruck zu erwecken, die ganze Organisation verfolge einen klar definierten, quasi natur- (oder besser markt-)gegebenen Zweck. Wenn aber wider Erwarten doch plötzlich Kunden wegbrachen oder sich Zulieferbeziehungen schwierig gestalteten, gab es die Experten im Management, die die Unsicherheiten wegpufferten.

Auch in den prozessorientierten, verschlankten Unternehmen der neunziger Jahre des ausgehenden Jahrhunderts ist die Hoffnung auf einen rational funktionierenden Wert schöpfenden Kern nicht aufgegeben worden. Unter den Leitbildern des Lean Managements und des Business Process Reengineerings wurde propagiert, dass die Produktivität verdoppelt und die Kosten halbiert werden könnten, wenn das Management Hierarchieebenen abbaue, schlankere Verwaltungen einführe, enge Kooperationsbeziehungen mit Zulieferern eingehe und die Wertschöpfungsabläufe strömlinienförmig organisiere. Von der bürokratischen, aus vielen isolierten Arbeitsschritten bestehenden Organisation grenzten sich diese Managementleitbilder energisch ab. Aber auch Lean Management und Business Process Reengineering sollen eine fehlerfreie Produktion in einem rational funktionierenden Wert schöpfenden Kern gewährleisten. Dabei wurde zwar die Mitarbeiterzahl in den Gewährleistungsabteilungen reduziert. Die Aufgabe zur Abfederung von Unsicherheiten wurde aber letztendlich nur näher an die Produktion verlagert. Zur Abfederung der Umweltunsicherheit ist dann nicht mehr ein Abteilungsmitarbeiter, sondern der »Casemanager« zuständig.

Bei aller rhetorischen Abgrenzung vom Taylorismus: Auch das Leitbild der prozessorientierten, verschlankten Unternehmensform der neunziger Jahre wurde als die richtige, weil effizienteste Form der Organisation herausgestellt. Auch die Erfinder des Lean Managements und des Business Process Reegineerings glaubten daran, dass für jede Marktsituation die optimale Organisationsform gefunden werden kann. Auch die Vertreter der neuen Managementleitbilder träumten noch den Traum von der rationalsten, bestangepassten Organisation.

Die Verschlankung von Unternehmen, die Einführung von dezentralen Modulen in der Produktion oder die Ausrichtung auf Geschäftsprozesse schienen einfach der nächste Schritt zu einer neuen, optimalen Organisationsform zu sein.

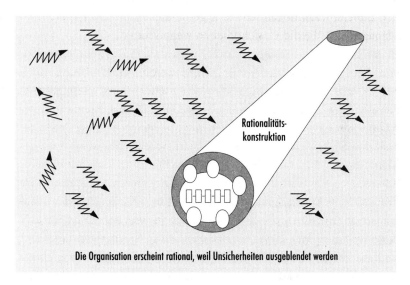

Die Organisation erscheint rational, weil Unsicherheiten ausgeblendet werden

Abbildung 2: Rationalitätskonstruktion durch Ausblenden von Unsicherheiten

In letzter Konsequenz konnten aber alle erwähnten Organisationsmodelle – vom Taylorismus bis zum Lean Management und Business Process Reengineering – nur deswegen als rational präsentiert werden, weil zuallererst alles Unberechenbare aus den Kernprozessen der Organisation ausgeschlossen wurde.[9] Entweder wird die Unberechenbarkeit gar nicht erst wahrgenommen oder man überträgt alles Unberechenbare speziellen veränderungsorientierten Einheiten und begnügt sich mit einem an rationalen Kriterien orientierten Wert schöpfenden, produktiven Kern. Die Rationalität einer Organisation ist dann in der letzten Konsequenz ein »Leerbegriff«, der sich dadurch bildet, dass er sich von allem abgrenzt, was nicht rational ist.[10]

Beispiel Taylorismus: Die »wissenschaftliche Betriebsführung« Taylors ging davon aus, dass sich für jedes Unternehmen eine optimale, wissenschaftlich begründete Organisationsstruktur herleiten ließe. Für die Bildung dieser optimalen Organisationsstruktur war es aber notwendig, Marktschwankungen einfach nicht wahrzunehmen. Die Aussage des amerikanischen Automobilmagnaten Henry Ford, dass er sein Allroundauto Tin Lizzy in allen vom Kunden gewünschten Farben herstellen würde, solange diese nur schwarz seien, symbolisiert diese Ausblendung von Unsicherheit. Die am Fließband orientierte Massenproduktion von Automobilen konnte nur deswegen als wissenschaftliche Form der Fertigung präsentiert werden, weil Kundenwünsche und Marktschwankungen systematisch ignoriert wurden. Man ging einfach davon aus, dass die Verkaufszahlen für die Tin Lizzy weiter wie gehabt stiegen.

Beispiel Lean Management: Verschlankte Unternehmen konnten deswegen als rationale und optimale Unternehmensform dargestellt werden, weil alle problematischen Aspekte dieser Strategie ausgeblendet wurden. Dass mit dem Abbau organisatorischer Fettpolster auch das Potenzial für Innovationen verloren gegangen ist, wurde lange Zeit nicht wahrgenommen. Die Vertreter des Lean Managements wollten einfach nicht wahrhaben, dass Unternehmen auch organisatorische Reserven brauchen, um den Anpassungsanforderungen infolge ständig wechselnder Umweltbedingungen gerecht zu werden. Am Ende hatten zwar viele Unternehmen eine durchrationalisierte, verschlankte Produktion, aber keine Ressourcen mehr, um sich auf Marktveränderungen einzustellen.

Beispiel Business Process Reengineering: Business Process Reengineering konnte nur durch Inkaufnahme von blinden Flecken als rationale und schlüssige Managementstrategie präsentiert werden. Es wurde nicht wahrgenommen, dass der Versuch, eine Organisation auf dem Reißbrett neu zu gestalten, auf massive organisatorische Beharrungskräfte trifft. Es wurde ausgeblendet, dass das Neudenken und Neuplanen der

Organisationen »von Grund auf« wiederum einen stabilen organisatorischen Zustand schafft, der bei Veränderungen der Umwelt zum Hemmschuh wird.

Falls sich in den nächsten Jahren weitere neue Vorstellungen von »optimalen Organisationsstrukturen« ausbilden sollten, kann man davon ausgehen, dass auch diese sich nach gleichem Schema analysieren lassen. Der Anschein von Rationalität und Überlegenheit kommt bei allen Modellen nur dadurch zustande, dass mögliche Verunsicherungen dieses Modells systematisch ausgeblendet werden.

Der Wechsel von einer rationalen Organisationsstruktur zur nächsten

Da auf diese Rationalitätsannahmen aufbauend, war die Grundstruktur der Managementdiskussion lange Zeit relativ einfach gewesen. Sie zeigte Wechsel zwischen vermeintlich optimalen Organisationsmodellen, deren Probleme, blinde Flecken und Ausblendungen regelmäßig ignoriert wurden. Die Probleme und Ausblendungen wurden erst bei abnehmendem Wert des Modells plötzlich wieder wirksam.

In der Regel wird mit viel Aufwand in der Presse, in Büchern, auf Seminaren und Kongressen ein Erfolg versprechendes, rationales und für die Marktsituation optimales Unternehmensmodell aufgebaut. Es wird suggeriert, dass Organisationen es mit diesem Modell endlich »richtig« machen können. Viele Firmen, Verwaltungen und Verbände adaptieren jenes Modell dann als Leitbild für ihre eigenen Reorganisationsprozesse. Unternehmen und Beratungsfirmen verfeinern es und überbieten sich in der Anwendung des aktuellen Konzeptes. Man gibt sich nicht mehr mit dem Lean Management zufrieden, sondern propagiert das »hyper lean model«. Aus dem simplen kontinuierlichen Verbesserungsprozess KVP wird ein potenzierter Verbesserungsprozess KVP^2 oder gleich KVP^3 gemacht und diese Wortschöpfung dann als angebliche Wertschöpfung auch gleich markenrechtlich geschützt.

Wenn sich ein rationales Unternehmensmodell in der Originalvariante oder in einer der beliebten Steigerungsformen etabliert hat, ist es anfangs durch Lobpreisungen, Erfolgsgeschichten und Rezepte so abgesichert, dass jede grundlegendere Kritik als Ketzerei betrachtet wird. Wer es wagt, in der Anfangsphase auf die blinden Flecken des neuen, als rational erscheinenden Unternehmensmodells hinzuweisen, wird in der Regel ignoriert oder diskriminiert. Durch den Einsatz in der Praxis nützt sich das Modell jedoch ab. Die Originalität geht verloren. Die anfangs überschwänglichen Hoffnungen werden enttäuscht. Schwachstellen treten hervor. Auch wenn einige Berater und Manager mit Büchern wie »So machen sie Lean Management richtig« oder »Die Fehler beim Reengineering und wie Sie sie vermeiden können« versuchen, die Modewelle zu verlängern – das Modell verliert an Glanz. In dieser Phase fällt Kritik dann leicht. Die ganzen Unsicherheiten, deren Ausblendung es überhaupt möglich gemacht hatte, das Unternehmensmodell als rational zu präsentieren, werden hervorgeholt. Die blinden Flecken werden ausgedeutet. Plötzlich werden die Schwachstellen von Fertigkonzepten wie Taylorismus, Lean Management oder Business Process Reengineering aufgeführt. Es wird darauf hingewiesen, dass das alte Leitbild den inzwischen veränderten Umweltbedingungen nicht mehr gerecht wird. Das alternde Unternehmensmodell zerbricht und wird durch ein neues, überzeugender wirkendes ersetzt.

Die Wirtschaftswissenschaftler Danny Miller und Peter H. Friesen (1984: 202-247) haben in ihrer »Quantentheorie des Organisationswandels« beschrieben, wie Unternehmen von einer rationalen Unternehmensstruktur zur nächsten springen. Die Unternehmen verfolgten über längere Zeiträume in stabilem Umfeld eine eindeutige Strategie und richteten ihre ganze Organisation effizient auf diese Strategie aus. Organisationsstruktur, Managementprozesse und Mitarbeiter werden im Rahmen dieser Struktur aufeinander abgestimmt, wobei lediglich kleinschrittige Veränderungen vorgenommen würden. Dann kämen regelmäßig Momente für »strategische Revolutionen«, in denen die alte Organisationsstruktur durch eine neue, rationale ersetzt wird.[11]

Ein nicht unerheblicher Teil der Energie und Zeit von Managern, Beratern, Buchautoren, Wirtschaftsjournalisten und Kongressveranstaltern wird dafür aufgewendet, immer auf der Schaumkrone dieser Managementwellen zu surfen. Es ist wichtig, möglichst weit vorn auf der Welle zu surfen, weil man sonst die Energie eines Organisationsleitbildes nicht voll nutzen kann. Man kann versuchen, Modewellen zu verlängern, um die Energie dieser Welle noch möglichst lange zu nutzen. Es bietet sich jedoch an, eine auslaufende Welle irgendwann zu verlassen und auf die nächste Welle überzuwechseln.

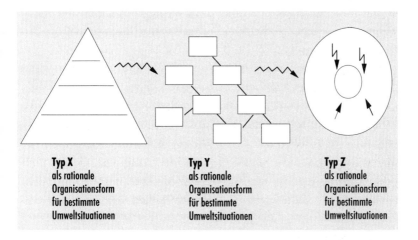

Typ X
als rationale
Organisationsform
für bestimmte
Umweltsituationen

Typ Y
als rationale
Organisationsform
für bestimmte
Umweltsituationen

Typ Z
als rationale
Organisationsform
für bestimmte
Umweltsituationen

Abbildung 3: Quantentheorie des Organisationswandels – Sprung von einer optimalen Organisationsform zur nächsten

Teilweise entsteht dabei die paradoxe Situation, dass Manager, Berater und Wirtschaftsjournalisten, die selbst auf der Welle einer Managementmode mitgesurft sind, beim Auslaufen der Welle zu ihren größten Kritikern werden. So beklagt sich ein Autor über den ineffizienten »Management-Placebo ›Business Process Reengineering‹« (Hoerner/Vitinius 1997: 134), vergisst dabei jedoch, dass er nur ein Jahr vorher zu den Autoren gehört hatte, die Business Process Reengineering in den höchsten Tönen lobten (vgl. Demmer/Glober/Hoerner 1996).

2. Das Problem mit der optimalen Organisations- struktur – die Abschottung

In der Zwischenzeit gibt es deutliche Indizien dafür, dass sich das System ständig wechselnder Leitbilder rationaler Organisationsstrukturen überhitzt hat. Die Halbwertzeiten der einzelnen Modelle werden immer kürzer. Kaum ist ein rationales Organisationsmodell etabliert, schon folgen die ersten grundlegenden Zweifel und ein neues Modell drängt an die Oberfläche. Immer mehr Manager reagieren ablehnend, wenn sich ein neues, verheißungsvolles Unternehmensmodell am Horizont abzeichnet.

Was steckt hinter dieser Entwicklung? Wie kommt es, dass Vorstellungen von rationalen Organisationsstrukturen sich wie von selbst auflösen?

Die Annahme einer optimalen Organisationsstruktur setzt die Annahme einer einigermaßen konstanten und berechenbaren Umwelt voraus. Die Leitbilder des Taylorismus, des Lean Managements und des Business Process Reengineerings wirken nicht zuletzt als systematische Wahrnehmungsfilter, die ein einfaches Bild von der Umwelt sicherstellen. Die ganzen kleinen und großen organisatorischen »Instrumente« dieser Managementleitbilder wie Stellen- und Prozessbeschreibungen, Hierarchien und Abteilungssysteme sind Teile des Filters (vgl. Luhmann 1973: 182).

Abschottung gegen die Umwelt

Einige Organisationen sind so perfekt gegen Widersprüchlichkeiten abgefedert, dass sie Veränderungen der Umwelt nicht mehr wahrnehmen können. Durch ihre Routinehaftigkeit wird die Organisation dazu veranlasst, Informationen nur sehr selektiv aufzunehmen. Informationen, die den eigenen Routinen widersprechen, werden ignoriert, weil keine Möglichkeit mehr vorhanden ist, diese ungewohnten Informationen überhaupt wahrzunehmen (vgl. Crozier 1961: 41f).

Gerade die Mitarbeiter eines gut abgeschotteten, Wert schöpfenden Kerns fühlen sich – berechtigterweise – nicht dafür zuständig, auf

Informationen zu achten, die nicht in Routinen festgelegt sind. Falls in einer McDonald's-Filiale an einem Tag fünf Kunden eine Chilisauce für ihren Hamburger verlangen, wird der Mitarbeiter diese ungewohnten Kundenwünsche vermutlich gar nicht als abweichende, möglicherweise relevante Information registrieren. Er wird kaum in der Zentrale von McDonald's anrufen, um die Produktentwicklung auf ein neues Kundenbedürfnis aufmerksam zu machen. Die Mitarbeiterin am Fließband einer Automobilmontage ist Expert für den Einbau eines genau definierten Teils. Wenn es eine Verbesserungsmöglichkeit für dieses Teil geben sollte, ist es unwahrscheinlich, dass sie diese Möglichkeit überhaupt wahrnimmt. Selbst wenn sie die Möglichkeit erkennen sollte, dann wird sie in der Regel nicht die Mühe auf sich nehmen, die entsprechenden Schritte in die Wege zu leiten.[12]

Dadurch, dass dem Management die Zuständigkeit für Entscheidungen über Programme übertragen wird, kommt den Mitarbeitern im produktiven, Wert schöpfenden Kern normalerweise keine Programmänderung in den Sinn. Sie sehen es nicht als ihre Aufgabe an, auf Anzeichen für Fehler im Programm zu achten oder über Möglichkeiten für neue Programme nachzudenken (vgl. Luhmann 1968b: 338). Sprüche wie »Es ist nicht meine Aufgabe, auf solche Veränderungen zu achten« oder »Ich bin dazu da, das zu tun, was mir angewiesen wird« sind die logische Konsequenz aus der Trennung zwischen ausführenden Mitarbeitern und Managementfunktionen.

Noch radikaler formuliert: Wenn ein Mitarbeiter in einer solchen klassischen Organisationsform Informationen wahrnimmt, für die keine Routinen existieren, und aus diesen Informationen auch noch Schlussfolgerungen zieht, geht er ein erhebliches Risiko ein. Detaillierte Arbeitsplatzbeschreibungen, Qualitätshandbücher, Geschäftsprozesse, Pläne und Arbeitsanweisungen definieren klar, was von jedem Mitarbeiter erwartet wird. Sie vermitteln aber auch, was nicht von ihnen erwartet wird. Wer gegen die existierenden, allgemein akzeptierten Routinen vorgehen will, weil er meint, eine veränderte Umweltbedingung wahrzunehmen, stört erst einmal den in der Organisation herrschenden Konsens. Er verdirbt das sorgfältig etablierte

Spiel und riskiert, als Störenfried vom Spiel ausgeschlossen zu werden.

Einige zynische Beobachter behaupten, dass bürokratische Unternehmen wie die Politbüros der kommunistischen Staaten funktionieren. Die Politbüromitglieder nahmen nur die Informationen zur Kenntnis, die in ihr eigenes Weltbild passten und als weitere Schritte auf dem Weg zum Sieg des real existierenden Sozialismus gedeutet werden konnten (vgl. Simon 1997a: 10). Überbringer abweichender Informationen wurden kurzerhand als Regimekritiker bezeichnet und samt ihrer Information verbannt.

Zirkel der Selbstbestätigung

Teilweise entwickeln bürokratische Organisationen wahre »Zirkel der Selbstbestätigung«. Die starren Strukturen und festen Regeln der Organisation führen dazu, dass die Organisationsmitglieder nur einen sehr begrenzten Ausschnitt ihrer Umwelt wahrnehmen. Sie wirken wie Filter, durch die nur die anschlussfähigen Informationen hindurchgelassen werden. Das bestätigt natürlich die Organisation darin, dass sie mit ihrer aktuellen Organisationsstruktur völlig richtig liegt. Die Strukturen und Regeln werden weiter verfestigt und die Filter auf diese Weise weiter verfeinert. Es entsteht ein sich selbst verstärkender Prozess, in dem die Organisation die durch die eigene Begrenztheit wahrgenommene Umwelt immer wieder als Bestätigung für die eigene Funktionsweise begreift.

Das Beispiel der Firma Facit AB, in den frühen siebziger Jahren einer der führenden Hersteller für mechanische Rechenmaschinen, Schreibmaschinen, Computer und Büromöbel, macht die Funktionsweise eines solchen Zirkels der Selbstbestätigung deutlich (vgl. Starbuck 1983). Das Management dieser Firma sah ihre Kernkompetenz in der Produktion von mechanischen Rechenmaschinen und richtete sich vorrangig auf diesen Markt aus. Es wurden größere Summen in den Aufbau neuer Fabriken und den Ausbau des Kundenservices investiert. Der Firma gelang es so, qualitativ hochwertige mechani-

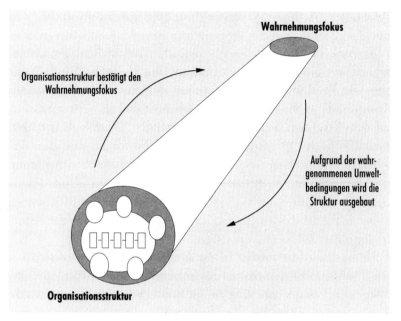

Abbildung 4: Zirkel der Selbstbestätigung

sche Rechenmaschinen zu günstigen Preisen herzustellen. Plötzlich brach ein wichtiger Kunde nach dem anderen weg. Was war passiert? Das Management hatte die ganze Organisation auf ein einziges erfolgreiches Produkt ausgerichtet. Die Verkaufsbüros sahen deswegen nur die Marktentwicklungen bei mechanischen Rechenmaschinen und das Management nahm die Nachfrage zum Anlass, dieses Kerngeschäft weiter auszubauen. Die ganze Firma hatte sich auf einen ausgeprägten Zirkel der Selbstbestätigung eingelassen, so dass die wachsende Nachfrage nach Computern als Konkurrenz zu mechanischen Rechenmaschinen gar nicht mehr wahrgenommen werden konnte. Die Firma besaß schlichtweg keine Routinen, mit denen Informationen über den Markt der elektronischen Rechenmaschinen gesammelt werden konnten.

Der ehemalige Marktführer in der amerikanischen Computerindustrie, IBM, liefert ein weiteres prägnantes Beispiel für einen solchen

Prozess der zirkelhaften Selbstbestätigung: Die Manager von IBM hatten in den siebziger und achtziger Jahren ihren Markt überwiegend im Bereich der Großrechner gesehen und deswegen Marketing und Vertrieb auf den entsprechenden Kundenkreis ausgerichtet. Die auf Großrechner ausgerichteten Vertriebsstrukturen nahmen natürlich nur Informationen wahr, die von den Kunden für Großrechner kamen, und sahen sich dadurch in ihrem Vorgehen bestätigt. Das führte dazu, dass man die eigenen Organisationsstrukturen noch stärker auf den Vertrieb der Großrechner ausrichtete, was wiederum die Wahrnehmung des Unternehmens noch stärker auf Kunden für Großrechner fokussierte. Dass dadurch der Markt der Personalcomputer verpasst wurde, erkannte das IBM-Management aufgrund dieses Prozesses der Selbstfestlegung wohl als eines der letzten.

Ähnlich war der Prozess in der amerikanischen Automobilindustrie. Die Vertriebs- und Marketingstrukturen der drei großen Automobilkonzerne waren überwiegend auf den US-amerikanischen Markt ausgerichtet. Deswegen nahm man vorrangig die Nachfrage nach großen, Benzin verschlingenden Autos wahr. Diese Marktwahrnehmung gab Anlass, die auf den Verkauf von großen Limousinen ausgerichteten Betriebsstrukturen auszubauen. Das wiederum führte dazu, dass nur Kundenwünsche nach Großautos wahrgenommen und die Vertriebsstrukturen für diesen Autotyp weiter ausgebaut wurden. Am Ende war es den drei amerikanischen Automobilkonzernen kaum möglich, die steigende Nachfrage nach Kleinwagen zu erkennen.

In allen drei Fällen verfügte das Management über ausgefeilte Informationssysteme, mit denen es die zentralen Daten über Auftragseingang, Produktivität und Kundenzufriedenheit abzubilden meinte. Die Führung ging davon aus, dass sie durch die ausgefeilten Managementinformationssysteme wie die Piloten in einem Flugzeugcockpit mit zuverlässigen Daten versorgt würde und ihr Unternehmen so auf einer soliden Basis durch turbulente Zeiten steuern konnte. Es wurde übersehen, dass in solche Managementinformationssysteme häufig unbewusst Zirkel der Selbstbestätigung eingebaut sind, die eher den Effekt haben, das Management darin zu bestätigen, auf dem richtigen Kurs zu sein, als auf überraschende Veränderungen hinzuweisen.

Interessant ist, dass die Unternehmen in den drei geschilderten Fällen den Eindruck hatten, sich effizient an ihre Umwelt anzupassen. Sie bemerkten gar nicht, dass sie sich an ein Umweltbild anpassten, das sie durch ihre eigene interne Organisationsstruktur selbst geschaffen hatten. Sie wollten nicht wahrnehmen, dass es sich trotz aller eingesetzten Kundenkonferenzen, Marktbeobachtungsmechanismen und Trendscouts um eine Anpassung der Organisation an sich selbst handelte.[13]

Die Fabel, mit der dieser Zirkel der Selbstbestätigung in der Managementliteratur umschrieben wird, handelt vom Frosch im Kochtopf. Einen Frosch, so die in unzähligen Managementbüchern und Fachartikeln verbreitete Geschichte, könne man nicht dadurch kochen, dass man ihn in heißes Wasser werfe. Er würde die Absichten des Koches anhand des plötzlichen Temperaturunterschiedes bemerken und aus dem Topf hüpfen. Ein Problem entstünde für den Frosch erst, wenn er in einen Topf mit kaltem Wasser geworfen werden würde und die Temperatur des Topfes sich langsam erhöhte. Der Frosch würde langsam, und von ihm lange Zeit unbemerkt, zerkocht werden. Was beim Erzählen der Fabel häufig übersehen wird, ist die Tatsache, dass es den hinterhältigen Koch gar nicht gibt. Der Frosch steigt selbst in den Topf und gibt sich mit den ansteigenden Temperaturen ganz zufrieden. Er meint, dass die ansteigende Temperatur sein Wohlbefinden steigert und erhöht selbst die Temperatur der Herdplatte. Dabei bemerkt er nicht, dass ihm diese Temperatursteigerungen langfristig gar nicht gut bekommen.

Die Hoffnung, dieses Problem mit modernen, stabilitätsorientierten Organisationsstrukturen à la Lean Management und Business Process Reengineering umschiffen zu können, war eine der großen Illusionen der Managementdiskussion in den letzten Jahren. Es gibt immer deutlichere Indizien dafür, dass die Unternehmen, die sich dem Ideal des Lean Managements oder dem Business Process Reengineering verschreiben, dem Frosch im Kochtopf besonders ähneln. Aufgrund der Verschlankungen und Prozessorientierung gehen sie das Risiko ein, besonders effiziente Zirkel der Selbstbestätigung aufzubauen.

Nach dem Konzept des Lean Managements werden die Ressourcen
der Organisation konzentriert und alle Einheiten auf den zentralen
Wertschöpfungsprozess ausgerichtet. Dadurch sinkt die Wahrscheinlichkeit, dass organisatorische Einheiten die Zeit und die Kraft haben,
ungewohnte Entwicklungen wahrzunehmen. Die ganze Mannschaft
ist nur noch darauf ausgerichtet, die Organisation noch effizienter und
stromlinienförmiger zu machen. Sie bemerkt möglicherweise gar nicht
mehr, dass sie zwar effizient ist, aber leider die effizient hergestellten
Produkte nicht mehr verkaufen kann.

Im Business Process Reengineering werden die Prozesse des Unternehmens auf einem »leeren Blatt« von der Perspektive des Kundennut-
zens aus reorganisiert. Umwege werden abgeschafft. Die Unternehmen richten ihre Prozesse idealerweise so stark an bestehenden Kunden aus, dass es kaum noch Möglichkeiten gibt, andere Produkte zu
entwickeln, die keinen unmittelbar gegebenen Kundennutzen erfüllen. Man ist kurzfristig zwar optimal an seine existierenden Kunden
angepasst, verfügt aber nicht mehr über einen Blick für sich neu eröff-
nende Möglichkeiten.

Der Mythos eindeutiger Ziele

Dieser funktionale »Selbstbetrug« gaukelt dem Management vor, dass
man die ganze Organisation auf ein einzelnes Ziel, einen einzigen alles
dominierenden Zweck festlegen kann. Infolge der freiwilligen Begren-
zung der Wahrnehmung von deren Begrenztheit vollkommen überzeugt, glaubt die Organisation fest daran, dass ihre Märkte, ihre Konkurrenten und ihre politische Umwelt einigermaßen stabil und berechenbar sind. Dann richtet sie alle Organisationsmitglieder auf ein
Ziel, einen Zweck aus. Der immer noch verbreitete Glaube, dass Unternehmen Ziele verfolgen und ihre Prozesse und Abteilungen effizient
auf diese Ziele ausrichten könnten, ist Ergebnis dieses Selbstbetrugs.[14]

Die Vorstellung von eindeutig aus der Umwelt ableitbaren Zielen
und Zwecken gipfelt in den vielfältigen »Management-by-irgendwas«-
Vorstellungen in Unternehmen. Die Hoffnungen auf ein Manage-

ment by Objectives, ein Management by Inspiration oder gar ein Management by Love erwachsen aus dem Glauben, dass ein Unternehmen seine definierten Ziele und Zwecke durch die Anwendung von einfachen Steuerungsprinzipien erreichen könne.[15]

Die Zirkel der Selbstbestätigung sind für Organisationen so lange kein Problem, wie sich die Umweltbedingungen und realen Aussichten nicht allzu sehr von dem Zukunftsbild des Unternehmens unterschieden. Sie sind sogar bis zu einem bestimmten Grade funktional. In Phasen hoher Berechenbarkeit können die Zirkel der Selbstbestätigung zu einem Erfolg des Unternehmens beitragen, denn Widerstände, kritische Stimmen, Querschläger werden durch die Zirkelschlüsse effektiv ausgeschaltet.

Aber was geschieht, wenn die Voraussagbarkeit der Zukunft abnimmt?

3. Das Ende der Hoffnung auf eine optimale Organisationsstruktur – die Konfrontation mit einer »turbulenten Umwelt«

Die Zukunft, so der Sciencefictionautor Arthur Clarke, ist auch nicht mehr das, was sie einmal war. Es lassen sich kaum noch sinnvolle Aussagen über ihre Beschaffenheit treffen. Der Erfolg von gestern scheint in keiner Form mehr Sicherheit für das Morgen zu geben. Unsere Annahmen von zukünftigen Entwicklungen werden mit Überraschungen, Diskontinuitäten und Instabilitäten konfrontiert. Trotz immer ausgefeilteren Prognoseinstrumenten kommt es meistens ganz anders, als man in Unternehmen, Verwaltungen und Verbänden angenommen hatte. Die Tragik des menschlichen Lebens, so der Philosoph Kierkegaard, scheint darin zu bestehen, dass wir es nur rückwärts verstehen, es jedoch nur vorwärts leben können. Vermutlich gilt dies auch für Organisationen.[16]

Die Schwierigkeit, einigermaßen verlässliche Prognosen für die Zukunft abzugeben, wird in Organisationen mit dem Begriff »turbulent« gefasst. Mit diesem Wort umschreiben Unternehmen den Eindruck, dass sie sich zunehmend mit gegensätzlichen Anforderungen konfrontiert sehen. Während sie sich früher widersprüchlicher Umweltanforderungen dadurch entledigen konnten, dass sie sich einfach für die eine Seite entschieden, sehen sie sich jetzt gezwungen, beide Seiten zu erfüllen. An dieser Stelle sei nur auf die prominentesten Beispiele für widersprüchliche Umweltanforderungen verwiesen, wie »Globalisierung – Lokalisierung«, »Qualität – Preis« und »Konkurrenz – Kooperation«.

Globalisierung – Lokalisierung: Früher sahen sich Unternehmen tendenziell vor die Entscheidung gestellt, ob sie mit weitgehend standardisierten Produkten auf einem weltweiten Massenmarkt auftreten oder eher örtlich begrenzte Nischenmärkte bedienen sollten. Ein Unternehmen konnte entweder mit seinen Standardprodukten global auftreten oder sich mit spezialisierten, kundenspezifischen Produkten auf einen lokalen Markt beschränken. Heutzutage stehen immer mehr Unternehmen vor der widersprüchlichen Anforderung, gleichzeitig global wie auch lokal zu handeln. Es wird immer deutlicher, dass die Globalisierung eines Marktauftrittes in der Regel mit einer Lokalisierung einhergeht. Der Soziologe Ulrich Beck (1997: 85f) weist darauf hin, dass kein Unternehmen im wahrsten Sinne des Wortes global produzieren und vermarkten kann. Global aufzutreten bedeutet, an mehreren Orten gleichzeitig präsent zu sein. Unternehmen, die »global« produzieren, vermarkten und vertreiben, sind immer darauf angewiesen, ihre Produktion sozusagen »vor Ort« anzusiedeln und ihre Produkte an die lokalen Marktbesonderheiten anzupassen. Das von der Umweltbewegung geborgte Motto »think global, act local« half Unternehmen nur für eine begrenzte Zeit weiter. Heutzutage stehen immer mehr Organisationen vor der Herausforderung, sowohl global als auch lokal zu denken und zu handeln.

In der Zwischenzeit bezeichnen sich global agierende Konzerne wie Unilever als »multilokale« Unternehmen. Man habe gelernt, dass Japaner nur wenig Margarine nachfragen, weil sie eher Reis als Brot essen würden und Margarine und Reis nicht so gut zusammenpassen. Statt

als global agierender Konzern in allen Ländern die gleichen Erfolgs-
produkte zu produzieren und zu verkaufen, gehe man verstärkt dazu
über, sich auf regionale Besonderheiten einzustellen. Es gelte, eine glo-
bale Entwicklungs-, Produktions- und Marketingstrategie mit lokalen
Anpassungsprozessen zu verbinden.

Die Notwendigkeit von Unternehmen, sowohl global als auch lokal zu handeln, führt zu paradoxen Situationen. Während in den achtziger Jahren US-amerikanische Staatsbürger noch von ganzem Herzen
ein Importverbot für japanische Autos fordern konnten, weil diese
»amerikanische Arbeitsplätze« vernichteten, kommen sie heutzutage
ins Schwimmen. Sollen sie vor den Geschäften des Autokonzerns Mit-
subishi protestieren, obwohl dieser in Amerika investiert und dort eigene Fabriken geschaffen hat, oder sollen sie lieber vor den Filialen von
General Motors demonstrieren, die in erheblichem Maße Jobs aus den
USA in Billiglohnländer exportieren? Die Verknüpfung von Globali-
sierungs- und Lokalisierungsstrategien durch Konzerne bringt selbst
die bewährten Feindbilder der Konsumenten durcheinander.

Qualität – Preis: Früher konnten sich viele Unternehmen entscheiden, ob sie eher auf den Erfolgsfaktor »Qualität« oder auf den Erfolgsfaktor »Preis« setzen wollten. Diese »Entweder-oder-Entscheidung«
verschiebt sich in der Wahrnehmung vieler Unternehmer jedoch immer mehr zu einem »Sowohl-als-auch«. Es besteht immer mehr der
Zwang, die Kundenzufriedenheit durch eine auf die spezifischen Bedürfnisse des Kunden ausgerichtete Qualität des Produktes sicherzustellen, gleichzeitig aber auch über die Produktion einer großen Menge
des Produktes die Stückkosten zu senken. Die widersprüchlich erscheinenden Ansprüche an einen niedrigen Preis des Produktes und eine
hohe Kundenzufriedenheit durch Qualität und Spezifizität müssen
gleichzeitig erfüllt werden.

So hat der Verdrängungswettbewerb der Lebensmittelketten dazu
geführt, dass ehemals hochpreisige Qualitätsprodukte zu Kampfprei-
sen angeboten werden. Während es sich viele Lebensmittelketten früher noch leisten konnten, eine extrem hohe Preisspanne zwischen ihren
Premiumprodukten und den qualitativ minderwertigen Produkten zu-

zulassen, wird jetzt der Preisdruck auf die Premiumprodukte und der Qualitätsdruck auf die günstigen Produkte zunehmend größer.

Konkurrenz – Kooperation: Das klassische »Freund-Feind-Denken« vieler Unternehmen funktioniert nicht mehr. Nur noch Quasi-Monopolisten wie Microsoft können es sich leisten, Kunden, die zur Konkurrenz überwechseln, zu eröffnen, dass sie durch diesen Vertrauensbruch jetzt zum Feind geworden seien.[17] Während es früher noch möglich war, ein anderes Unternehmen entweder als kooperativen Verbündeten oder als Konkurrenten zu begreifen, stellt sich die Situation für viele Unternehmen heutzutage komplizierter dar: Die Verschärfung des Wettbewerbs erfordert von den Unternehmen mehr Kooperation. So arbeitet man mit anderen Unternehmen in Bereichen wie Forschung und Entwicklung zusammen, während man sich gleichzeitig mit denselben Unternehmen im Verkauf der Produkte einen Kampf bis aufs Messer liefert. Unternehmen ähneln immer mehr den vom Publizisten Vance Packard beschriebenen »kooperativen Tigern« – Raubtieren, die nur durch die Zusammenarbeit mit potenziellen und reellen Konkurrenten ihre Krallen zeigen können.[18]

Mit Pathos berichten Unternehmensberater vom Erfolg jener Firmen, die sich gezwungen sahen, in einzelnen Bereichen mit ihrem ärgsten Konkurrenten zu kooperieren. So wird die Geschichte von Volkswagen und dem Ford-Konzern geschildert, die bei der Entwicklung und Produktion einer Großraumlimousine eine strategische Allianz eingegangen sind, bei der Vermarktung der entwickelten Autos jedoch als Konkurrenten auftreten. Die Limousine wird gemeinsam in einem Werk südlich von Lissabon gefertigt, aber von Ford dann unter dem Namen ›Galaxy‹ und von VW unter dem Namen ›Sharan‹ vertrieben.

Oder es wird von dem britischen Transportunternehmen Lane Group berichtet, das seine unmittelbaren Konkurrenten mit hoch qualifiziertem Personal versorgt. Die Lane Group hatte eine eigene Zeitarbeitsfirma PL Workforce aufgebaut, weil sie aufgrund der hohen Qualitätsansprüche mit den LKW-Fahrern der etablierten Zeitarbeitsfirmen schlechte Erfahrungen gemacht hatte. PL Workforce sollte deswegen dem eigenen Mutterkonzern kurzzeitig qualifizierte LKW-Fahrer zur Verfügung stellen, wenn einer der fest angestellten Fahrer krankheitsbedingt ausfiel. Zunehmend entwickelte sich PL Workforce dann aber zu einer Zeitarbeitsfirma, die auch der Konkurrenz auf dem Transportmarkt Fahrer zur Verfügung stellte und damit ein beachtliches Wachstum verzeichnete.[19]

Die von Unternehmen wahrgenommene Notwendigkeit, widersprüchliche Anforderungen gleichzeitig zu erfüllen, findet in paradox klingenden Wortungeheuern ihren Ausdruck (vgl. Fontin 1997: 56). Der Zwang, den viele Unternehmen empfinden, sowohl als globaler Produzent und Anbieter aufzutreten als sich auch auf lokale Besonderheiten einzustellen, wird in den Formulierungen der »globalen Lokalisierung« oder des »glocals« zusammengefasst. Die Notwendigkeit, durch Massenproduktion den Preis zu senken, gleichzeitig aber auf spezifische Kundenanforderungen einzugehen, findet ihren Ausdruck in paradoxen Wendungen wie der »kundenspezifischen Massenproduktion« oder der »mass customization«. Der Zwang vieler Unternehmen, mit anderen Unternehmen sowohl zu kooperieren als auch zu konkurrieren, findet seinen Ausdruck in Begriffen der »konkurrierenden Kooperation« oder der »cooptition«, einer Zusammenfügung der Worte »Competition« und »Cooperation«.

Angesichts dieser widersprüchlichen Anforderungen versagen die bewährten Mechanismen der Selbstberuhigung. Immer mehr Unternehmen stehen vor dem Problem, dass angesichts von wachsenden Überraschungen, Diskontinuitäten und Instabilitäten ihre bewährten Rituale der Analyse, Diagnostik und Planung nicht mehr tragen. Man erkennt, auf welch dünnem Eis man mit den bisher praktizierten Verfahren gestanden hat. Je stärker ein Unternehmen analysiert, diagnostiziert und plant, um sich auf diese Weise auf die Zukunft vorzubereiten, desto härter wird es durch die Wirklichkeit getroffen (vgl. Attems 1996: 536).

Die Tragik der Strukturen – das Risiko der Krise

Die Betonung von Stabilisierung aufgrund von Routinen und handlungseinschränkenden Mechanismen wie einer Hierarchie birgt ein fundamentales Risiko, wenn sich die Anforderungen aus dem Markt oder der Politik schnell und radikal ändern. Es ist die paradoxe Tragik von Strukturen und Routinen in Organisationen, dass Einschränkungen zwar die erwünschten Handlungen ermöglichen, gleichzeitig aber den Horizont einschränken. Das Problem ist, dass Strukturen zwar Veränderungsfähigkeit in anderen Bereichen schaffen, aber eben selbst nicht flexibel sind.

Stabile Strukturen sind ein preiswertes Instrument, den vielfachen Anforderungen der Welt zu begegnen. Stabilität birgt jedoch immer das Risiko, viele Chancen zu übersehen (vgl. Weick 1985; Neuberger 1995a: 93).

Die Anpassungsbemühungen der Gewährleistungseinheiten um den produktiven Kern herum können – glaubt man den Erzählungen aus den Unternehmen – mit den immer rascher werdenden Umweltveränderungen kaum noch mithalten. Kaum ist in häufig mühsamen Aktionen eine neue Programmänderung eingeführt worden und dem technischen Kern vermittelt worden, schon wird festgestellt, dass die in der Zwischenzeit eingetretenen Umweltveränderungen wiederum eine geänderte Struktur verlangen. Existierende Routinen werden häufig erst dann hinterfragt, wenn sich eine spürbare Krise abzeichnet (vgl. Luhmann 1968b: 337). Der Frosch merkt kurz vor seinem Tod, dass er sich nicht mehr in einem wohligen Bad befindet, sondern gerade verkocht. Häufig hat er dann nicht mehr die Kraft, den Kochtopf zu verlassen.

Eine solche Krise ist kein Umweltereignis, das – wie es vom Management häufig suggeriert wird – über eine Organisation hereinbricht, sondern sie wird von der Organisation letztlich selbst produziert. Sie entsteht durch plötzlich auftretende Effekte der Ausblendungen und Ignoranzen eines Unternehmens. Je perfekter die rationale Gestaltung der Organisation, desto stärker die Negation der Ungewissheit, desto höher das Risiko, so der Sozialwissenschaftler Christoph Deutschmann (1997: 64), dass die Nebenfolgen kumulieren und plötzlich in Form einer Krise an die Oberfläche drängen. Irgendwann wird der ökonomische Druck aus der Umwelt so stark, dass er von der

Organisation nicht mehr ignoriert werden kann. Häufig treten die Krisen dann in so geballter Form auf, dass sie kaum noch zu bearbeiten sind.

In vielen Unternehmen mit ausgeprägten Managementinformations- und Frühwarnsystemen ist dieses plötzliche Auftreten von Krisen bekannt. Die Instrumente und Anzeigen im Managementcockpit, die lange Zeit vermeldeten, dass man sich auf richtigem Kurs befinde, stehen plötzlich und für alle unerwartet auf Rot. Entwicklungen, die durch die Instrumente und Frühwarnsysteme nicht oder falsch erfasst wurden, haben sich im blinden Fleck des Unternehmens unbemerkt aufgestaut und brechen dann plötzlich über die Belegschaft herein. In diesen Situationen ist es oft schwierig, überhaupt noch auf die plötzlich geballt auftretenden Veränderungen zu reagieren.

Widersprüchlichkeiten schlagen durch

Die Unternehmen sehen sich infolgedessen zunehmend unter Druck, die Veränderungen der Umwelt nicht nur als Störung der Stabilität ihres produktiven Kerns zu verstehen, sondern vielmehr als Anlässe zu einem grundlegenden Wandel. Sie reagieren auf die widersprüchlichen Anforderungen aus der Umwelt nicht mehr mit Gewährleistungseinheiten als Filter, sondern sie lassen sie in die Organisation hinein. Sie bilden die widersprüchlichen Anforderungen intern ab. Mehrdeutigkeit, Zwiespältigkeit und Unschärfe werden nicht mehr als Verunsicherungen aufgefasst, vor denen die ganze Organisation oder zumindest der produktive Kern geschützt werden sollte, sondern als Chance, neue Wahrnehmungen zu entwickeln, andere Akzente zu setzen und Neudefinitionen zu ermöglichen (vgl. Neuberger 1990a: 159; Tacke 1997a: 15f).

Besonders Unternehmen in turbulenten Märkten sehen sich immer weniger in der Lage, den Widerspruch zwischen Stabilitäts- und Veränderungsanforderungen durch eine organisatorische oder zeitliche Trennung abzufedern. Immer weniger Unternehmen meinen es sich leisten zu können, das Problem durch eine strikte organisatorische

Trennung von unsicherheitsorientierten Einheiten und stabilitätsorientierten Einheiten oder durch ein Phasenmodell nach dem Motto
»in den Monaten Januar und Februar Veränderung, sonst Stabilität« zu
bearbeiten. Auf den ersten Blick bleibt dann nur noch die Möglichkeit, das organisatorische Dilemma zwischen Veränderung und Stabilität zu einem Problem des Personals zu erklären.

Die sprunghaft gestiegene Anzahl von Widersprüchlichkeiten und
Zielkonflikten, die gerade Mitarbeiter im Wert schöpfenden Bereich
von Unternehmen, Verwaltungen und Verbänden wahrnehmen, resul-
tieren aus dieser Entwicklung. Die »freundlichen Damen und Herren«
aus dem mittleren Management können die vielfältigen Mehrdeutig-
keiten und Unschärfen nicht mehr abfedern, sie dringen immer direk-
ter zu den Mitarbeitern durch. Es sind die Mitarbeiter im produktiven
Kern selbst, die dann damit zurechtkommen müssen, wie sie die Auf-
tragsschwankungen, die gestiegenen Qualitätsanforderungen oder
Probleme bei der Zulieferung von Materialien bewältigen müssen.
Von ihnen wird verlangt, dass sie Unsicherheit nicht als beklagenswer-
ten Zustand verstehen, sondern als Anlass zum Wandel begreifen.

Rationalitätszweifel

Sollten die Manager jemals davon überzeugt gewesen sein, dass sie ausreichend viele Informationen zusammentragen können, um in ihrer
Umwelt lesen zu können wie in einem aufgeschlagenen Buch, so sind
spätestens jetzt, angesichts der gewachsenen Widersprüchlichkeiten,
Zweifel angebracht. Die wachsende Kritik an Lean Management und
Business Process Reengineering steht für eine Krise sämtlicher Managementkonzepte, die wiederum nur neue rationale Organisationsstrukturen vorschlagen. Es wird beklagt, dass viele Lean-Management-
und Reengineering-Projekte ihre Ziele nicht erreichen oder nur auf
Kosten von unerwünschten Nebeneffekten. In Managementzeitschrif-
ten und Beratungsbüchern wird kolportiert, dass der Großteil der Veränderungsprojekte nicht den angestrebten Nutzen bringe.[20]

Die meisten Manager und Mitarbeiter in Unternehmen, Verwaltungen und Verbänden können problemlos eine ganze Liste abgebrochener, unterbrochener oder nur halbherzig zu Ende geführter Veränderungsprozesse aufzählen. Die Etablierung neuer Unternehmensstrukturen ist durch Verzögerungen, Fehlschläge und Widersprüchlichkeiten gekennzeichnet. Viele mit Elan eingeleitete Maßnahmen verlaufen im Sande und werden nach einiger Zeit stillschweigend zu den Akten gelegt.

Ein annähernd rationales Handeln mag prinzipiell möglich erschienen sein, als die Randbedingungen für Entscheidungen stabil wirkten, sich der Entscheide nicht selbst in Abhängigkeit von seiner Umwelt änderte und Entscheidungen die Ziele der Organisation nicht beeinflussten. Aber welche Manager sehen sich in Zeiten sich rapide ändernder Märkte, wachsender globaler Konkurrenz und grundlegenden technologischen Wandels noch solchen Bedingungen ausgesetzt?

Wenn sich die Entscheidungsumstände schnell ändern, wird es für Organisationen zunehmend schwieriger, eine durchweg rational wirkende Organisationsstruktur zu präsentieren. Je größer die Unbestimmtheit der in die Organisation eingespeisten Informationen über die Umwelt, desto kleiner ist die Zahl der vermeintlich richtigen organisatorischen Regeln, die durch den Umgang mit dem Input aktiviert werden (vgl. Scott 1986: 169). Die These von der »Rationalität« einer Organisationsstruktur wirkt heute immer antiquierter. Angesichts der wachsenden Widersprüche in Organisationen drohen den Managern die Leitbilder für optimale, rationale Organisationsstrukturen förmlich zwischen den Fingern zu zerrinnen.[21]

Aber der Erosion einer lang bewährten Rationalitätsvorstellung folgt erfahrungsgemäß eine neue, flexiblere. Auf den Trümmern des Glaubens an eine optimale und rationale Organisationsstruktur entsteht eine neue Rationalitätsvorstellung, die den neuen Anforderungen an Organisationen scheinbar eher gerecht wird. Um eine solche sich andeutende neue Rationalitätsvorstellung soll es im folgenden Kapitel gehen.

III
Die lernende Organisation –
die Hoffnung auf die »guten« Regeln
des Wandels

»Wenn du zwei widersprüchliche Anordnungen erhältst: erfülle sie beide.«

Anonymus[1]

Selbst Wissenschaftler und Manager, die sich vor einigen Jahren noch für Business Process Reengineering oder Lean Management stark gemacht haben, setzen sich jetzt für Unternehmensformen ein, die so flexibel, anpassungs- und wandlungsfähig sind, dass es kaum noch möglich ist, das Spezifische dieser Organisationsstrukturen zu bestimmen. Die relativ statischen Managementkonzepte des ausgehenden 20. Jahrhunderts wie Business Process Reengineering oder Lean Management werden durch Managementleitbilder wie das der lernenden Organisation oder der wissensbasierten Unternehmung abgelöst, die die Veränderungs- und Innovationsfähigkeit von Organisationen in den Vordergrund stellen.

Konsequent zu Ende gedacht läuft die einseitige Ausrichtung auf Wandel und Veränderung auf eine »chaotische Organisation« hinaus. Die Identität und Integration, die normalerweise über klare Organisationsstrukturen hergestellt wird, geht verloren. Infolge einer totalen Veränderungsorientierung kann die Organisation kein Gefühl der Einheit entwickeln. Chronische Flexibilität zerstört im Extremfall die Identität der Organisation. Ein permanenter Wandel der Organisation produzierte eine so große Unsicherheit, dass gemeinsame Handlungsorientierungen und Zielsetzungen verloren gingen.

Wenn man in einer massiven Veränderungsmobilisierung versuchte, gleichzeitig die verschiedensten Relationen und Beziehungen zu aktivieren, käme es zu verheerenden Überlastungserscheinungen.

Signale aus der Umwelt könnnten nicht durch bewährte Routinen, Regeln und Strukturen aufgefangen werden, sondern sie führten jedes Mal zu den größten innerorganisatorischen Unruhen. Jede Regung in der Umwelt der Organisation würde neue spontane Improvisationsprozesse auslösen. Es würde eine »Meetingitis« ausbrechen. Die Mitarbeiter befänden sich permanent in Gruppensitzungen oder Projekttreffen, um neue Reaktionsmuster zu entwickeln.

Der Organisationstheoretiker Karl Weick hat rein veränderungsorientierte Organisationen im Rückgriff auf den Urvater der Organisationsentwicklung, Kurt Lewin, als »chronisch aufgetaute Systeme« bezeichnet. Der Organisation ist es, nachdem sie ihre existierenden Strukturen aufgetaut hat, nicht gelungen, die neuen Strukturen wieder »festzufrieren«. Die Organisation befindet sich permanent in Unruhe, nichts läuft seinen geregelten Gang. Alles erscheint problematisch, weil vergangene Erfahrungen als riskant betrachtet werden und der Glaube an die Eindeutigkeit verloren gegangen ist.

In kritischen Situationen kann die permanente Produktion von Neuem die Organisation so stark destabilisieren, dass keinerlei gemeinschaftliche Handlungen mehr möglich sind. Es können so viele Veränderungen in ein soziales System getragen werden, dass es irgendwann angesichts der als massive Störungen empfundenen Beunruhigungen zusammenbricht. Die Organisation droht tendenziell zu einer bloßen Menge kaum noch zusammenhängender Entscheidungen zu degenerieren.[2]

Wie wird in den Leitbildern der lernenden Organisation, der wissensbasierten Firma oder der evolutionären Unternehmung auf diese drohende Selbstauflösung durch Wandel und Innovation reagiert? Welches neue Verhältnis zwischen Stabilität und Veränderung bildet sich aus? Wie gelingt es, als eine Organisation im Wandel Berechenbarkeit zu erzeugen?

Im Zentrum des ersten Teils dieses Kapitels steht eine sich andeutende neue »Lösungsstrategie« für das Paradox gleichzeitiger Stabilitäts- und Veränderungsorientierung. Organisationen stellen Stabilität nicht mehr nur durch beständige Organisationsstrukturen her, sondern erzeugen sie durch verlässliche Regeln eines »guten« Organisationswandels. Die Konzepte der lernenden Organisation, aber auch der wissensbasierten Firma oder der evolutionären Unternehmung sind Codeworte, mit denen diese Prinzipien für einen stabilen und berechenbaren Organisationswandel umschrieben werden.

In diesen Konzepten, so die zusammenfassende Darstellung im zweiten Teil, deutet sich ein neues Rationalitätsverständnis von Organisationen an. Statt der Hoffnung auf die eine »gute« und »richtige« Organisationsstruktur setzt sich die Überzeugung durch, dass es einige dauerhafte und bewährte Prinzipien für einen »guten« Organisationswandlungsprozess gibt. An die Stelle der Idee von der rationalen Organisation tritt zunehmend die einleuchtende Vorstellung eines rational steuerbaren Organisationswandels.

1. Lernende Organisationen – neue Wege zur Bearbeitung des Veränderungs- und Stabilitätsdilemmas

Eine Einsicht scheint sich in vielen Unternehmen und Verwaltungen des beginnenden 21. Jahrhunderts durchgesetzt zu haben: Die Hoffnung auf eine optimale Organisationsstruktur ist nur begrenzt tragfähig, weil die Zukunft unsicher und unbestimmbar ist. Prognosen geraten nur noch zu mehr oder minder intelligenten Spekulationen. Ziel müsste es darum sein, eine Organisation möglichst wandlungsfähig zu halten, um auf Umweltveränderungen rasch reagieren zu können.

Von der Stabilität des Wandels

Die Reaktion auf die gewachsene Unsicherheit ist keine, wie in der Managementliteratur häufig suggeriert wird, simple Umstellung vom Prinzip der Stabilität und Berechenbarkeit auf das Prinzip der Veränderung und des Wandels. Die neuen propagierten Leitbilder haben mit dem »chronisch aufgetauten« Unternehmen wenig zu tun. Vielmehr können wir Versuche beobachten, stabilisierende Momente in die Veränderungsprozesse einzubeziehen. Der Schwerpunkt scheint sich zunehmend darauf zu verlagern, tragfähige Prinzipien, Regeln und Rezepte zu entwickeln, mit denen die wechselnden Herausforderungen gemeistert werden können. Es geht scheinbar darum, Prinzipien zu entwickeln, um den »Wandel richtig zu meistern«.

Zugespitzt heißt das: Es gibt kaum noch rationale »Blaupausen« für das Funktionieren von Organisationen, sondern immer mehr rationale »Blaupausen« dafür, wie Organisationen verändert werden können. Es geht nicht mehr vorrangig um die rationale Regelhaftigkeit von Strukturen, sondern um die Regelhaftigkeit der Gestaltung des Wandels. Statt des »Wie produzieren wir« steht das »Wie verändern wir« als Urgrund des rationalen Handelns der Organisation im Vordergrund.

Damit wird auch den Mitarbeitern tendenziell eine neue Form von Stabilität versprochen: Das Management garantiert stabile Regeln für die Wandlungsprozesse, um so der Belegschaft ein Mindestmaß an Stabilität zu bieten. Das Motto scheint zu sein: Wir sind zwar nicht mehr in der Lage, den Mitarbeitern optimale Organisationsstrukturen zu präsentieren und können diese auch nicht mehr vom Widerspruch befreien, dass die Organisation gleichzeitig veränderungs- und stabilitätsadäquates Verhalten von ihnen verlangt, aber wir versuchen wenigstens die Wandlungsprozesse berechenbar zu gestalten. Die Mitarbeiter sollen einigermaßen sicher sein, nach welchen Regeln diese ablaufen.

Die verschiedenen Managementphilosophien tasten sich mit ihren Beschreibungen an das Phänomen heran. Die Organisationspsychologen Chris Argyris und Donald Schön (1978; 1996) proklamieren in diesem Zusammenhang die Umstellung von einem einfachen Anpassungslernen zu einem komplexen Veränderungslernen. Beim Anpassungslernen werden im Rahmen der gegebenen Strukturen und Regeln Abweichungen festgestellt und korrigiert. Der Mitarbeiter beobachtet die Reaktionen der Umwelt auf die Aktionen der Organisation und nimmt im Rahmen der Zielvorgaben einen Soll-Ist-Vergleich vor. Beim komplexen Lernen oder Veränderungslernen werden auch die

grundlegenden Ziele und Strukturen hinterfragt. Die handlungslei-
tenden Basisannahmen werden in Frage gestellt und verändert.

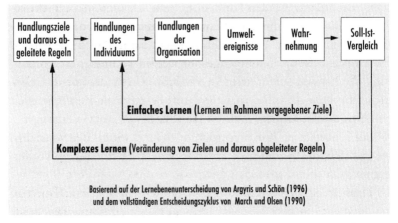

Abbildung 5: Einfaches Anpassungslernen und komplexes Veränderungslernen

Das einfache Anpassungslernen vergleichen Argyris und Schön mit der
Funktionsweise von Thermostaten im Haushalt. Ein Thermostat hat
die Aufgabe, Abweichungen von der gewünschten Temperatur festzustellen und die Temperatur der Heizung so zu regulieren, dass diese
Abweichungen ausgeglichen werden. Beim komplexen Lernen geht es
darum, die Ziele und die daraus abgeleiteten Regeln grundlegend in
Frage zu stellen.

Der Managementforscher Henry Mintzberg (1991) vergleicht die
Veränderungen in Organisationen mit dem Übergang von einem klassischen Puzzle zum Spielen mit Legosteinen. Bei einem Puzzle mit Illus-
trationen einer bayerischen Berglandschaft oder einer Disneyfigur
kommt es darauf an, die Puzzleteile nach einem eindeutigen Schema
auszulegen. Die Stabilität entsteht durch die vorgegebene Struktur.
Beim Bauen mit Legosteinen gibt es diese vorgegebene Struktur nicht
mehr. Ob aus den Legosteinen ein elaborierter Raumgleiter oder ein
rosa-grün gefleckter Dinosaurier wird, hängt maßgeblich von Ent-

scheidungen des in der Regel minderjährigen Gestalters ab. Trotz dieser Gestaltungsfreiheiten im Vergleich zum Puzzle, besteht jedoch auch bei der Beschäftigung mit Legobausteinen Stabilität. Selbst angesichts der Tatsache, dass mit nur sechs Achtknopf-Legosteinen 102 981 500 Baukombinationen möglich sind, besticht das Legospiel durch seine Stabilität. Die Stabilität besteht darin, dass die Legobausteine nicht beliebig zusammengebaut werden können, sondern dass durch die Noppen auf jedem Stein stabile Regeln für die Konstruktion vorgegeben sind. Ein Stein passt durch diese Regeln eben immer nur gerade oder versetzt im rechten Winkel auf einen anderen Stein.

Der Schriftsteller Tom Sharpe (1980) zielt in die gleiche Richtung. Er stellt in seiner zynischen Analyse des britischen Erziehungssystems fest, dass ein organisatorischer Prozess so wie ein Kreisel funktioniere. Man könne nicht festlegen, wohin sich der Kreisel auf einer Oberfläche bewege, zu unsicher seien die Auswirkungen des Untergrunds auf seine Bewegungen. Trotzdem sei der Kreisel kein instabiles Gebilde. Die Stabilität des Kreisels entstehe dadurch, dass bei einer Drehbewegung physikalische Gesetzmäßigkeiten den Kreisel stabil ausrichteten. Es besteht keine Sicherheit über die Richtung der Veränderung, aber eine Sicherheit über die Regeln, die dem Veränderungsprozess zugrunde liegen.

In den USA, wo die esoterische Untermauerung des Managementdenkens besonders beliebt ist, wird angesichts der Umstellung der Organisationsleitbilder gar von einer neuen Zeitenwende gesprochen. Die »New-Age-Managementtheorie« verkündet, dass das Zeitalter des Wandels angebrochen sei. Das statische Managementdenken der »zweiten Welle«, das sich angeblich noch in dem Denken der meisten europäischen und amerikanischen Business Schools wiederfindet, wird durch ein Managementdenken der »dritten Welle« abgelöst. Statt des Denkens in Kategorien von Linearität und Gleichgewicht finden wir ein Denken in Dynamik und Wandel.[3]

Letztlich nimmt das Management den Spruch »Wandel ist in unserem Unternehmen das einzige Stabile« wörtlich – nicht insofern, als die Organisation vor lauter Veränderung vergeht, sondern dadurch, dass die Wandlungsprozesse mit einer gewissen Erwartungssicherheit ausgestattet werden.

Code-Wörter für die Prinzipien »guten« Organisationswandels

Wie können Organisationen Stabilität in Wandlungsprozessen herstellen?

Das Prinzip ist einfach: Das Unternehmen oder die Verwaltung gibt sich feste Regeln, wie der Wandel in der Organisation ablaufen soll. Diese festen Regeln des Wandels finden ihren Ausdruck in »Chartas des Managements von Veränderungen« (vgl. Doppler/Lauterburg 1995: 152), in »Grundgesetzen des Organisationswandels« oder in »Disziplinen des Systemdenkens und des Systemwandels« (vgl. Senge 1990). Diese »Chartas«, »Grundgesetze« und »Disziplinen« richten den Blickwinkel nicht mehr darauf, wie eine Organisation beschaffen sein sollte, sondern darauf, wie der Wandel in der Organisation vonstatten zu gehen hat. Statt Regeln für das »Wie« der Organisation werden Vorschläge für das »Wie« des Organisationswandels geliefert.

Die im Moment gehandelten Managementleitbilder, wie etwa »lernende Organisation«, »intelligentes Unternehmen«, »wissensbasiertes System«, »fortschrittsfähige Organisation«, »offene Unternehmung« oder »flexible Firma«, versuchen durchweg rationale Kriterien für Organisationsveränderung zu definieren. Sie versuchen in jedem Fall standardisierte Verfahren und Programme zweiter Ordnung zu bestimmen.[4] Die Verfahren und Programme dieser Organisationsmodelle schreiben nicht mehr Routineverhalten in Organisationen vor, sondern sie beschreiben, auf welche Art und Weise neuartige Probleme zu lösen sind. Den Mitarbeitern wird nicht vorgegeben, mit welcher Lösung sie auf Probleme zu reagieren haben, sondern nur, welche grundlegenden Verfahren sie zur Lösung anwenden sollen.

Es ist letztlich zweitrangig, worin die Organisationstypen X, Y oder Z bestehen. Die Unternehmung gewinnt ihre Stabilität und ihre Sicherheit nicht mehr daraus, dass sie davon ausgeht, einen optimalen Organisationstyp gefunden zu haben. Vielmehr verlässt sie sich darauf, dass sie mit den Regeln rationalen Organisationswandels genug Sicherheit gewinnt, um auch bei veränderten Umweltbedingungen weiter zu existieren.

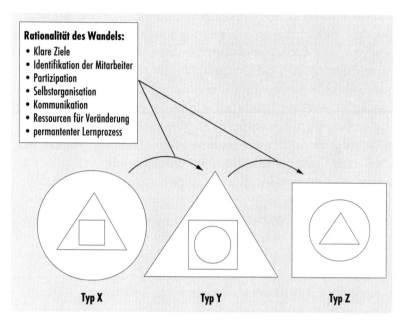

Rationalität des Wandels:
• Klare Ziele
• Identifikation der Mitarbeiter
• Partizipation
• Selbstorganisation
• Kommunikation
• Ressourcen für Veränderung
• permantenter Lernprozess

Typ X   Typ Y   Typ Z

Abbildung 6: Neuartige Rationalitätskonstruktion: Rationalität durch Regelhaftigkeit des Organisationswandels

Worin bestehen jetzt diese standardisierten Verfahren und Programme zweiter Ordnung? Was sind die Regeln des rationalen Organisationswandels?

Es gibt natürlich keine endgültige Instanz, die festlegt, was genau die Grundprinzipien eines »guten« Organisationswandels sind. Die »Chartas«, »Grundgesetze« und »Disziplinen« des Organisationswandels ähneln sich jedoch weitgehend. Egal, ob vorrangig an Lernen, Intelligenz, Wissen, Fortschritt, Offenheit oder Flexibilität appelliert wird, die Prinzipien gleichen sich in vielen Bereichen. Diese Ähnlichkeit hängt damit zusammen, dass Unternehmen, Verbände und Verwaltungen ihre Regeln nicht im stillen Kämmerlein entwickeln, sondern sich daran orientieren, welche Vorgehensweisen sich in anderen Organisationen bewährt haben. Fachliteratur, Aus- und Weiterbildungsgänge, Personalwechsel, Beratungsfirmen, Kongresse, Unternehmerstammtische und so weiter tragen dazu bei, dass sich die Kriterien für »guten« organisatorischen Wandel sehr ähnlich sind.[5]

Aus der Vielzahl von Change-Management-Büchern, Unternehmensleitbildern und Beraterfolien lassen sich sieben Grundprinzipien kondensieren. Diese wirken auf den ersten Blick sehr einleuchtend und bieten den Organisationen in Veränderungsprozessen eine gewisse Stabilität. Sie können ihren rationalen Anschein, wie im nächsten Kapitel gezeigt wird, jedoch nur deswegen entwickeln, weil die problematischen Aspekte dieser Prinzipien ausgeblendet werden.[6]

1. Klare Ziele – Ein erstes Grundprinzip ist, das Ziel für ein Veränderungsprojekt genau zu definieren und dieses in sinnvolle Einzelschritte zu zerlegen. Ein Veränderungsprojekt, das brauchbare Ergebnisse liefern muss, sollte, so das Credo der Change Manager, zielorientiert geführt werden. Auf der Basis einer sorgfältigen und systematischen Diagnose müsse bestimmt werden, welches Ziel mit dem Projekt konkret verfolgt wird, was die Erfolgskriterien sind, wie die Organisation des Projektes aussieht, in welche Planungsschritte das Projekt unterteilt wird und wie der Projektfortschritt zu kontrollieren ist. In dieser systematischen Vorgehensweise folgt aus der Problemanalyse die Entscheidung, wie das Problem gelöst werden soll. Die Problemlösungen werden in konkrete Konzepte heruntergebrochen, die dann realisiert werden. Das Ergebnis der Umsetzung wird schließlich im letzten Schritt kontrolliert.

2. Identifikation der Mitarbeiter – Das zweite Prinzip ist, dass sich die Mitarbeiter mit dem Prozess der Veränderung identifizieren sollen. Die Mitarbeiter sollen nicht mehr nur über Geld und Druck motiviert werden, sondern sie sollen die Arbeitsprozesse und Entscheidungen als sinnvoll (an-)erkennen können.

3. Mensch im Mittelpunkt – Das dritte Prinzip ist, die Mitarbeiter mit Nachdruck einzubeziehen. Der Mensch soll mit all seiner Individualität immer mehr in den Mittelpunkt des Unternehmens rücken. Dadurch sollen Interessen, Wünsche und Erfahrungen der Mitarbeiter in den Veränderungsprozess mit eingespielt und das Unternehmen für neue Perspektiven geöffnet werden.

4. Mehr Kommunikation – Das vierte Prinzip ist, die Kommunikation über Veränderung zu betonen. Die Führung müsse Überzeugungsarbeit leisten, um auch unpopuläre Maßnahmen für die Mitarbeiter nachvollziehbar zu machen. Dabei kommt es darauf an, nicht nur Informationen von oben nach unten zu vermitteln, sondern in einen aktiven Kommunikationsprozess einzutreten. Bei größeren und umfassenderen Projekten sollte deswegen auch ein eigenes Kommunikationskonzept erarbeitet werden.

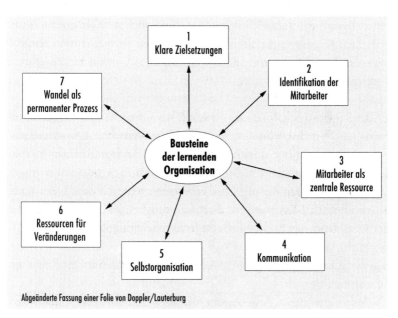

Abgeänderte Fassung einer Folie von Doppler/Lauterburg

Abbildung 7: Prinzipien der lernenden Organisation – Regeln für das Veränderungsmanagement

5. Stärkere Selbstorganisation – Das fünfte Prinzip ist die Selbstorganisation. Den Mitarbeitern sollte nicht vorgeschrieben werden, wie auf Umweltveränderungen zu reagieren ist, sondern sie sollten in Selbstorganisation auf diese Herausforderungen reagieren. Man hofft auf zeitintensive und nervenaufreibende Abstimmungsprozesse zwischen »oben« und »unten« verzichten zu können. Die Probleme sollten dort bearbeitet werden, wo sie anfallen. Dort sollten auch die passenden, innovativen Lösungen entwickelt werden.

6. Ausreichende Ressourcen für Veränderungen – Das sechste Prinzip besagt, dass in der Organisation genügend Spielraum für Innovationen sein muss. Es sollten Reserven und Ressourcen an Personen und Material zur Verfügung gestellt werden, mit denen die Organisation experimentieren kann.

7. Permanentes Lernen – Das siebte Prinzip ist, dass Veränderung keine einmalige Angelegenheit sein soll, sondern vielmehr als kontinuierlicher Lernprozess zu gestalten ist. Durch einen permanenten Lernprozess soll die Innovations- und Anpassungsfähigkeit im Unternehmen gesteigert werden.

Diese Regeln des Organisationswandels sind nicht neu. Viele dieser Prinzipien wurden schon im Zuge der Entstehung der Organisationsentwicklung als humanistisch orientierter Beratungsansatz formuliert.[7] Im Rahmen der Organisationsentwicklung wurde davon ausgegangen, dass es den Ansprüchen einer menschengerechten Gestaltung entspricht, die Mitarbeiter so stark wie möglich in das Unternehmen zu integrieren. Aber solange die Argumentation der Organisationsentwicklung sich stark auf die Frage einer »humanen« Gestaltung bezog, war sie nur sehr begrenzt an die ökonomische Logik der Unternehmen anschlussfähig.

Angesichts der wahrgenommenen Turbulenzen werden die mitarbeiterorientierten Prinzipien des Veränderungsmanagements jetzt jedoch als zentrale wirtschaftliche Erfolgsfaktoren deklariert. In Unternehmen, Verwaltungen und Verbänden werden diese Prinzipien im Einzelnen konkretisiert. Es werden Betriebsvereinbarungen darüber abgeschlossen, in welcher Form Veränderungsprozesse in Unternehmen ablaufen sollen. Beteiligungsrechte werden festgeschrieben und Einspruchsmöglichkeiten bestimmt. Das Management sagt zu, dass im Rahmen von Veränderungsprozessen keine Kündigungen ausgesprochen werden.

2. Spuren einer Rationalität des Wandels

Selbstverständlich haben wir es nicht mit der reinen Umstellung von einer »Rationalität von Organisationsstrukturen« auf eine »Rationalität von Veränderungsprozessen« zu tun. In der betrieblichen Praxis überlagern sich die verschiedenen Ordnungsverständnisse. Es gibt (noch?) keine eindeutige Dominanz der neuen, am Wandel orientierten Leitbilder. Zurzeit existieren in den meisten Organisationen die beiden Ordnungsvorstellungen nebeneinander.

Aber es gibt einen eindeutigen Trend, Regeln für den organisatorischen Wandel zu entwickeln. Das neue Rationalitätsverständnis hinterlässt in verschiedenen Bereichen bereits deutliche Spuren. Zunehmend werden die Arbeitsfelder von Managern, die Managementtools und die Aufgabenbeschreibung von Beratern auf ein neues Verständnis von Rationalität umgestellt. Die Stabilisierung rationaler Organisationsstrukturen tritt zunehmend in den Hintergrund. Die gekonnte und durchdachte Handhabung von Veränderungsprozessen ist es, die zählt. Holzschnittartig lassen sich vier Trends beschreiben:

Unternehmensführung – vom Manager zum Leader

Früher reichte es für Unternehmensführer aus, wenn sie den Aktionären, den Finanzinstitutionen, den staatlichen Behörden, den Kunden und den Mitarbeitern vermitteln konnten, dass sie über die richtige Strategie für die momentan herrschende Marktsituation verfügten. Es genügte zu verkünden, dass man die richtige Internationalisierungs-, Diversifizierungs-, Fusions-, Outsourcing- oder Rationalisierungsstrategie für die aktuellen Marktanforderungen habe.

Dieser Eindruck reicht heutzutage zur Legitimation des Topmanagements nicht mehr aus. Zu schnell kann sich eine Unternehmensführerin den Vorwurf einhandeln, dass die jeweiligen Strategien nur für eine Momentsituation passend sind, sie aber auf die zukünftigen möglichen Umfeldveränderungen nicht eingestellt sei. Sie handelt sich schnell den Vorwurf ein, dass das eigene Unternehmen »übermanaged« sei und es an den Fähigkeiten zur Bewältigung turbulenter Umwelten fehlen würde.

In der Managementliteratur wird deshalb gebetsmühlenartig eine Umstellung vom Manager zum Leader gefordert. Die Manager verharrten eher in der Gegenwart, während die Leader als wahre »Führungskräfte« sich mehr um die Zukunft kümmerten. Während der Manager lediglich eine effektive Unternehmensstruktur einführe und diese dann bürokratisch verwaltete, würde ein Leader für neue Ideen begeistern, mit Visionen arbeiten und den einzelnen Mitarbeitern den Freiraum für Veränderungen einräumen. Zu den zentralen Merkmalen eines Leaders gehört, dass er sich als Agent des Wandels verstehe, lebenslang lerne und mit Komplexität und Unsicherheit umgehen könnte.

In einer Rationalität des Wandels ist das Topmanagement zunehmend gezwungen, den Eindruck zu vermitteln, dass man im Besitz der geeigneten Rezepte für den Organisationswandel ist. Man muss beweisen, dass man nicht nur die normalen Wertschöpfungsaktivitäten kontrolliert, sondern auch die neue Disziplin des Business Change beherrscht.

Das mittlere Management – von Gewährleistungseinheiten zur Unterstützung von Veränderungsprozessen

In kaum einem Bereich kann man den Rationalitätswandel in Organisationen besser beobachten als beim mittleren Management. Als Gewährleistungseinheiten waren sie dafür zuständig, die Umweltunsicherheit von den Mitarbeitern des produktiven Kerns fern zu halten. Sie übersetzten die widersprüchlichen Anforderungen aus der Umwelt in detaillierte Handlungsanweisungen und kontrollierten deren Einhaltung. Sie sorgten durch den punktuellen Einsatz von »Unsicherheitsbearbeitungskompetenzen« für die Stabilität in Organisationen. Dieses Aufgabenfeld wird, wie geschildert, in vielen Organisationen zunehmend hinfällig. Unsicherheiten, Komplexität und Widersprüchlichkeiten werden jetzt direkt an die Mitarbeiter im produktiven Kern herangelassen. Diese haben die Möglichkeit, eigenständig ihre organisatorischen Strukturen an Umweltveränderungen anzupassen.

Ein erster Reflex war, das mittlere Management für tendenziell überflüssig zu erklären. Die »Betreiber« betrieblicher Reorganisation wurden zu »Betroffenen« dieser Reorganisation erklärt. Die »Profiteure des organisatorischen Wandels« wurden als ihre ersten Opfer bezeichnet (Deutschmann et al. 1995: 436ff). Traditionelle Kompetenzen, Karriere- und Beschäftigungschancen, so die Beobachtung, erodierten. Die vorrangige Aufgabe des mittleren Managements, die Bearbeitung von Unsicherheit, werde fortan von den Mitarbeitern in der Produktion erfüllt.

Die unter Rationalisierungsdruck stehenden mittleren Manager wurden daraufhin mit dem Versprechen neuer wichtiger Aufgaben beruhigt: Beraten und Coachen von Mitarbeitern, Personalentwicklung, Management und Koordination von Reorganisationsprojekten, Unterstützung des Neuanlaufs von Fertigungen, Moderation in Konfliktsituationen, Initiierung und Begleitung von Veränderungsmaßnahmen.

In diesen Aufgabenbeschreibungen macht sich eine grundlegende Umstellung bemerkbar. Das mittlere Management ist in zunehmendem Umfang dafür zuständig, im Rahmen der umfassenden Veränderungsprozesse Stabilität zu sichern. Aus den Spezialisten für die Gewährleistung einer rationalen Produktion werden zunehmend Spezialisten für die Gewährleistung eines rationalen Wandels.

Die neuen Managementtechniken

Früher boten sich viele Managementtechniken als Rezepte für eine vermeintlich optimale Organisationsform an. Im Rahmen von strukturorientierten Managementleitbildern wurden Instrumente entwickelt, mit denen die optimale Organisationsstruktur umgesetzt werden konnte. Von Rationalisierungsverbänden wie REFA wurden Standardverfahren für die erfolgreiche Organisationsgestaltung entwickelt. In Sammelbänden wurden Vorschläge für rationale Verfahrensrichtlinien und Beschreibungen von optimalen Produkt- und Produktionstechniken zusammengefasst.

Aber diese Managementtechniken sehen sich mit immer kürzeren Halbwertzeiten konfrontiert: REFA als einer der führenden Standardisierungs- und Rationalisierungsverbände ist in eine Krise geraten. Der Verband kommt mit der Entwicklung von Instrumenten zur Einführung »optimaler« Organisationsstrukturen kaum noch hinterher.

Es lässt sich beobachten, dass sich ein großer Teil der neueren Managementinstrumente darauf konzentriert, Werkzeuge für die Umgestaltung, Reorganisation und Neuorientierung zur Verfügung zu stellen: »Benchmarking«, »Balanced Scorecard«, »Navigator«, »Selbstbewertung nach dem Modell der European Foundation for Quality Management«, »Qualitätsnormen ISO 9000ff« – die Zauberkiste mit neuen, Erfolg versprechenden Managementtools scheint nahezu unerschöpflich. Unter populären Begriffen wie »Wissensmanagement« oder »Change Management« wird versucht, diese neuen Managementtools systematisch zu ordnen und als Gesamtpaket zu vermarkten. Ihnen ist zu Eigen, dass sie nicht mehr den Anspruch haben, einer neuen optimalen Form der Organisation zu dienen. Sie verhalten sich gegenüber der Organisationsstruktur neutral.

Beispiel Benchmarking: Benchmarking ist das Suchen und Finden der vermeintlich besten Praktiken von Spitzenfirmen. Das Interessante bei dieser Form der Konkurrenzanalyse sind nicht die vielen kleinen Erfolgsrezepte, die von angeblich besonders erfolgreichen Unternehmen übernommen werden. Das Besondere am Benchmarking ist vielmehr das »Abkupfern mit System«, der Aufbau einer eigenen Systematik bei der Suche nach Bestleistungen oder Vorbildern.

Beispiele Balanced Scorecard, Navigator und Selbstbewertung nach dem Modell der European Foundation for Quality Management: Durch diese Methoden soll sich das Management des Unternehmens anhand von Kennzahlen aus verschiedenen Perspektiven selbst bewerten. Dabei werden unter anderem die finanzielle Situation, die Kundenausrichtung, die Mitarbeiterorientierung, das Qualitätssicherungssystem, der Prozessfokus und die Lern- und Wachstumsperspektiven abgefragt und analysiert. Aus den verschiedenen Messinstrumenten entsteht eine Art Managementcockpit, in dem die relevanten Unternehmensprozesse abgebildet werden. Die Verfechter dieser Methoden versprechen, dass mit Hilfe dieses Cockpits die Manager nicht nur ihre Standardstrecke fliegen können (das wäre der »one best way«), sondern sich auch in ganz neue, noch unbekannte Gefilde vorwagen können.

Beispiel ISO 9000ff: Diese Qualitätsnormen haben nicht das Ziel, eine vorher definierte Form der Organisation festzuschreiben. Sie dienen lediglich dazu, die Reproduzierbarkeit von Organisationsprozessen sicherzustellen. Auch wenn es häufig beklagt wird: Ziel der ISO-Qualitätsnormen ist nicht die Zertifizierung der Qualität von Produkten, sondern die Zertifizierung des Qualitätssicherungssystems. Es geht um Standards für die Dokumentation von qualitätsrelevanten Prozessen.

Relevant bei allen diesen Managementtechniken ist nicht das Ergebnis der einmaligen Anwendung, sondern dass die souveräne Beherrschung dieser Instrumente dem Unternehmen ermöglicht, sich auch bei turbulenten Umweltbedingungen zu behaupten.

Veränderung des Beratungsverständnisses

In der Zwischenzeit setzt sich auch in der Beraterszene eine neue Prozessorientierung durch. Selbst größere Beratungsfirmen, die sich früher darauf beschränkten, ihre Gutachten bei der Geschäftsführung abzugeben, begleiten nun zunehmend auch den Veränderungsprozess. Im Rahmen der Prozessberatung werden in Organisationen Reflexions- und Wandlungsprozesse initiiert. Die Berater verstehen ihre Aufgabe immer mehr darin, dem Klienten mit Irritationen und Anregungen zu neuen Perspektiven zu verhelfen.

Der Berater verspricht keine an Organisationsinhalten orientierte Expertensicherheit, sondern er gibt dem Kunden die Garantie, dass er einen weitgehend ergebnisoffenen Veränderungsprozess routiniert gestalten wird. Er zeigt, dass er über erhebliche Sicherheit im Umgang mit Unsicherheit verfügt. Lange Referenzlisten, häufiges Erscheinen in der Wirtschaftspresse und langjährige Kontakte zwischen Kunden und Beratern helfen ihm diesen Eindruck zu vermitteln.

Auch hier arbeiten die Berater mit Regeln. Diese Regeln beziehen sich aber nicht mehr auf die jeweilige Organisationsstruktur, sondern auf die Art und Weise, wie der Wandel vor sich gehen soll.

Planerische Verdoppelung des Veränderungsprozesses – Vorstellungen vom geplanten Wandel

Aus den am Wandel orientierten Rationalitätsvorstellungen wird in der Regel eine folgenreiche Schlussfolgerung gezogen: Wandlungsprozesse sind durch Organisationsgestalter planbar, steuerbar und beherrschbar, wenn man nur die Chartas, Grundgesetze und Disziplinen des Organisationswandels ausreichend beachtet und bewährte Instrumente des Change Managements anwendet. Es ist möglich, so die Annahme, die Ziele eines Veränderungsprojektes zu erreichen, wenn man sich an den Leitbildern »guten« Organisationswandels orientiert.

Wie kommt es zu diesen Vorstellungen vom plan- und beherrschbaren Wandel und welche Konsequenzen hat dies für die Durchführung von Veränderungsprozessen?

Durch die Regeln eines »guten« Organisationswandels kommt es zur »planerischen Verdoppelung des Veränderungsprozesses«. Das Phänomen der Verdoppelung ist schon aus den Versuchen bekannt, den Produktionsprozess im Wert schöpfenden Kern wissenschaftlich durchzuplanen. Die Anhänger einer optimalen Organisationsstruktur waren bestrebt, einen möglichst exakten und verbindlichen Plan des Arbeitsprozesses zu erstellen und auf dieser Grundlage jeden einzelnen Arbeitsschritt detailliert vorzugeben. Der Arbeitsprozess existierte dadurch doppelt: einerseits als Blaupause für den optimalen Ablauf der Produktion und andererseits als real stattfindende Tätigkeit der Mitarbeiter. Ziel des Managements war es dann, den realen Arbeitsprozess möglichst nahe am geplanten Ablauf zu orientieren.[8]

Diese Form der planerischen Verdoppelung findet auf neue Art jetzt durch die am Wandel orientierten Leitbilder des Managements statt. Die Anhänger von Leitbildern des Wandels gehen davon aus, dass sich mit den Regeln »guten« Organisationswandels Veränderungsprozesse möglichst detailliert planen und effektiv in die Praxis umsetzen lassen. Basierend auf den Regeln des Change Managements wird ein Plan für den optimalen Ablauf der Veränderungen erstellt. Ebenso wie der Arbeitsprozess existiert dann auch der Veränderungsprozess doppelt: als Plan für den Wandel und als realer Veränderungsprozess im Unternehmen.

In den meisten Change-Projekten zeigen sich die Konsequenzen dieser planerischen Verdoppelung des Veränderungsprozesses: Ein Team entwickelt aufgrund einer Problemanalyse den Masterplan für die Reorganisation. Dieser Masterplan besteht aus einem Lösungskatalog, einem Ablaufschema für das Veränderungsprojekt und aus definierten Meilensteinen. Bei der Entwicklung des Masterplans werden häufig Berater herangezogen, die Ideen und Erfahrungen aus anderen Beratungsprojekten einbringen. Hier entsteht die Blaupause, nach der ein organisatorischer Wandel durchgeführt werden soll.

Zur Durchsetzung des Masterplans wird dann eine komplizierte Projektarchitektur auf die Beine gestellt. Im Lenkungskreis – dem »steering committee« – treffen Angehörige des leitenden Managements, unterstützt durch den Betriebsrat, grundsätzliche Entscheidungen und legen grobe Richtlinien des Vorgehens fest. Auf der Ebene darunter gibt es dann so genannte Programmkomitees und Förderkomitees, in denen Programmmanager die grundsätzlichen Vorgaben auf konkrete Handlungssituation herunterbrechen und konkrete Probleme im Veränderungsprojekt diskutieren. Auf der nächsttieferen Ebene haben dann die unmittelbar und mittelbar vom Veränderungsprojekt Betroffenen die Aufgabe, die Richtlinien in Arbeitsgruppen umzusetzen.

Diese Projekthierarchie wird dann noch durch eine Vielzahl von »Stabsstellen« im Veränderungsprojekt unterstützt. Ein hierarchisch möglichst hoch angesiedelter Sponsor übernimmt die Aufgabe, die verschiedenen Initiativen durch seine Autorität zu stärken. Er ist dafür zuständig, Macht und Ressourcen zur Verfügung zu stellen, den Zugang zum Topmanagement zu ermöglichen, Ratschläge zu geben und, wenn nötig, den Gruppen als Coach zur Seite zu stehen. So genannte »Marketingkomitees« haben die Aufgabe, den Veränderungsprozess nach innen zu verkaufen. Als organisierte Ansammlung von »Evangelisten« sollen sie die Idee des Neuen engagiert und begeistert vortragen. Ihr Ziel ist es, Veränderungsbereitschaft zu wecken und zu vermehren. Zusätzlich gibt es dann noch Berater, Trainer und Wissenschaftler, die sich auf den verschiedenen Projektebenen ansiedeln und die Gruppen in den Veränderungsprozessen unterstützen.

Dieses Veränderungsmanagement wird durch verschiedene Techniken unterstützt: Es werden Mitarbeiterbefragungen und Mitarbeiterhearings durchgeführt, Prozessleitbilder entwickelt und »Sensorteams« eingerichtet, die die Hand am Puls des Unternehmens behalten sollen. In der Zwischenzeit ist eine ganze Palette von Veränderungstechniken auf dem Markt. Im Extremfall werden Standardworkshops mit so wohlklingenden Namen wie »Genesis« oder »Turbo« angeboten, bei denen Unternehmen innerhalb von einer Woche auf Vordermann gebracht werden sollen.

Das Ziel eines so durchgeplanten Change-Projekts ist es dann, den sorgfältig ausgearbeiteten Masterplan mit dem realen Veränderungsprojekt in Einklang zu bringen. Dafür werden zwar auch im Laufe des Prozesses noch kleinere Veränderungen am Plan vorgenommen, aber vorrangig geht es darum, die Mitarbeiter für die Umsetzung des Plans zu begeistern. Während beim planerisch verdoppelten Arbeitsprozess die Aufgabe des Managers darin bestand, die Maschinen und Mitarbeiter möglichst störungsfrei in den geplanten Wertschöpfungsprozess einzupassen, besteht in einem planerisch verdoppelten Veränderungsprozess die Aufgabe des (Change-)Managers darin, die Mitarbeiter möglichst umfassend in den geplanten Veränderungsprozess zu integrieren.

Die planerische Verdopplung von Veränderungsprozessen spiegelt sich besonders deutlich darin wider, dass Vorgehensweisen aus der Maschinenwelt auf den organisatorischen Wandel übertragen werden. Bei einer prozessorientierten Steuerung müssten Plan und Realität wie bei der Maschinensteuerung in Einklang gebracht werden. Wie bei der Fließproduktion der Chemiebranche, so heißt es in einem Lehrbuch zum Change Management, müsste auch bei der Produktion von Veränderungen laufend die Kontinuität der Prozesse überwacht und reguliert werden. An allen kritischen Stellen müssten Sensoren zur Bestimmung der »Temperatur« und »Mischungsverhältnisse« in Veränderungsprozessen angebracht sein. Kleinste Abweichungen von den Sollwerten sollten zu fein dosierten Korrekturen der Energie- oder Materialzufuhr führen (vgl. Doppler/Lauterburg 1995: 156 und 162).

3. Vom Wandel rationaler Organisationsarchitekturen zu Prinzipien rationalen Wandels

Zusammenfassend lässt sich feststellen, dass mit den neuen Managementkonzepten wie »lernende Organisation«, »wissensbasierte Firma« oder »evolutionäre Unternehmung« eine grundlegende Umstellung in der Konstruktionsweise von Leitbildern stattfindet. Das Dilemma in Organisationen, gleichzeitig stabilitäts- und veränderungsorientiert zu sein, wird mit den Leitbildern »guten« Organisationswandels auf eine den klassischen Leitbildern entgegengesetzte Art gehandhabt. In den neuen Leitbildern scheint sich das Verhältnis von Unsicherheit und Sicherheit, von Wandel und Stabilität umzukehren.

Im Einzelnen lässt sich die Veränderung in vier Schritten nachzeichnen.

Jenseits von Hyperstabilität und Hyperflexibilität

In dem klassischen Organisationsleitbild der Bürokratie wurde von einer hyperstabilen Organisationsform ausgegangen. Die dominierenden Prinzipien waren Sicherheit und Beherrschbarkeit.

Modell Nr. 1: Die hyperstabile Organisation ohne Unsicherheitsbearbeitung		
Modell: Hyperstabile Organisation ohne Unsicherheitsbearbeitung	**Lösung für das Stabilitäts-Veränderungs-Dilemma**	**Zentrale Probleme**
• Bürokratischer Idealtypus	• Einseitige Betonung von Stabilität • Missachtung von Veränderungsanforderungen	• keine Anpassungsmöglichkeit bei Umweltveränderungen

Tabelle: Modell Nr. 1 –
Die hyperstabile Organisation ohne Unsicherheitsbearbeitung

In diese dominierenden Mechanismen der Stabilität wurden dann wohl dosiert Mechanismen zur Bearbeitung von Unsicherheit eingebaut. In den Leitbildern des Taylorismus, des Lean Managements und des Business Process Reengineerings sollten veränderungsorientierte Einheiten wie die Personal-, Qualitäts- oder Einkaufsabteilung dafür sorgen, dass im stabilitätsorientierten Kern nach rationalen Kriterien gearbeitet werden konnte. Die verschiedenen stabilitätsorientierten Leitbilder unterschieden sich nur darin, welche genau Rolle den veränderungsorientierten Einheiten zugewiesen wurde.

Angesichts einer sich vermeintlich immer schneller ändernden Umwelt ist der Glaube an eine Organisationsstruktur geschwunden, die an die Umweltbedingungen optimal angepasst ist. Formale Organisationsstrukturen lassen sich angesichts der wahrgenommenen Turbulenzen kaum noch als zweckrational präsentieren. Immer mehr Unternehmen stellen – wenigstens offiziell – die Suche nach den »Königswegen« des unternehmerischen Erfolgs ein. Von dem Glanz organisatorischer »Halbfertigprodukte« wie Lean Management oder Business Reengineering ist nicht mehr viel übrig. Der lange Zeit verklärte Blick nach Japan und den USA, woher viele dieser organisatorischen Konzepte kommen, wird zunehmend kritischer.

Modell Nr. 2: Stabile Organisationen mit begrenzter integrierter Unsicherheitsbearbeitung		
Modell: Stabile Organisationen mit begrenzter integrierter Unsicherheitsbearbeitung	**Lösung für das Stabilitäts-Veränderungs-Dilemma**	**Zentrale Probleme**
• Taylorismus • Lean Management • Business Process Reengineering	• Stabilitätsorientierter rationaler Kern • Veränderungsorientierte Einheiten zur Übersetzung von Umweltschwankungen in eindeutige Anweisungen für den produktiven, Wert schöpfenden Kern	• Lange Zeit für Anpassungsprozesse • Motivationsprobleme für Veränderungsprozesse • Begrenzte Wahrnehmungsfähigkeit für Umweltveränderung

Tabelle: Modell Nr. 2 –
Stabile Organisationen mit begrenzter integrierter Unsicherheitsbearbeitung

Die Stimmen mehren sich, dass die »Quantentheorie des Organisationswandels«, derzufolge nach langen Phasen einer relativ stabilen, optimalen Organisationsstruktur in einer Art Revolution die nächste stabile Organisationsstruktur etabliert wird, nicht mehr den Bedingungen des 21. Jahrhunderts entspricht. So fordern die Wirtschaftswissenschaftler Paul Evans und Yves Doz (1992: 95) Organisationskonzepte, die so dynamisch sind, dass sie permanente revolutionäre Entwicklungsprozesse in Organisationen abbilden können. Die an Wandel und Veränderung orientierten Managementkonzepte erfüllen diesen Anspruch. Für eine Organisation wäre es jetzt jedoch eine

Überforderung, den Modus komplett auf Veränderung umzustellen. Die »chronisch aufgetauten« Systeme tendieren zur Desintegration und Selbstauflösung.

Deswegen kreisen viele Überlegungen in der Managementliteratur um die Frage, wie in diesen auf Veränderung und Wandel ausgerichteten Organisationen Stabilität gesichert werden kann. Der Kunstgriff, der in Organisationen angewendet wird, ist der, dass Regeln nun nicht mehr für das rationale Abwickeln des Alltagsgeschäfts, sondern für die

Modell Nr. 3: Hyperflexible Organisation ohne Stabilitätsorientierung		
Modell: Hyperflexible Organisation ohne Stabilitätsorientierung	**Lösung für das Stabilitäts-Veränderungs-Dilemma**	**Zentrale Probleme**
• Adhocratien • »Chronisch aufgetaute« Systeme	• Einseitige Betonung von Veränderungen • Missachtung von Stabilitätsanforderungen	• Hohe Unsicherheit im Wertschöpfungsprozess • Tendenz zur Desintegration • Gefahr der Selbstauflösung

Tabelle: Modell Nr. 3 –
Hyperflexible Organisation ohne Stabilitätsorientierung

Modell Nr. 4: Veränderungsorientierte Organisation mit eingebauten Stabilisierungsmechanismen		
Modell: Veränderungsorientierte Organisation mit eingebauten Stabilisierungsmechanismen	**Lösung für das Stabilitäts-Veränderungs-Dilemma**	**Zentrale Probleme**
• Lernende Organisation • Wissensbasierte Firma • Evolutionäre Unternehmung	• Wandelorientierung • Stabilität durch verlässliche Regeln für das Veränderungsmanagement	• Die blinden Flecken der »guten« Regeln des Change Managements (Thema des nächsten Kapitels)

Tabelle: Modell Nr. 4 –
Veränderungsorientierte Organisation mit eingebauten
Stabilisierungsmechanismen

rationale Gestaltung von Lern- und Wandlungsprozessen aufgestellt werden. Man hofft, zumindest in der Gestaltung des Wandels eine Rationalität zu finden, sozusagen eine Rationalität zweiter Ordnung.[9] Es kommt darauf an, rationale Regeln zu finden, die robust genug sind, um sowohl eigene als auch fremde Irrtümer zu überstehen.[10]

Hierbei wird das Verhältnis von Sicherheit und Unsicherheit umgekehrt. In der Vorstellung von der lernenden Organisation, der Wissen schaffenden vitalen Firma oder der evolutionären Unternehmung wird zunächst von unsicheren Organisationsstrukturen ausgegangen. Diese unsicheren Organisationsstrukturen werden durch stabile Regeln des Organisationswandels abgesichert. Die Regeln des Lernens und Wandels werden als Sicherheit in der Unsicherheit gehandhabt.[11]

Verlagerung des Fokus von Management, Beratung und Organisationsforschung

Sollte sich diese grundlegende Umstellung weiter fortsetzen – und vieles spricht dafür –, dann hat dies weit reichende Konsequenzen für Management, Beratung und Forschung. Das Management von Unternehmen und Verwaltungen würde sich immer mehr zu einem Management des Organisationswandels verändern. Der Fokus der Unternehmensberatung würde sich von der Konstruktion rationaler, für die jeweiligen Umweltbedingungen optimaler Organisationsstrukturen hin zur Konstruktion »guter«, vermeintlich rationaler Regeln des Organisationswandels verlagern. Die Aufgabe der Organisationsforschung bestünde darin, ihr Interesse weniger auf Organisationsstrukturen als auf Prozesse des Organisationswandels auszurichten.

Die Herausforderung besteht hier darin, die mühsam erworbenen Einsichten über die Konstruktion rationaler, vermeintlich optimaler Organisationsstrukturen auf die Auseinandersetzung mit den »rationalen«, »guten« Regeln des Organisationswandels auszuweiten. Wenn die Rationalität der Organisationsstrukturen nur dadurch entwickelt werden konnte, dass sämtliche Widersprüche dieser Rationalität ausgeblendet wurden, kann man davon ausgehen, dass auch die »guten«

Regeln des Organisationswandels den Anschein von Rationalität nur durch die Ausblendung von grundlegenden Problemen erlangen können. Das Ziel des nächsten Kapitels ist es, erste Hinweise auf die blinden Flecken der an »guten« Regeln des Organisationswandels orientierten Leitbilder zu geben. Ich will zeigen, dass diese blinden Flecken von Organisationen, die sich auf das Leitbild der lernenden Organisation oder der wissensbasierten Unternehmung stützen, gefährliche Konsequenzen haben können.

IV
Die blinden Flecken der lernenden Organisation – sieben Widersprüche zu den Regeln eines »guten« Organisationswandels

»Alles hat zwei Seiten.«

Brigitte Saipp

Die Geschichten über erfolgreiche Veränderungsprozesse, die auf Konferenzen oder in Artikeln weitergetragen werden, sind fast alle durch die Vorstellung von der systematischen Planung, Steuerung und Kontrolle organisationaler Veränderungsprozesse geprägt. Sie sind häufig die Geschichten rational geplanten und gesteuerten Wandels. Die unternehmerischen »Senkrechtstarter« sind diejenigen Manager, denen es gelingt, Mitarbeiter für eine Idee zu begeistern und das Unternehmen dann so zu verändern, dass es von der Idee profitiert. Hier finden sich die Söhne und Töchter rationaler Unternehmensfiguren wie dem »Erfinder« des Fließbandes Henry Ford oder dem »Erschaffer« der schlanken Produktion Taiichi Ohno, die es geschafft haben, ein Unternehmen in einem rationalen Planungs- und Steuerungsprozess radikal zu verändern.[1]

Es mag Unternehmen geben, denen es gelungen ist, den Wandel systematisch zu planen, zu steuern und zu kontrollieren. Manchmal scheint der Druck auf das Unternehmen so hoch, die Leitungsebene so mächtig, die Berater so integrierend und die Lösungen so nahe liegend, dass das rationale Schema für geplanten und berechenbaren Wandel zum Erfolg führt. Gerade in wenig komplexen Organisationen kann es gelingen, die Mitarbeiter derart auf ein gemeinsam erarbeitetes Ziel einzuschwören, dass ein rational geplantes und gesteuertes Veränderungsprojekt erfolgreich realisiert werden kann. Bisweilen scheinen Veränderungsprozesse fast wie die Programmierung trivialer Maschinen zu funktionieren, so dass ein Wandlungsprozess fast schon mechanisch zum Erfolg führt.

Aber bei der Betrachtung von Abläufen in Unternehmen rücken immer mehr Organisationsgestalter, Change Manager und Unternehmensentwickler von der klassischen Sichtweise der Managementlehre ab. Sie äußern mit Bezug auf die Gesamtorganisation Zweifel daran, dass systeminterne Vorgänge genau beherrschbar und kontrollierbar sind. Sie distanzieren sich von der Vorstellung, dass exakte Vorhersagen über Entwicklungen möglich sind und fordern die Abkehr von der Betrachtung der Organisation als einer trivialen Maschine.

Umso paradoxer ist es aber, dass die meisten Ansätze und Methoden des Change Managements immer noch von Beherrschbarkeit, Prognosefähigkeit, von definierten Verfahren und exakten Planungen sowie festgelegten Reaktionsmustern ausgehen. Es dominiert die Vorstellung, dass Manager die Zukunft des Unternehmens durch Pläne und Konzepte bestimmen können. Es besteht der Glaube, daß man durch eine gute Gestaltung des Veränderungsprozesses tragfähige Verbindungen zwischen Mängeln, Ursachen, Zielen und Maßnahmen herstellen könne. Häufig wird sowohl bei der Erstellung der Pläne als auch bei deren Umsetzung auf Ideen, Handwerkszeuge und Konzepte zurückgegriffen, die eher für das Verändern von trivialen Maschinen geeignet scheinen als für die Gestaltung von komplexen Systemen.[2]

Zugegeben, die Planbarkeitsvorstellungen im Change Management sind weit von den simplen Steuerungsvorstellungen des »per ordre de mufti« entfernt, die in tayloristischen Unternehmen das Leitbild darstellten. In der Zwischenzeit werden unter dem Tenor der Ganzheitlichkeit nicht nur technische, strukturelle und ökonomische, sondern auch zwischenmenschliche Aspekte in die Planung mit einbezogen. Unter dem Label »ganzheitliches Denken und Handeln« werden den geschriebenen und ungeschriebenen Gesetzen und Spielregeln, der Motivation und Identifikation sowie der Vernetzung zwischen den verschiedenen Faktoren Beachtung geschenkt.

Ferner beinhalten die Planbarkeitsvorstellungen des Change Managements in der Zwischenzeit auch Rückkopplungsschleifen, permanente Zwischenauswertungen und Neudefinitionen. Die Idee ist, dass entsprechende methodische Hilfsmittel, die an Veränderungen im Planungsumfeld der Maßnahme angepasst werden, die Prozesse des Wandels plan- und beherrschbar machen. Man trennt sich nicht von Vorstellungen der Steuerbarkeit, sondern entwickelt elaboriertere Formen der Steuerung: noch kürzere Feedbackschleifen und Regelkreise, noch feinere Sensorien und flexiblere Steuerungszentralen (vgl. Schreyögg/Noss 1995: 174). Man distanziert sich von simplen Vorstellungen mechanistischer Ordnung, um diese lediglich durch eine mehr oder minder ausgeklügelte Kybernetik aus statischen Regelmäßigkeiten und Regelkreisen zu ersetzten. Grundlage des Denkens bleibt jedoch auch hier, dass das Verhalten in Organisationen im Großen und Ganzen plan- und schließlich auch führbar ist. Organisationen sind zwar nicht von oben gesteuerte Maschinen, aber dennoch geregelte Prozesse.

Gängige Erklärungen für die Probleme auf dem Weg zur lernenden Organisation

Aus dieser auf rational geplanten Wandel ausgerichteten Perspektive werden dann auch die Probleme auf dem Weg zur lernenden Organisation erklärt. Viele Unternehmen, Verwaltungen und Verbände nehmen für sich in Anspruch, lernende Organisationen zu sein. Schaut man sich die Organisationen genauer an, dann gibt es eine unübersehbare Diskrepanz zwischen Theorie und Realität. Viele Unternehmen scheinen die Regeln »guten Organisationswandels« nur sehr begrenzt in die Praxis umzusetzen. Ganz in der Logik der planerischen Verdoppelung des Veränderungsprozesses wird darauf hingewiesen, dass die Pläne auf den richtigen Prinzipien basierten, es leider aber noch an der Umsetzung hapere. Es ist ein häufig zu beobachtender Reflex in der Unternehmenspraxis, aber auch in der Managementliteratur, nicht die Prinzipien in Frage zu stellen, sondern auf Schwierigkeiten bei Umsetzung zu verweisen. Es werden wissenschaftlich gestützte und mit vielen Statistiken geschmückte Erklärungen dafür geliefert, welche Widerstände, Schwierigkeiten und Hemmnisse den Wandlungsprozess behinderten.[3]

Eine auf den ersten Blick einleuchtende Erklärung ist es, die Umsetzungsschwierigkeiten auf die Formung der Mitarbeiter und Mitarbeiterinnen durch die alten hierarchischen und in Funktionsbereiche abgeteilten Unternehmen zurückzuführen. Es herrsche eine Art »mentaler Zentralverriegelung« in den Köpfen der Mitarbeiter. Sie führe dazu, dass Veränderungsmaßnahmen behindert würden. Gerade in Situationen, in denen das Unternehmen nicht mit dem Rücken zur Wand stehe, sähen die Mitarbeiter notwendige Veränderungen erst viel zu spät ein.

Eine andere Erklärung ist, dass der Veränderungsprozess nach »innen« nicht ausreichend vermarktet würde: Der Wandel im Unternehmen werde nicht gut verkauft. Den Mitarbeitern sei nicht klar geworden, was die Unternehmensspitze eigentlich erreichen will. Die »Veränderungskommunikation« sei unzureichend gewesen. Es habe an der entsprechenden Informationspolitik gefehlt, um die Mitarbeiter »mit ins Boot zu holen«.

Noch beliebter – und besonders für externe Berater lukrativer – ist es, den Widerstand auf eine mangelhafte Planung des Wandlungsprozesses zurückzuführen: Das Scheitern von Veränderungsprozessen wird dabei auf eine zu diffuse Zielsetzung, eine unscharfe Vision, einen zu kurzen Zeithorizont, auf ungünstig zusammengestellte Projektteams, ungenügende Unterstützung durch die Unternehmensleitung, auf eine mangelnde Einbindung der Mitarbeiter oder auf eine zu ambitionierte Zeitplanung zurückgeführt. Es fehlt demnach an dem geeigneten Handwerkszeug, um das Change-Management-Projekt erfolgreich umzusetzen.

Wenn auch diese Erklärung nicht herangezogen werden kann – vielleicht weil man selbst als Beraterin oder Berater in dieser Firma tätig war –, kann das Scheitern immer noch damit erklärt werden, dass das Management des Unternehmens einfach nicht weit genug gegangen ist. Man lamentiert, dass die Verantwortlichen eine Maßnahme zu früh abgebrochen hätten. Die Radikalität, Breite und Dauer des Veränderungsprozesses seien nicht stark genug gewesen, die Ziele nicht ehrgeizig und visionär genug. Das Topmanagement habe als Anstoßgeber nicht bedingungslos hinter der Radikalkur gestanden. Es fehle einfach der entschiedene Wille zum Wandel.

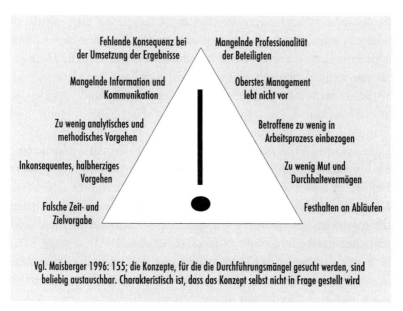

Abbildung 8: Typisches Erklärungsmuster
für das Scheitern von Veränderungsprojekten

Diese Erklärungsmuster kennt man schon von den Diskussionen über die stabilitätsorientierten Vorgängerkonzepte der lernenden Organisation. Die Formeln »fehlende Konsequenz bei der Umsetzung«, »zu wenig Mut und Durchhaltevermögen«, »Festhalten an alten Abläufen«, »mangelnde Information und Kommunikation«, »Betroffene zu wenig in Arbeitsprozess einbezogen«, »keine schlagkräftige Führungskoalition«, »falsche Zeit- und Zielvorgabe«, »keine Verankerung in der Unternehmenskultur« und »mangelnde Professionalität der Beteiligten« wurden auch als Erklärungen für den Misserfolg von Lean-Management- oder Reengineering-Kampagnen bemüht.[4]

Die einfachen Lösungen

All diesen Erklärungsansätzen ist gemein, dass Lösungen für die Probleme auf der Hand liegen. Aus den sechs, sieben oder acht »Kardinalfehlern« beim Wandel lassen sich problemlos die sechs, sieben oder acht »Stufen zum erfolgreichen Wandel« kondensieren. Die Lösungsansätze werden – ganz in der Tradition vieler klassischer Managementansätze – mehr oder minder explizit gleich mitgeliefert.

Erstens könne das Verharren der Mitarbeiter in alten Denk- und Handlungsstrukturen durch Seminare und Schulungen »aufgebrochen« werden. In Seminaren sollen die Mitarbeiter vor, während und nach Veränderungsmaßnahmen informiert und in Kommunikations-, Brainstorming- und Konfliktbewältigungstechniken geschult werden. Durch Gruppendynamik und Motivationstraining soll Mitarbeitern die Angst vor dem Wandel genommen werden. Im Extremfall schickt man die Mitarbeiter (oder sich selbst) auf so genannte Powertage. Dort lässt man sie über heiße Kohlen laufen, damit sie diese dann später für die Unternehmen aus dem Feuer holen. Alles in der Hoffnung, dass sie dann auch den Wandel mit neuem Mut angehen.

Als eine der besten Strategien gegen Angst vor Veränderung wird zweitens das »Informieren, Informieren, Informieren« betrachtet (vgl. Vahs 1997b). Durch das Vorleben des Managements sollen die Mitarbeiter für die »neue Denke« begeistert werden. »Champions« und »Evangelisten« des Veränderungsprozesses informieren über den Nutzen der Veränderungen und lösen so Begeisterung für die geplanten Maßnahmen aus. Ferner wird für die Veränderungsprozesse eine eigene Marketingpolitik entwickelt. Durch Aushänge am schwarzen Brett, ansprechende Artikel in den Unternehmenszeitungen und entsprechende Videos sollen die Mitarbeiter mit der »neuen Denkweise« infiziert und identifiziert werden. Die Tatsache, dass bei Firmen wie ABB und Volvo die PR-Abteilungen maßgeblich an größeren Veränderungsmaßnahmen beteiligt sind und Werbeagenturen sich zunehmend auch im Bereich der Organisationsberatung tummeln, ist ein Zeichen dafür, dass die Vermarktung des Wandels zentraler Bestandteil von Veränderungsmaßnahmen wird.

Drittens wird auf die Fülle materieller und personeller Helfer verwiesen, die vor den Fallgruben des Change Managements schützen sollen. Bücher über Change Management füllen in der Zwischenzeit ganze Regale. Seminare zum Veränderungsmanagement und Werkstätten des Wandels haben großen Erfolg. Immer mehr Unternehmensberater spezialisieren sich auf die Prozessbegleitung von Unternehmen. Inzwischen etablieren sich die ersten »Change Controller« und »Chief Change Officer«, die die Veränderung systematisch planen und die Implementierung begleiten. Der Change Manager verdrängt in der Hitparade der propagierten Managertypen seine mehr und mehr verstaubenden Konkurrenten. Statt eines mental blockierten, durch Verteidigermentalität gehemmten und nach alten Regeln funktionierenden Bewahrungsmanagers sind jetzt die mental offenen, angriffslustigen Veränderungsmanager gefragt, die die Chancen für Neues erkennen und aufgreifen.

Viertens lässt sich die mangelnde »Radikalität des Wandels« durch eine größere Entschiedenheit beheben. Es klingt verblüffend simpel: Die Klage über mangelnde Konsequenz kann dadurch behoben werden, dass man konsequenter handelt. Nicht wenige Manager machen es sich mittlerweile so einfach, dass sie das Scheitern der von ihnen empfohlenen Maßnahmen auf mangelnde Entschiedenheit auf Seiten des Anwenders zurückführen. Ein couragiert vermitteltes »Mehr vom Gleichen« soll dem Manager und den Mitarbeitern den Mut geben, entschiedener voranzuschreiten.

All diesen Ansätzen, die eine Lösung für die Probleme in Wandlungsprozessen versprechen, liegt ein ganz simples organisatorisches Konzept zugrunde: Wachstum – mehr Schulungen, mehr Informationen, mehr Motivation, mehr Beratung, mehr interner Austausch. Das Management reagiert auf Wandlungsanforderungen und die dadurch entstehenden Probleme, indem es neue interne Stellen für Organisations- und Personalentwicklung schafft, mehr Berater in die Firma holt oder selbst mehr Zeit für Veränderungsprozesse aufbringt.

Die Entsorgung von Problemen durch die Personifizierung von Fehlern

Gemeinsam ist diesen Ansätzen aber auch, dass sie – auf den ersten Blick durchaus einleuchtend – unmittelbar beim Menschen ansetzen. Die bedrückende Diskrepanz zwischen den ehrgeizigen Veränderungsplänen und der ernüchternden Realität des Veränderungsprozesses wird mit Versäumnissen auf der Seite des »Humankapitals« erklärt. Die größte Gefahr in Veränderungsprozessen, so die Logik, geht für erfolgreiche Unternehmen immer vom »Risikofaktor« Mensch aus.[5] Ganz in der Tradition der Psychotechnik der Arbeit werden Probleme personifiziert und psychologisiert: Es ist die Prägung durch alte Strukturen, die fehlende Kommunikation der Veränderungsnotwendigkeiten, der fehlende Wille zur Durchsetzung, das fehlende Know-how über das »Wie« der Durchsetzung, die für Probleme im Veränderungsprozess verantwortlich sind. Letztlich führt die »fehlende Perfektion« des Menschen dazu, dass Veränderungsprozesse nicht so gestaltet werden können, wie sie ursprünglich geplant waren.[6]

Es ist die Besonderheit von Organisationen, dass sich fast alle Entwicklungen einzelnen Personen zuweisen lassen.[7] Aus diesen Gründen ist man in Organisationen immer sehr schnell mit Konzepten zur Hand, die Besserungen versprechen, wenn denn nur die Geschäftsführung endlich rascher entscheiden, die Gruppensprecher mehr auf Qualität achten, die Führungskräfte stärker unternehmerisch denken oder die Vertriebsmitarbeiter die Aufträge schneller an die Produktion weiterleiten würden. Man erwartet in Organisationen Verbesserungen, wenn bestimmte Personen gut zusammenarbeiten, bestimmte Sachen stärker anstreben und sich intensiver dafür einsetzen.

Es ist in vielen Situationen sicherlich sinnvoll, Probleme – und damit auch Lösungsansätze – zu personifizieren. Bis zu einem bestimmten Grad ist es funktional für gemeinschaftliches Handeln, dass Misserfolge – genauso wie Erfolge – Personen zugewiesen werden. Weil Personen in Organisationen so leicht greifbar sind, können diese für Fehler verantwortlich gemacht werden. Durch die persönliche Zuordnung wird der Fehler weggedrückt. Die Person trägt die Verantwortung und entlastet damit die Organisation bei der häufig blockierenden Suche nach anderen Fehlerquellen (Brunsson 1989: 202f). Diese Entlastungsfunktion ist gerade im Management häufig zu beobachten. Auf den ersten Blick ist es nicht einleuchtend, weswegen Manager, die grobe Fehler gemacht haben sollen, mit hohen Abfindungen entlassen werden. Bedenkt man jedoch, dass in diesem System Fehler an Personen festgemacht werden müssen, dann ist es ein verständlicher Prozess. Die Abfindung ist häufig eine mehr oder minder aufgezwungene Honorierung dafür, dass ein Mitarbeiter einen aufgetretenen Fehler auf sich nimmt. Wenn ein Autokonzern sich mit dem Vorwurf der Industriespionage auseinander setzen muss, kann es eine effektive Strategie sein, einen möglichst hochkarätigen Manager dafür verantwortlich zu machen und sich durch dessen Entlassung auch vom Vorwurf der Spionage zu befreien.

Eine ähnliche Funktion erfüllt die Beschäftigung von Unternehmensberatungsfirmen. Der Einsatz von Beratern bringt neben der Vermittlung von Know-how für das Unternehmen einen zentralen, auf den ersten Blick nicht wahrnehmbaren Vorteil. Durch Berater lassen sich die in komplexen und riskanten Veränderungsprozessen auftretenden Probleme gut personifizieren – und damit entsorgen. Man bindet die Verantwortung für einen Veränderungsprozess zu einem großen Teil an den Berater und kann damit Probleme, die im Veränderungsprozess entstehen, relativ schnell wieder los werden. Die leichte Kündbarkeit von Beratern und die Wegwerfqualität vieler Beratungskonzepte ermöglicht es, diese bei Problemen zu opfern. Das teilweise recht großzügige Honorar für Berater beinhaltet letztlich immer auch eine Prämie dafür, dass sie die Verantwortung für Probleme im Veränderungsprozess übernehmen und im Notfall als Buhmann dastehen.

Trotz dieser einleuchtenden Gründe, die Ursachen für Probleme bei Personen zu suchen, darf nicht übersehen werden, dass diese Erklärungsansätze auf einer begrenzten Problemsicht basieren. Die Sicht ist noch durch die klassische Managementlehre geprägt, wonach eine Organisation gemäß der eigenen Blaupausen in Form von Auf- und Ablaufplänen, Organisationsdiagrammen und Geschäftsverteilungsplä-

nen funktionieren könnte, wenn der Mensch sich endlich den formalen Strukturen der Organisation unterordnete. Dieser Vorstellung
nach könnten die organisatorischen Prozesse weitgehend problemlos
ablaufen, wenn die Mitarbeiter sich an die Regeln und Vorschriften
der formalen Struktur hielten (vgl. Walgenbach 1995: 269).

Aus dieser Perspektive erscheint der Mensch als Sandkorn im Ge-
triebe einer an sich effektiven und im Prinzip gut funktionierenden
Maschinerie. Vertuschen von Fehlern, Vorspiegeln falscher Tatsachen,
Günstlings- und Vetternwirtschaft, Intrigen, Vorbehalte oder Mani-
pulieren von Informationen sind aus dieser Perspektive Fehlentwick-
lungen und Perversionen rationaler Entwürfe und nicht systembe-
dingte Effekte oder gar organisatorisch sinnvolle Strategien. Die Ge-
schwätzigkeit, Ungeschicktheit, Scheinheiligkeit, Miesepetrigkeit und
Unbeständigkeit in Organisationen erscheinen als Pathologien einer
dem Prinzip nach rational funktionierenden Organisation und nicht
als organisatorisch funktional und effizient.[8]

Die Lösungsansätze beruhen letztlich auf der Hoffnung, dass man
den menschlichen Faktor durch Qualifikationen, durch »gute« Organisation und durch eine »gute« Gestaltung des Organisationswandels
»entproblematisieren« könnte: Wenn wir nur ausreichend an den Prä-
gungen der Menschen arbeiten, die Veränderungsnotwendigkeiten
ausreichend kommunizieren und unsere Routinen und Wandlungsprozesse perfektionieren, so die Hoffnung, dann können wir Veränderungsprozesse ohne große Schwierigkeiten bewältigen.[9]

Die Schwierigkeit von Wandlungsprozessen – die sieben Widersprüche des Organisationswandels

Die dargestellten Erklärungsmuster für die Schwierigkeiten auf dem
Weg zur lernenden Organisation zeigen eine Besonderheit. Sie tabui-
sieren jegliche Kritik an den propagierten Prinzipien des Wandels, indem sie gebetsmühlenartig auf handwerkliche Fehler in der Umsetzung verweisen. Sie suggerieren, dass ein Konzept Erfolg verspricht,
wenn nur die professionellen Standards bei der Umsetzung eingehal-

ten werden. Dass die Prinzipien der lernenden Organisation selbst feh-
lerhaft sein könnten, kommt angesichts der positiven Besetzung solcher Begriffe wie Ziele, Identifizierung, Kommunikation, Partizipation, Selbstorganisation nicht in den Sinn.

Genau diese weitgehend tabuisierte Perspektive möchte ich in diesem Kapitel aufbauen. Die Probleme und Pathologien in sich wandelnden Organisationen, so meine These, sind nicht auf die Besonderheiten, Fehler und Schwächen der Mitarbeiter zurückzuführen, sondern sie hängen mit grundlegenden Problemen des Organisationswandels zusammen. Diese sind durch eine Vielzahl von Paradoxien, Widersprüchlichkeiten, Zielkonflikten und Dilemmata gekennzeichnet.

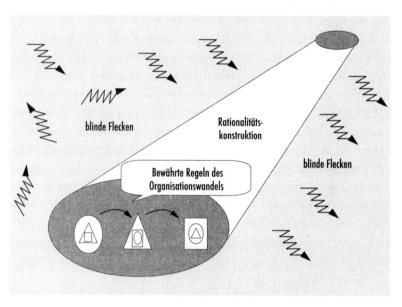

Abbildung 9: Die blinden Flecken der lernenden Organisation

Die lernende Organisation kann nur deswegen als Erfolg versprechende Managementstrategie gehandelt werden, weil diese Paradoxien, Widersprüchlichkeiten, Zielkonflikten und Dilemmata sys-

tematisch ausgeblendet werden. Dies geschieht, indem Regeln des Organisationswandels wie »klare Ziele«, »Identifikation der Mitarbeiter«, »Selbstorganisation« oder »Lernen« als »gut« gekennzeichnet werden und die gegenteiligen Prinzipien »unklare Ziele«, »Motivierung nur über Geld«, »Fremdorganisation« oder »Vermeiden von Lernen« als »schlecht« diskriminiert werden. Durch das Konzept der lernenden Organisation wird die Einsicht in die Nützlichkeit der ihr entgegenwirkenden Prinzipien »guten« Organisationswandels verbaut. Im fortgeschrittenen Stadium ahnen die Manager häufig noch nicht einmal mehr, dass es diese gegenteiligen Prinzipien überhaupt gibt.

Die Dilemmata im Organisationswandel sollen entgegen dieser verkürzten Sichtweise im Folgenden wieder sichtbar gemacht werden. Die ausgeblendete Seite soll hervorgehoben und der Organisationswandel als widersprüchlicher Prozess rekonzeptualisiert werden.[10]

Schon der Nobelpreisträger Herbert A. Simon (1946: 53; 1957: 20) hat darauf aufmerksam gemacht, dass die landauf, landab verkündeten Prinzipien des Managements wie Sprichwörter funktionieren. Für jedes Sprichwort, das eine Weisheit bekanntgibt, lässt sich ein einleuchtendes Sprichwort finden, mit dem genau das Gegenteil belegt werden kann. Für jede Bauernregel, die ein Managementberater verkündet, findet sich die Bauernregel eines anderen Managementberaters, die einem genau das Gegenteil empfiehlt. So behauptet ein betriebswirtschaftliches Managementprinzip, dass die Kontrollspannen in Organisationen möglichst gering zu halten sind, während ein anderes Managementprinzip dazu auffordert, die Hierarchien in Organisationen möglichst flach zu gestalten. Beides klingt einleuchtend, doch vereinbaren lassen sich diese Prinzipien leider nicht.

Simon bezog sich mit seiner Beobachtung über die Sprichwörter des Managements auf die Struktur von Organisationen, seine Beobachtungen haben aber auch für Wandlungsprozesse Gültigkeit. Schon ein Blick auf einige altbewährte Einsichten der Organisationsforschung zeigt, dass es kaum ein postuliertes Prinzip zum Organisationswandel gibt, zu dem sich nicht auch ein gegenteiliges Prinzip finden lässt, für das es ebenso einleuchtende Gründe gibt.[11] Im Folgenden wird herausgearbeitet, dass die sieben Kriterien »guten« Change Managements, nämlich klare Ziele (Seite 96), Identifikation der Mitarbeiter (Seite 103), Mensch im Mittelpunkt (Seite 113), mehr Kommunikation (Seite 122), stärkere Selbstorganisation (Seite 131), ausreichend Ressourcen für Veränderung (Seite 135) und permanentes Lernen (Seite 143) höchst problematisch sind. Es gibt eine ganze Anzahl von blinden Flecken, die bei der Darstellung von lernenden Organisationen ausgeblendet werden.

Im ersten Teil jedes Unterkapitels wird dargestellt, wie die Prinzipien der lernenden Organisation begründet werden. Die Sprichwörter »guten« Organisationswandels gewinnen ihre Überzeugungskraft häufig dadurch, dass sie die Organisation relativ schnell auf Veränderungen fokussieren.

Aber – und dies wird im zweiten Teil eines jeden Unterkapitels herausgearbeitet – man produziert bei der Anwendung dieser Prinzipien ungewollte Nebenfolgen, die die Wandlungsfähigkeit der Organisation mittel- und langfristig einzuschränken drohen. Die Festlegung von Zielen verhindert Flexibilität im Wandlungsprozess. Wenn sich Mitarbeiter mit Produkten, organisatorischen Einheiten und Prozessen zu sehr identifizieren, wird Wandel in diesen Bereichen besonders schwierig. Werden Mitarbeiter stark in Veränderungsprozesse mit einbezogen, sind viele verschiedene Interessen zu berücksichtigen. Ein Zusammenhang kann nur schwer hergestellt werden. Spielraum für Veränderungen ist sinnvoll, führt möglicherweise jedoch dazu, dass Rationalisierungschancen nicht wahrgenommen werden. Ein erfolgreicher Lernprozess schreibt wiederum Strukturen fest, die später nur noch schwer aufzulösen sind.

Mit guten Gründen, so die Argumentation im dritten Teil jedes Unterkapitels, lassen sich deshalb auch die sieben »Gegensprichwörter« zur lernenden Organisation vertreten. Prinzipien wie »unklare Ziele und Visionen«, »Motivierung über Geld, nicht über Identifikation der Mitarbeiter«, »Mensch als Mittel zum Zweck«, »Hierarchie zur Verhinderung und Unterbrechung einer Vielzahl von Kommunikationen«, »Fremdorganisation«, »Abbau von Puffern« und »Vermeiden von Lernen« klingen erst einmal ungewohnt. Sie halten jedoch die Unternehmen für Veränderungsanforderungen offener als manche Prinzipien der lernenden Organisation.

1. Das Zieldilemma – eine genaue Zielbestimmung gibt Orientierung, reduziert aber die Veränderungsfähigkeit

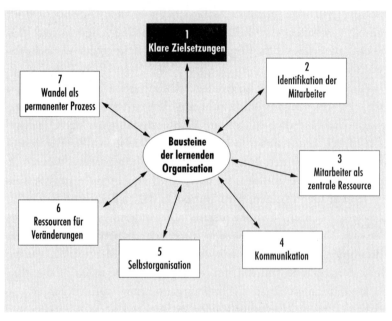

Abbildung 10: Das erste Prinzip: klare Zielsetzung

Die Vorstellung, dass jeder Veränderungsprozess durch eine effektive Vision und genaue, möglichst präzise Zielbestimmung eingeleitet werden soll, ist weit verbreitet: Szenarien und Vorstellungen von effektiven Organisationen werden entwickelt und in genaue Zielvorstellungen für Veränderungsprozesse herunterdefiniert. Eine genaue Zielbestimmung soll dafür sorgen, dass die Mitarbeiter sich auf ein gemeinsames Ziel ausrichten. Spezifische Ziele sollen den Mitgliedern klare und eindeutige Entscheidungskriterien an die Hand geben. Die prominente Rolle von Zielvorstellungen in den Diskussionen über Organisationswandel hängt damit zusammen, dass in den Unternehmen zumindest dem Anschein nach alle Aktivitäten einzig und alleine im Dienste der gemeinsam getragenen Ziele stehen. Was nicht im Interesse der Zielerreichung liegt, so die Annahme, wird modifiziert, verändert oder verworfen.

Wenn die Ziele für Veränderungsmaßnahmen und ein darauf aufbauendes Unternehmensleitbild festgelegt sind, dann werden diese häufig mit schwerem Geschütz im Unternehmen publik gemacht. Unternehmen versuchen regelrecht eine »Ideologie des Wandels« aufzubauen: Umfassende Veränderungskonzepte und Leitbilder werden auf Hochglanzpapier gedruckt und mit Bildern illustriert. Ziele des Wandels werden in Versform gegossen oder mit eingängigen Abkürzungen wie TOP plus, WIN oder SUPER versehen. Mitarbeiter werden in Sporthallen zu Großkonferenzen zusammengeholt, um ein Gemeinschaftsgefühl für den Veränderungsprozess herzustellen. Die starke »Ideologie des Wandels« soll dabei helfen, die vielen Widerstände und Probleme im Veränderungsprozess zu überwinden.

Dabei sind die Unternehmen darauf angewiesen, Visionen, Ziele und Leitlinien des Wandels so konkret zu definieren, dass die Realisierbarkeit erkennbar ist. Wenn Zielbestimmungen und Leitbilder aus allzu offensichtlichen Plattitüden bestehen, können sie die Mitarbeiter kaum erreichen. Die ehemalige Vorstandsvorsitzende von Unilever, Floris Maljers, merkte dazu süffisant an, dass das Leitbild »Seid großartig in allem« nicht gerade besonders handlungsleitend sei. Ein gewisses Maß an Managementprosa à la »Wir wollen Weltklasseprodukte für einen Weltmarkt herstellen« mag zwar in Unternehmen verkraftbar sein, beschränkt sich die propagierte Zielsetzung und Ideologie des Wandels jedoch auf solche Allgemeinplätze, dann verpufft die Wirkung der mühsam erarbeiteten Vorgaben weitgehend in den Foyers und Fluren der Unternehmenszentralen.

Kurz: Zielbestimmung, Leitbilder und Ideologien des Wandels entfalten ihre Wirksamkeit nur dann, wenn Ziele präzise vorgegeben, Strukturveränderungen definiert, realistische Zahlen genannt und klare, einhaltbare Prinzipien aufgezeigt werden. Je genauer die Zielbestimmung und die Ideologie beschreibt, was durch den Wandlungsprozess erreicht werden soll, desto größer ist die Wahrscheinlichkeit, dass die Mitarbeiter den nahe gelegten Weg nachvollziehen können. Je präziser die Konzeption des Wandels, desto genauer die Vorstellungen im Unternehmen, was mit dem Wandlungsprozess erreicht werden soll.[12]

Die Stärke einer genauen Zielbestimmung

Genaue Zielbestimmungen und Ideologien des Wandels beantworten die Fragen der Mitarbeiter nach dem »Was soll passieren«, dem »Wie soll es passieren« und idealerweise auch nach dem »Warum soll es passieren«. Genaue Zielbestimmungen und enge Ideologien reduzieren die Notwendigkeit, vor jeder Handlung wieder grundlegend neue Entscheidungen zu treffen. Sie lösen so vorübergehend die Entscheidungsprobleme, mit denen Organisationen permanent konfrontiert werden, weil viele Alternativen einfach nicht mehr mit der Zielsetzung oder Unternehmensideologie vereinbar sind. Zielbestimmungen – letztlich kristallisierte Formen bereits getroffener Entscheidungen – und Ideologien des Wandels strukturieren insofern die weiteren Entscheidungsfindungsprozesse.[13]

Im – selbstverständlich nie existierenden – Extremfall machen Zielbestimmungen und Ideologien Entscheidungen sogar überflüssig. Sie sind so genau, so eng und so präzise, dass sie von den Mitarbeitern in eindeutige Handlungen übersetzt werden können.[14] Der Vorteil ist, dass der Handlungsrahmen für die Mitarbeiter eindeutig definiert wird und auf diese Weise Klarheit für das weitere Vorgehen besteht. Dies erleichtert die Koordination zwischen den verschiedenen Mitarbeitern. Die Aktivitäten im Unternehmen werden »orchestriert«, indem die Argumentation verkürzt wird. Die eindeutige Zielbestimmung und der Glaube an eine starke Organisationsideologie wirkt also integrativ und zugleich handlungsmotivierend, weil Klarheit entsteht.[15]

Zielbestimmung als Hindernis für Innovationen

So schön, so gut – aber aus der Perspektive der Verfechter von Zielbestimmungen, Leitbildern und Ideologien bringen diese leider ein grundlegendes Problem mit sich: Sie begrenzen den Spielraum für Veränderungen. Die Mitarbeiter können nur für das motiviert und begeistert werden, was in die eng definierte Ideologie passt. Präzise Zielbestimmungen reduzieren die Handlungsvielfalt der Menschen. Sie begrenzen also zunächst ihre Kreativität. Man kann sogar so weit gehen zu behaupten, dass genaue Zielbestimmungen und Ideologien des Organisationswandels die Menschen enger und dümmer machen, Innovationen infolgedessen eher ausschließen als anregen.[16]

Nur diejenigen, die im vorgegebenen Rahmens handeln, können davon ausgehen, dass sie Konsens und Zustimmung finden. In einigen Situationen mag der durch eine genaue Zielvorstellung, durch Leitbilder und eine eng begrenzte Ideologie definierte Rahmen für Veränderungen ausreichen. Wenn von Vornherein feststeht, dass eine Entscheidung im vorgegebenen Rahmen gefällt werden kann, dann ist es für Unternehmen sinnvoll, diese Zielsetzungen und Leitideen möglichst stark zu machen. Organisationen stehen jedoch, glaubt man den Aussagen ihres Managements, zunehmend vor der Herausforderung, mit schnellem und radikalem Wandel auf wechselnde Umweltbedingungen zu reagieren. Eine enge Zielsetzung schränkt die Möglichkeiten dazu so stark ein, dass viele gangbare Lösungen gar nicht erst erwogen werden. Eine genaue und aufwändig geplante Strategie blockiert die Anpassung an kurzfristige Veränderungen in der Umwelt.

Aus dieser Perspektive haben genaue Zielsetzungen eine problematische Seite: Sie erschweren Veränderungen in Organisationen, die nicht mehr in die ursprünglichen Ziele der Organisation passen. Während Ziele unter dem Gesichtspunkt der Orchestrierung von Einzelhandlungen in stabilen Umwelten positiv wirken, erscheint diese Stärke unter der Bedingung häufiger Umweltveränderung jedoch problematisch. Wenn sich das einmal definierte Ziel als korrekturbedürftig erweist, dann behindern alle vorherigen Festlegungen das Umsteuern der Organisation. Die Rigidität der Zielsetzungen erweist sich als Hindernis (vgl. Kieser/Bomke 1995: 1835f)

Wenn das Management zu Beginn des Jahres einen umfangreichen Zielkatalog erstellt und mit seinen Mitarbeitern Zielvereinbarungen trifft, dann verfügt es über ein effizientes Koordinierungsinstrument – vorausgesetzt, die Umfeldbedingungen ändern sich nicht. Andernfalls wirkt der Zielkatalog als gedrucktes und verewigtes Hemmnis für flexible Anpassungen der Organisation. Zielvereinbarungen führen dazu, dass die Mitarbeiter sich auf die offiziell vereinbarten Ziele konzentrieren. Alles andere wird erst einmal in den Hintergrund gedrängt. Die Mitarbeiter können sich mit guten Gründen dagegen sträuben, wenn die Ziele sich im Laufe eines Jahres plötzlich verändern.

Unternehmen, die sich in ihrem Firmennamen mit einer Zielsetzung identifizieren, werden sämtlich mit diesem Problem konfrontiert. Eine Beratungsfirma, die sich über ihren Namen nach innen und nach außen als Business-Process-Reengineering-Firma bestimmt, muss beim Abebben der Reengineering-Welle wünschen, dass sie das Reengineering in ihrer Unternehmensdarstellung nicht allzu stark herausgestellt hätte.

Wenn Beiersdorf mit den vier Pünktchen im Firmenzeichen erklärtermaßen seine vier Sparten »medizinische Bandagen«, »Pharma«, »kosmetische Pflege« und »Klebstoffe« symbolisieren will, dann entsteht erheblicher Erklärungsbedarf gegenüber Kunden und Mitarbeitern, wenn die Sparte Medizin plötzlich abgestoßen wird und das Logo eigentlich nur noch aus drei Pünktchen bestehen dürfte.

Der Reiz unklarer Ziele und Strategien

Es wird deutlich, dass Organisationen unter bestimmten Bedingungen ohne klare Ziele und Ideologien besonders erfolgreich sein können.

Unter turbulenten Umweltbedingungen könnte es eine sinnvolle Strategie sein, auf strategische Planung zu verzichten. Gerade weil man kein klares Leitbild, kein eindeutiges Ziel und keine Strategie hat, kann man auf Umweltveränderungen besonders gut reagieren. Gerade weil man kein Ziel hat, eröffnet sich dem Witterungsbegabten ein Ziel ums andere.[17]

Aus dieser Perspektive scheint es fast ein Glücksfall, dass sich Unternehmen allen Bemühungen des Topmanagements zum Trotz nie vollkommen auf eindeutige Zielbestimmungen, präzise Leitbilder, Ideologien und Zwecke festlegen lassen. Manager können fast froh sein, dass die Formulierung von Zielen und Zwecken ein umkämpftes Terrain ist. Immer wieder werden die Mittel, die sie eigentlich zur Erreichung der Ziele und Zwecke einsetzten, zum Selbstzweck und dominieren die Orientierungen in der Unternehmung. Immer wieder bilden sich neue gegensätzliche Ziele aus, etablieren sich alternative Grundeinstellungen und werden Leitbilder des Managements unterlaufen. Immer wieder bilden sich organisatorische Koalitionen, die abweichende Ziele verfolgen und bestehende Prioritäten in den Organisationen verändern (vgl. Cyert/March 1963).

Für die begrenzte Festlegung einer Handlung wäre das Unterordnen unter eindeutige Ziele, Leitbilder und Ideologien sinnvoll, aber langfristig könnte das Ausblenden zweckfremder Aspekte den Bestand des Unternehmens grundlegend gefährden (vgl. March 1990). Aus diesem Grund sollte die Unternehmensführung die Mitarbeiter, die sich gegen präzise Zielsetzungen, Leitbilddefinitionen und starke Unternehmenskulturen wehren, nicht sofort verurteilen. Es sollte ihnen vor der Entlassung wenigstens kurz dafür danken, mit ihrem Widerstand das Handlungsspektrum der Organisation erweitert zu haben.

Ständiger Ziel- und Kulturwandel – kein Ausweg aus dem Dilemma

Kein Zielkonflikt, kein Dilemma, ohne dass nicht gleich Lösungen präsentiert würden. Die nahe liegende Lösung in diesem Fall scheint es zu sein, auf das Problem mit einem ständigen Zielanpassungs- und

Ideologiewandelprozess zu reagieren. In vielen Unternehmen werden inzwischen die Ziele von Wandlungsprozessen regelmäßig in Frage gestellt und bei Bedarf in Zwischenbilanz-Workshops neu definiert.

Dies ist sicherlich ein neuer lukrativer Markt für interne und externe Trainer, aber keine Lösung für das Dilemma einer genauen Zielbestimmung. Ständige Zielanpassung und ein permanenter Wandel der »Ideologien des Wandels« klingen vielleicht attraktiv, untergraben aber das Grundprinzip, das der Idee von Zielbestimmungen, Leitbildern und Ideologien innewohnt. Diese leben ja gerade davon, dass sie stabil sind und nicht ständig verändert werden. Eine Zielbestimmung, die ständig modifiziert wird, verdient irgendwann den Namen »Ziel« nicht mehr, weil Ziele Beständigkeit voraussetzen. Ein Leitbild, das permanent verändert wird, »leitet« nicht mehr, weil es keine Richtung mehr vorgibt. Eine Ideologie, die ständig relativiert und neu ausgerichtet wird, verdient irgendwann den Namen Ideologie nicht mehr, weil Ideologien ein Mindestmaß an Kontinuität voraussetzen.

Aus dieser Perspektive wird deutlich, weswegen Mitarbeiter auf eine ständige Neudefinition der Organisationsziele oder einen zu häufigen Wandel von Unternehmenskulturen häufig mit Zynismus reagieren. Diese werden als Inkonsistenz und Prinzipienlosigkeit des Managements wahrgenommen. Der ständige Wandel der Ideologie führt dazu, dass die Mitarbeiter über eine »Vision des Jahres«, eine »Kultur des Monats« oder ein »Ziel des Tages« herziehen, dem sie allesamt keine Beständigkeit mehr zutrauen.

In Organisationen gibt es keinen leichten Ausweg aus dem Dilemma: Einerseits benötigt eine Organisation eine ausreichend enge Zielsetzung und Ideologie, um die Mitarbeiter für ein Projekt zu begeistern und ihnen genügend Orientierung zu geben. Andererseits schränkt die genaue Zielbestimmung und Ideologie den Handlungsspielraum der Mitarbeiter ein. Man ist auf plötzlich veränderte Anforderungen nicht eingestellt – und genau diese Blockade wollten Organisationen, die sich dem permanenten Wandel verschreiben, doch ursprünglich verhindern.

2. Das Identifikationsdilemma –
Identifikation mit Wandlungsprozessen reduziert
die Elastizität von Organisationen

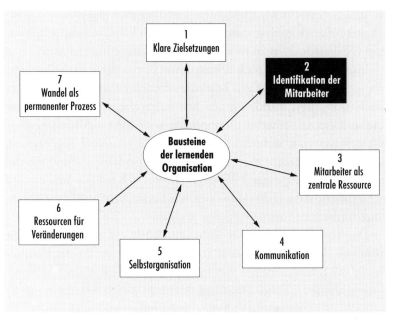

Abbildung 11: Das zweite Prinzip: Identifikation der Mitarbeiter

Immer mehr Unternehmen gehen dazu über, ihre Mitarbeiter nicht mehr ausschließlich über finanzielle Anreize, Druck oder geschickte Führungstechniken zu motivieren. Stattdessen werden die Mitarbeiter angeregt, sich verstärkt mit »ihrem« Unternehmen und mit »ihren« Produkten zu identifizieren. Gerade die so genannten »Vorreiterunternehmen« verkünden, dass »Geld allein nicht motiviert«. Ein gutes Arbeitsklima und eine Identifzierung der Mitarbeiter mit den Prozessen sei wichtig. Gerade humanistische Ansätze innerhalb der Organisationsentwicklung gehen davon aus, dass es sinnvoll ist, den Mitarbeitern die Ziele und Zwecke der Organisation nahe zu bringen. Die Arbeitsaufgaben und der Verantwortungsspielraum der Mitarbeiter werden so umfassend gestaltet, dass es den Mitarbeitern leicht fällt, sich mit den Zwecken der Organisation zu identifizieren. Anforderungsvielfalt, Kommunikations- und Lernmöglichkeiten werden so gestaltet, dass Arbeitnehmer sich mit dem Unternehmen identifizieren. Mitarbeiter sollen begreifen, dass es Spaß machen kann, in Selbstorganisation Qualitätswaagen zu montieren oder Puddingpulver abzufüllen.

Immer mehr Manager scheinen davon überzeugt, dass die Identifizierung der Mitarbeiter mit Märkten, Produkten und Prozessen ihre Innovations- und Wandlungsfähigkeit steigert, weil diese ein Eigeninteresse daran entwickeln, die Produkte oder Dienstleistungen möglichst effizient und innovativ zu gestalten. Mit visionärer Begeisterung wird im Management die Geschichte des Steinmetzes verbreitet, der auf die Frage nach seiner Tätigkeit nicht mit »ich behaue Steine« oder »ich verdiene mein Geld« antwortet, sondern stolz erzählt, dass »wir an einer Kathedrale bauen«.[18]

Der Versuch, Mitarbeiter nicht nur über Geld zu motivieren, ist nicht neu. Schon kurz vor dem Zweiten Weltkrieg stellte der Vizepräsident der amerikanischen Telefongesellschaft AT&T und Managementvordenker Chester I. Barnard (1938: 149-152) fest, dass es nicht ausreiche, Mitarbeiter durch Lohn, Aufstiegschancen oder Statussymbole wie große Dienstwagen oder besonders tiefe Teppiche an das Unternehmen zu binden. Vielmehr käme es darauf an, die Bedürfnisse und Nutzenfunktionen der Mitarbeiter so zu beeinflussen, dass sie ihre eigenen Interessen freiwillig mit denen des Unternehmens in Übereinstimmung bringen.

Barnard dachte daran, eine Identifikation der Mitarbeiter mit den Unternehmenszielen sicherzustellen, indem jedem kleinen Büroboten die Motive des Unternehmens eingeimpft werden sollten. Er plädierte dafür, nur Mitarbeiter mit passender Motivationsstruktur einzustellen. Im Extremfall sollten unmotivierte Mitarbeiter entlassen werden, um die verbleibenden Mitarbeiter über Angst noch stärker zu binden (vgl. Barnard 1938: 152; siehe auch Berger/Bernhard-Mehlich 1995: 128).

Die Strategie der Identifikation muss jedoch nicht auf die rabiaten Methoden von Barnard hinauslaufen. Das moderne Management setzt vielmehr darauf, das Arbeitsumfeld der Mitarbeiter so zu verändern, dass diese sich mit ihrer Arbeit identifizieren können. Den Mitarbeitern wird stärkerer Marktkontakt gewährt, so dass sie die Auswirkungen ihres Handelns beobachten können. Ihnen werden ganzheitliche Aufgaben gegeben, so dass sie sich schließlich für ein Produkt oder einen Prozess verantwortlich fühlen. Ihnen wird Autonomie zugestanden, damit sie aus Fehlern lernen und Vorgehensweisen selbständig ändern können.

Diese motivierende Umgestaltung des Arbeitsumfeldes wird durch Maßnahmen ergänzt, die die Mitarbeiter über den Sinn von Handlungen und Wandlungen informieren. Unternehmen geben viel Geld dafür aus, dass die Mitarbeiter die Sinnhaftigkeit von Produkten und Prozessen erkennen. In Betriebszeitungen werden neue Produkte gepriesen, Erfolge gefeiert und neue revolutionäre Produktionsverfahren präsentiert. Unter einprägsamen Namen wie »KKK«, »Prokto« oder »Unternehmen 2005« wird versucht, Mitarbeiter für Wandlungsprozesse zu begeistern. Auf Videos präsentiert die Unternehmensleitung neue Unternehmensstrategien, hoffend, dass ihre Offenheit motivierend wirken wird.

Was steckt hinter der Idee, dass sich Mitarbeiter mit Produkten, Prozessen und dem Gesamtunternehmen identifizieren sollen?

Man geht davon aus, dass Mitarbeiter ihre Arbeit besser machen, wenn der Arbeitsprozess durch daran gerichtete Eigeninteressen »stabilisiert« wird. Die Annahme ist, dass Motivationsziel und Motivationsanreiz verknüpft sein sollten. Man glaubt, dass Wandlungsprozesse besser funktionieren, wenn die Identifizierung mit der Vorgehensweise nicht nur durch hohe Gehälter und Prämien, durch dicke Dienstwagen mit Teakholzausstattung oder Incentivereisen mit Franz Beckenbauer oder Dennis Rodman erkauft werden müssen, sondern diese als Teil des persönlichen Interesses der Mitarbeiter aufgefasst werden. Menschen handeln motivierter, so die Annahme, wenn sie von einer »Sache« selbst fasziniert sind und sich deshalb mit den

Werthaltungen und Normen des Unternehmens identifizieren können.

Durch Identifikation hofft man, die Mitarbeiter stärker einzubinden. Menschen treten in der Regel nicht als ganze Personen in Organisationen ein, sondern sie bieten nur ihre auf einen definierten Zweck begrenzte Arbeitskraft an. Der Versuch, Mitarbeiter stärker an das Unternehmen zu binden, soll deren Engagement stärken.

Auf den ersten Blick bietet diese Vorgehensweise auch für Vorgesetzte Vorteile. Würden Mitarbeiter nur über Geld motiviert werden, so müsste ein misstrauischer Vorgesetzter ihre Handlungen ständig kontrollieren. Der Mitarbeiter würde sein Arbeitsvermögen zwar für einen vorab definierten Zeitraum zur Verfügung stellen, was aber noch lange nicht hieße, dass seine Arbeitskraft dann auch wirklich problemlos im Sinne des Unternehmens verwendet würde. Die Vorgesetzten profitieren davon, wenn Normen, Werte und Grundhaltungen die Belohnung in Form von Geld und Aufstieg ergänzen, weil sie eine stabilere Grundlage der Zusammenarbeit bieten als das reine Tauschprinzip der Arbeitskraft gegen Geld.[19]

Die Schattenseite der Identifikation

Aus der Sicht des Topmanagements aber gibt es eine Schattenseite, wenn sich Mitarbeiter mit Prozessen oder Produkten ihres Unternehmens stark identifizieren. Das Unternehmen büßt – und das mag auf den ersten Blick überraschend klingen – stark an Wandlungsfähigkeit ein. Eine Organisation verliert, so Niklas Luhmann, an Elastizität, wenn sich die Mitarbeiter mit einem Produkt oder einem Prozess identifizieren. Für Mitarbeiter ist es schwer einzusehen, weswegen sie Veränderungen akzeptieren sollten, die nicht ihrem Selbstbild von Prozessen und Produkten entsprechen.[20]

Hier wird deutlich, was passiert, wenn der Arbeitsprozess durch Eigeninteressen der Mitarbeiter »stabilisiert« wird. Versteifung und Stabilisierung verhindern, dass die Prozesse leicht verändert werden können. Der Steinmetz, der sich dadurch definiert, dass er an der Erbauung einer Kathedrale mitwirkt, wird nur unter größten Schwierigkeiten auf den verschiedenen Baustellen des Mittelalters einsetzbar gewesen sein. Es verhält sich wie mit einem Fußballspieler, der stark mit seiner Position als Angriffsspieler identifiziert ist und deswegen dort gute Leistungen bringt, aber eben kaum noch in der Lage ist, auf einer anderen Position zu spielen.

Ein Mitarbeiter, der seine Motivation maßgeblich daraus zieht, ein ganz bestimmtes Produkt an den Kunden zu bringen, wird nur schwerlich dafür zu begeistern sein, ein anderes Produkt zu verkaufen. Eine Mitarbeiterin, die innerhalb ihrer Gruppe für die flexible Bearbeitung von Aufgabenpaketen zuständig ist und sich mit dieser Gruppe stark identifiziert, kann Motivationsprobleme bekommen, wenn von ihr plötzlich die Arbeit in ganz anderen Aufgabenbereichen verlangt wird. Ein Vertriebsmitarbeiter, der stolz auf ein besonders modernes Abrechnungssystem seines Unternehmens ist, würde einen Motivationseinbruch erleiden, wenn die Unternehmensleitung dieses Abrechnungssystem nach kurzer Zeit wieder abschaffte.

Es ist paradox, dass Unternehmen, die alles daran setzen, dass ihre Mitarbeiter sich mit einem Produkt oder einem Prozess identifizieren, ihre Handlungsfähigkeit genau bei diesen Produkten oder Prozessen einschränken. Wo die Motivation der Mitarbeiter besonders stark ist, wird der Wandel besonders schwierig.

Das Montagewerk eines Automobilherstellers in Baden-Württemberg bekam dieses Problem ganz besonders deutlich zu spüren. Die Fertigungsstätte war ursprünglich als Modellwerk konzipiert worden und wurde auch als solches nach außen und nach innen präsentiert. Viele Mitarbeiter und Mitarbeiterinnen waren stolz darauf, Verantwortung für einen relativ umfassenden Teil der Montage zu übernehmen. Die Mitarbeiter kamen nicht nur wegen des Geldes zur Arbeit. Sie wollten auch in einer jungen Mannschaft bei relativ hoher Selbständigkeit arbeiten. Die Unternehmensleitung, die diese Identifikation der Mitarbeiter mit ihren Aufgaben angestrebt hatte, sah sich dadurch jedoch in einer Sackgasse. Als sie sich aufgrund von Marktveränderungen gezwungen sah, die hohe Selbständigkeit im Montagebereich zurückzunehmen, kam es zu einem massiven Motivationseinbruch. Die Aussage von Beobachtern, dass nicht wenige Mitarbeiter Lust hätten, Teile des Werkes kurzerhand in die Luft zu jagen, lässt sich auf eine »zu starke« Identifizierung mit den ursprünglichen fortschrittlichen Arbeitsformen zurückführen. Hätte die Betriebsleitung verhindert, dass die Mitarbeiter sich zu stark mit der Firma und dem Werk identifizieren und hätte sie klargestellt, dass man hier arbeitet, um Geld zu verdienen, wäre die Motivation der Mitarbeiter zwar nur mäßig gewesen, Veränderungen hätten aber leichter durchgesetzt werden können.[21]

Trennung des Problems der Motivation von anderen Organisationsproblemen

Es wird deutlich, dass es sinnvoll sein kann, die Frage der Mitarbeitermotivation von anderen Problemen der Organisation zu trennen. Der Ökonom John Commons (1924:284) hat darauf hingewiesen, dass ein Arbeiter den Unternehmen das Versprechen verkauft, seine Zeit, seine Fähigkeiten und seine Kraft gemäß der ihm gestellten Aufgaben einzusetzen. Gegen Gehaltszahlungen bietet er dem Unternehmen eine Art »Blankoscheck« an, mit dem er sich bereit erklärt, die Weisungen des Unternehmens zu befolgen. Er erklärt sich zu einer Art »Generalgehorsam« gegenüber nicht genau spezifizierten Anweisungen bereit.

Im Anschluss an Commons hat Niklas Luhmann (1973: 128-143; 1995: 90-105) herausgestellt, dass es eine spezifische Stärke von Organisationen sein kann, wenn sie das Problem der Mitarbeitermotivation von anderen Kommunikations-, Autoritäts- und Sinnproblemen loslösen. Es kann Sinn machen, die Mitarbeiter nur mit Geldzahlungen, Sachleistungen und teuren Dienstwagen an das Unternehmen zu binden, weil dadurch andere Probleme der Organisation entlastet werden.

Beispiel Kommunikation: Unternehmen können sich vornehmen, dass die interne Kommunikation immer gleichzeitig informieren und motivieren soll. Das ergibt sehr wohl Sinn, wenn man sicher sein kann, dass die Informationen immer auch gleichzeitig zur Motivation beitragen. Aber in welcher Organisation ist dies der Fall? Spätestens wenn die Information übermittelt wird, dass die Arbeitsintensität zu verdoppeln ist, kann es sehr schwierig werden, die Mitarbeiter über diese Information auch noch zu motivieren. Deswegen ist es hilfreich, mittels Kommunikation nur Informationen zu übermitteln und die Motivation der Mitarbeiter dem schnöden Mammon zu überlassen.[22]

Beispiel Autorität: In der Managementphilosophie wird viel Wert darauf gelegt, dass Führungskräfte durch ihr persönliches Auftreten begeistern. Die Führungskraft soll ihre Autorität aus Charme und Sachverstand ziehen. Es ist relativ einfach, auf diese Weise Autorität zu entwickeln, wenn die ökonomische Situation es erlaubt, mit den Mitarbeitern einen angenehmen Schmusekurs zu fahren. Wesentlich schwieriger ist es jedoch, wenn die Führungskraft ihre Autorität in ökonomisch schwierigen Situationen behaupten muss. Es ist deswegen sinnvoll, die Mitarbeiter über Geldzahlungen dazu zu bringen, die Hierarchie einer Organisation und damit die Autorität des Vorgesetzten zu akzeptieren.

Beispiel Entscheidungen: Es wird in vielen Unternehmen gefordert, dass sich die Mitarbeiter mit Entscheidungen identifizieren sollen. Ein Problem besteht darin, dass es aufgrund der verschiedenen Interessenlagen relativ selten vorkommt, dass alle Mitarbeiter mit einer Entscheidungen rundum einverstanden sind. Deswegen kann es hilfreich sein, wenn der Zweck einer Entscheidung nicht zugleich auch die Mitarbeiter dazu motivieren muss, diese Entscheidung zu befolgen. Es kann sinnvoll sein, die Mitarbeiter dafür zu bezahlen, dass sie sich gegenüber dem Zweck der Entscheidung uninteressiert verhalten. Die »bezahlte Indifferenz« führt dazu, dass die Mitarbeiter Entscheidungen befolgen, auch wenn sie ihnen nicht sinnvoll erscheinen. Dies ermöglicht wiederum den Führungskräften, sich bei ihren Entscheidungen darauf zu konzentrieren, ob die Entscheidung zu einer Situation passt, ohne sich groß Gedanken darüber zu machen, ob die Mitarbeiter diese Entscheidungen auch befolgen.

Zugespitzt: Weil die Frage der Mitarbeitermotivation von anderen Organisationsproblemen losgelöst wird, kann die Organisation flexibler handeln. Die separate Behandlung der Motivationsfragen erlaubt es der Organisation, sich schneller und effektiver Veränderungen anzupassen. Die Führungsspitze eines Unternehmens kann sich neuen Marktbedingungen anpassen, ohne dass sie bei organisatorischen Veränderungen allzu sehr darauf achten muss, dass diese Änderungen auf Seiten der Mitarbeiter zur Demotivation führen. Die Mitarbeiter ertragen ein erhebliches Maß an Veränderungen und Belastungen, weil ihre Motivation ja durch Geldzahlungen gesichert wird. Der Spruch »Was gehen mich Veränderungen an, Hauptsache die monatlichen Zahlungen auf mein Gehaltskonto stimmen« drückt genau diese Bereitschaft zum Wandel aus.

Die Stärke einer klaren Trennung zwischen Zwecken und Motiven bemerkt man im Vergleich zu Organisationen, die diese Trennung nicht vornehmen. Während Unternehmen, Verwaltungen und Verbände die Trennung von Organisationszweck und Motivierung der Mitarbeiter schon durch ihre Gehalts- und Lohnzahlungen sicherstellen, verknüpfen viele kleinere Vereine und Initiativen ihre Zwecke mit den Motiven der Mitglieder. In einer Bürgerinitiative, einem Sportclub oder einem Karnevalsverein wird man aktiv, weil man deren Zwecke und Ziele sinnvoll findet und nicht weil man dafür bezahlt wird, Aufgaben zu übernehmen. Diese Form der Organisation ist auf Seiten der Personalkosten natürlich extrem günstig. Solche Organisationen sind jedoch kaum in der Lage, ihre Ziele und Zwecke zu ändern. Friedensinitiativen verschwinden, sobald keine Mittelstreckenraketen mehr in ihrer Umgebung stationiert sind. Karnevalsvereine ziehen Jahr für Jahr die gleiche Show ab und zeichnen sich – positiv ausgedrückt – durch eine hohe Beständigkeit aus.[23]

Es ist auffällig, dass gerade die Vereine und Initiativen stark an Einfluss gewinnen, die Zwecke und Motivierung der Mitglieder wenigstens teilweise voneinander trennen. Die Umweltschutzorganisation Greenpeace, die sich nach außen als Initiative mit hoher Mitgliederidentifikation präsentiert, hat ihren Einfluss gerade dadurch steigern können, dass sie ihre Zwecke und Motivierungsstrategien wenigstens teilweise trennen konnte. Die Mitgliedsbeiträge und Spenden werden dafür genutzt, einen Stab von Mitarbeitern zu beschäftigen, dessen Engagement, Initiative und Wandlungsfähigkeit sich eben nicht nur daraus speist, dass sie die Ziele von Greenpeace so »super« finden, sondern dass sie auch anständig bezahlt werden.

Identifikation mit Prozessen und Unternehmenseinheiten – keine Lösung

Die Lösung, die für dieses Problem angeboten wird, ist die, dass sich die Mitarbeiter statt mit engen Aufgabenbereichen mit umfassenden Prozessen identifizieren sollen. Am besten sei, wenn sich der Mitarbeiter mit der Zufriedenheit des Kunden identifizierte. Motto: Ich bin froh und zufrieden, wenn mein Kunde zufrieden ist. Der Kunde ist König und ich als Dienender ziehe mein Glück daraus, wenn der König mir ein Lächeln und einen Teil des Inhaltes seiner Geldbörse schenkt.

Dieser Ansatz wird besonders von dem amerikanischen Managementguru Peter Senge gepredigt. So berichtet er von einem großen amerikanischen Stahlunternehmen, das mehrere Niederlassungen schließen musste. Es bot den Arbeitern an, eine berufliche Umschulung zu machen. Aber diese Umschulungsmaßnahme hatte keinen Erfolg. Die Mitarbeiter wurden arbeitslos. Als Ursache meinte Senge erkannt zu haben, dass sich die Arbeiter zu sehr mit ihrem alten Job identifiziert hätten, um Alternativen sehen zu können. »Wie könnte ich je etwas anderes tun?« fragten die Arbeiter. »Ich bin nun mal mit Leib und Seele Dreher.« Senge spricht von dem Lernhemmnis »Ich bin meine Position« und schlägt eine Identifizierung der Mitarbeiter mit umfassenderen Unternehmensprozessen vor.

Senge verkennt jedoch, dass er lediglich das Lern- und Veränderungshemmnis »Ich bin meine Position« durch ein neues Lern- und Veränderungshemmnis – nämlich »Ich bin der Prozess« oder »Ich bin mein Unternehmensbereich« – ersetzt. Eine Identifikation der Mitarbeiter mit einem Profitcenter, einem innovativen Prozess oder einem umfassenden Produkt ist nämlich im Prinzip genauso problematisch wie die Identifizierung mit einer Position. Sie löst die gleichen Formen der Blockierung gegenüber Wandel aus. Das Problem ist eben nicht, dass sich die Mitarbeiter nur mit einer zu eng definierten Position identifizieren. Das Problem ist, dass sich die Mitarbeiter überhaupt mit irgendetwas identifizieren.

Eine bayerische Bank bekam das Problem zu spüren, als sie sich das Ziel setzte, ihre Mitarbeiter enger an das Unternehmen zu binden. Durch eine höhere Autonomie bei der Erledigung von Aufgaben sollte erreicht werden, dass die Mitarbeiter sich stärker mit den Arbeitsprozessen identifizieren. Dadurch hoffte man, auf die Wandlungsanforderungen in turbulenten Zeiten besonders gut eingestellt zu sein. Dann kam für viele Mitarbeiter überraschend die Fusion mit einem der ehemaligen Hauptkonkurrenten, und plötzlich war ein Großteil der in Selbstorganisation geschaffenen Prozesse hinfällig. Die Versuche des Bankmanagements, seine Mitarbeiter für die Prozesse zu begeistern, rächten sich nun. Die Bank hatte in dem Moment an Organisationselastizität eingebüßt, in dem sich die Mitarbeiter mit ihren Prozessen identifizieren sollten. Eingriffe in die Bereiche, in denen die Identifikation besonders hoch war, waren besonders schwierig und konnten nur unter Inkaufnahme massiver Demotivationen durchgesetzt werden.

Aus dieser Perspektive wird der Vorteil der Motivierung über so schnöde Dinge wie Geld, Dienstwagen und Incentives deutlich. Geld abstrahiert von den Zwecken, für die etwas gemacht wird, und ist deswegen als »Motivator« flexibler und praktischer einsetzbar (vgl. Becker/Küpper/Ortmann 1988: 102f). Aber Geld reicht eben nicht immer aus. Unternehmen sind darauf angewiesen, dass sich die Mitarbeiter mit Prozessen identifizieren.

Das Dilemma für Manager besteht darin, dass sie in der Regel Mitarbeiterinnen und Mitarbeiter nicht mehr einzig und allein über Geld und Druck motivieren wollen, weil sie auf deren aktive Mitwirkung angewiesen sind; gleichzeitig schränkt jedoch die Identifikation der Mitarbeiter mit Produkten und Prozessen die Wandlungsfähigkeit der

Organisation ein. Gerade das, was eine starke Identifikation auslöst, verwahrt sich besonders gegen Wandel und kann nur unter Inkaufnahme von starken Demotivationen verändert werden. Es ist die Stärke und gleichzeitig die Schwäche der Identifizierung, dass man das, womit man sich identifiziert, nur unter hohen Verlusten ändern kann; ein Gegensatz, der sich nicht ohne weiteres auflösen lässt.

3. Das Mitarbeiterdilemma – wenn der Mensch im Mittelpunkt steht

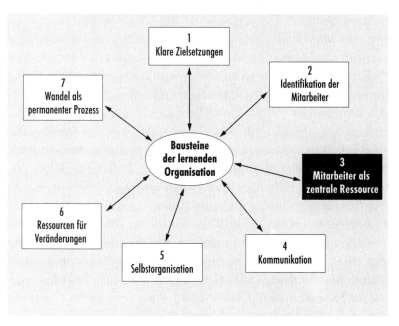

Abbildung 12: Das dritte Prinzip: Mitarbeiter als zentrale Ressource

Durch die Öffnung der Organisation und den Abbau der Trennung zwischen einem produktiven, Wert schöpfenden Kern und veränderungsorientierten Managementeinheiten verändert sich die Anforderung an die Mitarbeiter grundlegend. Die Erfüllung der Stabilitäts- und Veränderungsanforderungen wird von den gleichen Mitarbeitern zur gleichen Zeit erwartet. Die Bearbeitung zweier sich eigentlich widersprechender Prozesse, nämlich der Veränderung von Prozessen und die gleichzeitige Stabilhaltung von Prozessen, muss durch die gleichen Mitarbeiter geleistet werden. Von ihnen wird zunehmend gefordert, dass sie sowohl in der Lage sind, einen stabilen Wertschöpfungsprozess zu gewährleisten, als auch auf Marktschwankungen, Produktveränderungen und technische Innovationsmöglichkeiten flexibel zu reagieren. Sie müssen sich einerseits an die Regeln und Vorschriften halten, andererseits aber auch situationsgerecht reagieren. Die Spannungen zwischen Stabilität und Veränderung, die früher vorrangig von Meistern und Auftragsabwicklern ausgehalten werden mussten, müssen jetzt von Mitarbeitern in der Produktion ertragen werden.

Ergebnis ist, dass Mitarbeiter im wachsenden Maße mit widersprüchlichen Anforderungen konfrontiert werden. Unter dem Motto, dass »Paradoxien«, »Widersprüchlichkeiten« und »Sowohl-als-auch-Haltungen« angesagt sind, wird immer stärker von den Mitarbeitern gefordert, ihre grundlegenden Strategien und Einstellungen zu ändern. Sie sollen eine Vorliebe für Paradoxien, Widersprüchlichkeiten, Sowohl-als-auch-Haltungen und Lavier- und Justiermanöver entwickeln, um so mitzuhelfen, die neuen Anforderungen der Organisation zu erfüllen.[24]

Bei DaimlerChrysler und anderen großen Konzernen kursieren bereits Listen, auf denen die widersprüchlichen Anforderungen aufgeführt werden, mit denen Mitarbeiter sich in den neuen Organisationsstrukturen auseinander zu setzen haben. Einerseits wird im Unternehmen die Verbindlichkeit von Zielvereinbarungen propagiert, andererseits erwartet man, dass die Mitarbeiter sich im Notfall über die Zielvereinbarungen hinwegsetzen. Einerseits sehen sich die Mitarbeiter gezwungen, die Verantwortung für das Gesamtergebnisse zu übernehmen, andererseits verfügen sie nur über begrenzte Einflussmöglichkeiten auf Qualität, Kosten und Absatz. Einerseits wird von den Mitarbeitern erwartet, dass sie zur Kostensenkung Leistungen von außerhalb in

Anspruch nehmen, andererseits wird gefordert, dass wegen der Gesamtertragslage bevorzugt Produkte eigener Bereiche eingekauft werden. Einerseits wird von den Mitarbeitern verlangt, dass ihre Einheiten sich weitgehend autark organisieren, andererseits wird gefordert, dass sich im Gesamtunternehmen keine redundanten Funktionen ausbilden.

Die von Mitarbeitern wahrgenommene Zunahme von Dilemmata, Zielkonflikten, Zwickmühlen und Paradoxien scheint der Preis dafür zu sein, dass die organisatorische Trennung von Veränderungs- und Stabilitätsanforderungen reduziert wird. Das Gefühl von Mitarbeitern, dass sie permanent in Zielkonflikten und Dilemmata-Situationen stecken, resultiert daraus, dass die widersprüchlichen Anforderungen nicht mehr in separaten Einheiten aufgefangen werden, sondern zunehmend in den gleichen organisatorischen Einheiten zusammenfallen. Das Empfinden, sowohl auf Bewahrung als auch auf Veränderung setzen zu müssen, hängt damit zusammen, dass es keine spezialisierten Einheiten für Veränderung und Bewahrung mehr gibt. Der Eindruck, sowohl Konkurrenz als auch Kooperationsbeziehungen einzugehen, kommt daher, dass von Führungskräften dezentraler Einheiten sowohl eine Zusammenarbeit als auch ein Wettbewerb mit anderen Einheiten der Organisation verlangt wird. Der Eindruck von Führungskräften, dass sie auf der einen Seite ihre Mitarbeiter zunehmend selbst bestimmen lassen müssen, gleichzeitig aber noch Verantwortung für diese Prozesse tragen, entsteht aus ähnlichen Gründen.

Mobilisierung der »Ressource Mensch«

In der Regel setzt an dieser Stelle das »Lob des Personals« ein. Es wird das »Humankapital« zelebriert. Die »neuen Helden« der Organisation werden gefeiert. Durch diese »neuen Mitarbeitertypen« sei es möglich, in einer gering strukturierten Organisation die Stabilität und Integration zu gewährleisten. Statt eines Mitarbeiters, der von 8 bis 17 Uhr seinen Job macht und penibel auf die Trennung seiner Rolle als Arbeiter und seiner Person achtet, wird der loyale Organisationsmensch gefordert, der im Notfall auch mal nach Dienstschluss für das Unternehmen die Kastanien aus dem Feuer holt.

Konsequent propagieren manche Manager, dass ihre Organisation nur aufgrund der in ihnen arbeitenden Menschen bestünde. Einige Führungskräfte fordern in Reden, in Schulungsseminaren oder in den Hochglanzbroschüren, dass sich die Mitarbeiter mit ihrer ganzen Persönlichkeit ins Unternehmen einbringen sollen. In einigen Stellenanzeigen wird sogar der Wunsch nach »selbständigen Mitarbeitern« geäußert.

Zwei nachvollziehbare Gründe sprechen in Unternehmen für diese Mobilisierung der »Ressource Mensch«. Erstens kann ein komplexes Gebilde wie ein Unternehmen oder eine Verwaltung nur dadurch funktionieren, dass Menschen mit all ihrer Subjektivität flexibel auf Pannen, Pleiten und Planungsfehler in der Organisation reagieren. Schon die wissenschaftlich durchgeplante, strikt hierarchische und arbeitsteilige Unternehmensform eines Frederick Taylor konnte nur deswegen funktionieren, weil die Mitarbeiter nicht Dienst nach Vorschrift machten, sondern flexibel auf Unvorhergesehenes reagierten. Je mehr Widersprüchlichkeiten und Unsicherheiten in den Unternehmenskern vordringen, desto wichtiger werden die flexiblen Reaktionen von »selbständigen Mitarbeitern«.

Zweitens kann durch die Mobilisierung der »Ressource Mensch« in ihrer Vielfalt die Innovationsfähigkeit der Organisation gefördert werden. Die Mobilisierung von individuellen Interessen, persönlichen Vorlieben und interessanten Abweichungen hebt tendenziell die Eindeutigkeit in Organisationen auf. Sie kann die Erstarrung von Organisationen in ihren formalisierten Rollen und Regeln verhindern und ihren eigenen Anteil zum Erfolg der Organisation beitragen. Es kann für eine Organisation vorteilhaft sein, wenn nicht alle Mitarbeiter das »Unternehmen im Blut« haben, sondern durch ihre Abweichungen, Macken und Skurrilitäten die Organisation nicht zur Ruhe kommen lassen. Manchmal sind es gerade die »schwierigen Menschen«, die der Organisation durch ihre permanenten Verstöße gegen die Regeln und Normen dazu verhelfen, sich den wechselnden Umweltbedingungen anzupassen (vgl. Jos/Tompkins/Hays 1989).

Warum Mitarbeiter nur teilweise engagiert sind

Aber was würde passieren, wenn die Aufforderung an die Mitarbeiter, sich mit der »ganzen Persönlichkeit einzubringen«, wirklich eins zu eins umgesetzt würde? Was würde geschehen, wenn eine neu eingestellte Mitarbeiterin die Einstellungsbedingung der »Selbständigkeit« konsequent ernst nähme? In der Realität würde dies eine jede Organisation an den Rand ihrer Existenz treiben. Organisationen, so lässt sich argumentieren, können nur deswegen existieren, weil die Mitarbeiter einen großen Teil ihrer Hoffnungen, Probleme und Erwartungen in den Empfangshallen des Firmengebäudes abgeben. Organisationen existieren, weil die unter dem Label der »Selbständigkeit« eingestellten Mitarbeiter eben nicht das tun, was sie wollen, sondern sich an bestehenden Erwartungen orientieren.

Es gibt hinsichtlich eines Aspekts eben einen zentralen Unterschied zwischen Organisationen auf der einen und Freundschaftscliquen und Familien auf der anderen Seite. Bei Cliquen und Familien wird häufig der Anspruch gestellt, dass sich die Mitglieder mit ihrer ganzen Person – mit ihren persönlichen, beruflichen, handwerklichen, religiösen, kulturellen und sportlichen Hoffnungen und Sorgen – einbringen können. Man trifft und liebt sich wegen der Persönlichkeit. Man kommuniziert vorrangig, um Beziehungen aufzubauen, ohne dass es unbedingt eine konkrete Aufgabe geben muss.

In Organisationen steht dagegen ein mehr oder minder klares Ziel im Vordergrund. In Organisationen geht es eben nicht vorrangig darum, interessante und liebenswerte Menschen kennen zu lernen, sondern darum, Tätigkeiten und Informationen in einer Weise miteinander zu verknüpfen, dass man anstehende Aufgaben erledigen kann. Das kann die Entwicklung eines neuen Eisenbahnzuges oder die Produktion eines Kraftwerkes sein. Zwar wird das Kennenlernen interessanter Menschen nicht von Vornherein ausgeschlossen, aber man kann sich vorstellen, was passieren würde, wenn ein Mitarbeiter seinen Kontaktbedürfnissen höhere Priorität einräumte als der Entwicklung des Schnellzuges oder der Produktion einer Dampfturbine.

In Organisationen sind Mitglieder nur teilweise engagiert. Die Mitglieder müssen sich nicht hundertprozentig in eine Organisation einbringen.[25] Im Alltagsgeschäft mag dies von Führungskräften bedauert werden, aber insgesamt stellt diese nur partielle Integration von Mitgliedern in Organisationen sowohl für die Organisation als auch für die Mitglieder eine Entlastung dar. Die Organisation wird davon befreit, sich mit der ganzen Persönlichkeit des Mitarbeiters auseinander setzen zu müssen und kann das Hineintragen von persönlichen Problemen mit dem Verweis auf den offiziellen Zweck der Organisation zurückweisen: Aussagen wie »Entschuldigung, Herr Mayer, aber Ihre Sexualprobleme haben in dieser Firma nichts zu suchen« oder »Frau Schmidt, bitte kopieren Sie die Parteiunterlagen der Republikaner nicht während Ihrer Dienstzeit« müssen zwar Herrn Mayer und Frau Schmidt nicht unbedingt in ihrem Verhalten beeinflussen. Sie sind sich aber bewusst, dass sie etwas machen, was in der Firma nichts zu suchen hat.

Aber auch für die einzelne Person kann die Reduzierung auf einzelne Merkmale eine Entlastung oder gar Befreiung darstellen. Das Leben eines Menschen kann nicht vollständig durch eine Organisation definiert werden. Das unterscheidet ein Beschäftigungsverhältnis maßgeblich von der Sklaverei. Versuche einer Firma, zu beeinflussen, mit wem sich ihre Mitarbeiter verheiraten, welche Sportart sie betreiben oder wie viele Kinder sie bekommen, können von den Mitarbeitern als Einmischung in die Privatsphäre zurückgewiesen werden. Auch Versuche von Führungskräften, während der Arbeitszeit Leistungen zu verlangen, die nicht unmittelbar zum Zweck der Firma gehören, können zurückgewiesen werden. Zwar kann nicht ausgeschlossen werden, dass es zu sexuellen Übergriffen des Chefs kommt oder dass die Chefin verlangt, der Mitarbeiter möge doch bitte ihr Auto waschen, aber allen Beteiligten ist das Unrechtmäßige bewusst.

Aber selbst die offiziell von den Mitarbeitern erwarteten Leistungen sind teilweise nur dadurch auszuhalten, dass sie nicht als ganze Person in das Unternehmen integriert werden. Die Monotonie eines Arbeiters am Fließband in der Automobilindustrie und der Zwang, selbst besonders penetranten Kunden am Burger-King-Schalter immer ein freundliches »Womit kann ich Ihnen dienen« entgegenzubringen, ist vermutlich nur deswegen zu ertragen, weil man sich nicht als ganzer Mensch in das Unternehmen einbringt.

Der Mensch ist Mittel • Punkt

Deutlicher: Welche Person eine Handlung ausführt, ist aus der Perspektive der Organisation zweitrangig. Personen sind zwar Aktionszentren, aber sie selbst interessieren nur am Rande.[26] Interessant ist vorrangig nur die Leistung, welche sie im Sinne der Organisation erbringen. Arminia Bielefeld bliebe als Verein auch dann existent, wenn alle Spieler, Trainer, Mannschaftsärzte und Zeugwarte ausgetauscht würden. Eine Universität funktionierte auch dann weiter, wenn sie eine ganze Generation von Studierenden exmatrikulierte, die wissenschaftlichen Mitarbeiter nach dem Verfassen ihrer Doktorarbeit in die Arbeitslosigkeit entlassen und alle etablierten Professoren gegen neue auswechseln würde. Ein Unternehmen bestünde auch dann weiter, wenn der Vorstand zurückgetreten wäre, eine Massenentlassungswelle über die Firma hinweggeschwappt wäre und der Hauptaktionär gewechselt hätte.[27]

In Organisationen wird deutlich, dass die einzelnen Akteure die Regeln des organisatorischen Spiels nur sehr begrenzt bestimmen. Sind die Regeln erst einmal etabliert, dann ist es immer auch das Spiel, das sich die verschiedenen Mitspieler organisiert. Die Universität organisiert sich ihre Professoren und Studenten und Ministrialbürokratien maßgeblich selbst. Aus dieser Perspektive steuert auch die Unternehmensleitung nicht das Unternehmen, sondern das Unternehmen steuert die Mitarbeiter in einer Weise, dass das Unternehmen funktionieren kann.[28]

Der Vorstandsvorsitzende von General Electric Jack Welch bekam wegen seiner rabiaten Personalpolitik den wenig schmeichelhaften Spitznamen »Neutron Jack«. Wie eine Neutronenbombe würde er durch seinen Druck die »ungeeigneten, feindlich eingestellten Mitarbeiter« zerstören, aber die Infrastruktur des Unternehmens in Form von Abläufen, Computerprogrammen und Organigrammen intakt lassen und mit genehmen Mitarbeiter auffüllen. Bei aller Menschenfeindlichkeit und allem Zynismus steckt in diesem Bild jedoch eine tiefere organisatorische Einsicht. Eine Organisation existiert weiter, auch wenn das Personal ausgewechselt wird. Selbst wenn Jack Welch einmal Opfer einer von ihm selbst, von seinen Untergebenen oder von den Hauptaktionären gezündeten Neutronenbombe werden sollte, würde das nicht den Niedergang von General Electric bedeuten.

Der Grund für die geringe Bedeutung von Menschen ist, dass es in Organisationen nicht primär um den einzelnen Menschen mit seiner ganzen Persönlichkeit geht, sondern um die Koordination von Handlungen und Kommunikationen. Die Elemente von Organisationen sind nicht Individuen, sondern Kommunikationen. Im Gegensatz zu Freundeskreisen, Familien, Warteschlangen und Trinkgelagen hängt die Koordination des Handelns in den Organisationen vorrangig von formalisierten Regeln ab und nicht primär von den persönlichen Charaktereigenschaften der Individuen.

Aus diesem Grund lässt sich eine häufig zu beobachtende Strategie in Unternehmen erklären. Das Management in Unternehmen hat ein Interesse daran, dass jeder einzelne Mitarbeiter in seiner Funktion austauschbar bleibt: Das Management muss die »Aufrechterhaltung aller überlebenswichtigen Prozesse sichern«, unabhängig davon, ob der Mitarbeiter Köpke am Herzinfarkt stirbt, zum Privatier wird oder seine eigene Firma aufmacht. Es muss immer dafür sorgen, dass es stets »mehrere Lieferanten für das jeweils benötigte Verhalten gibt«.[29]

Organisationen zeichnen sich dadurch aus, dass sie von den individuellen Interessen der Mitarbeiter abstrahieren. Mit der Unterzeichnung eines Arbeitsvertrages erklärt sich ein neuer Mitarbeiter bereit, seine eigenen Interessen zurückzustellen und sich auf die Regeln der Organisation erst einmal einzulassen. Die Formalisierung von Positionen, Rollen und Regeln in Organisationen ermöglicht, dass trotz der ganz unterschiedlichen persönlichen Interessen eine gewisse Erwartungssicherheit bezüglich der Entscheidungen in der Organisation besteht.

Wenn Organisationen das »Menschliche« in ihre Organisationspolitik wieder einführen, dann mag das ideologische Bedeutung haben, aber es handelt sich nur um die sehr begrenzte Wiedereinführung von etwas, wovon sie zuvor ausgeschlossen wurde. Durch »humanzentrierte« Leitbilder, psychologisch orientierte Kommunikationstrainings und Betriebsfeste versucht die Organisation letztlich nur, das »Menschliche«, was sie eigentlich ausschließt, in niedrigen, gut zu beherrschenden Dosierungen wieder hineinzulassen (vgl. Luhmann 1997: 76).

Zwischen Corporates und Cowboys – ein Dilemma

Organisationen stehen vor dem Problem, dass sie einerseits darauf angewiesen sind, die lokalen Interessen und persönlichen Wünsche auszublenden, anderseits aber genau diese Interessen mit einbeziehen müssen. Die Unternehmen kommunizieren einerseits, so die Managementberaterin Rosabeth M. Kanter (1989), dass sich die Mitarbeiter als Bürokraten und »Corporates« den vorgegebenen Regeln und Strukturen des Unternehmens anzupassen haben, gleichzeitig aber auch als »Cowboys« und »Cowgirls« mit ihrer Eigenwilligkeit das Unternehmen unsicher machen sollen.

Wenn die Holding eines großen holländischen Industrieunternehmens von den Geschäftsführern ihrer einzelnen Bereiche »Unternehmerpersönlichkeit« fordert, handelt sie paradox, wenn sie gleichzeitig die Berücksichtigung der Steuerungsinteressen der Holding einklagt. Wenn die Deutsche Bank in London für viel Geld eine Brokerin wegen ihrer starken, unabhängigen Persönlichkeit einkauft, dann handelt sie paradox, wenn sie im gleichen Moment eine bedingungslose Identifizierung dieser Persönlichkeit mit den Zielen des Unternehmens fordert. Es werden letztlich gegensätzliche Anforderungen kommuniziert: auf der einen Seite die Erwartung, sich über formalisierte Rollen, Strukturen und Identitäten hinwegzusetzen, auf der anderen Seite, diese Erwartungen aber auch zu erfüllen. Von den Mitarbeitern wird erwartet, dass sie sich einerseits an die existierenden Strukturen halten und die Zielsetzung des Unternehmens mit tragen, andererseits aber auch bereit sind, als unternehmerisch handelnde Mitarbeiter die Regeln zu brechen.

Das Management in einer Organisation steckt in einem Dilemma: Die Organisation kann einerseits davon profitieren, wenn sich Mitarbeiter als ganze Person einbringen. So wird die Erstarrung formalisierter Regeln und Rollen verhindert. Andererseits ist die Organisation auf die Eingrenzung und Ausblendung lokaler und begrenzter Interessen angewiesen, weil nur so das Grundprinzip der Organisation in Form der formalisierten Regeln und Rollen aufrechterhalten werden kann.

4. Das Kommunikationsdilemma – die Stärken und Schwächen des Redens

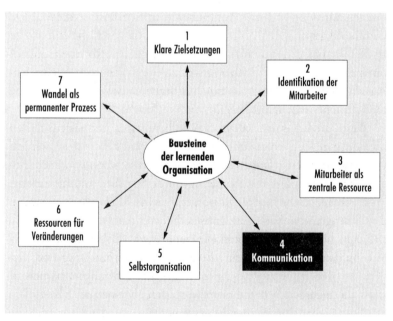

Abbildung 13: Das vierte Prinzip: Kommunikation

Das Zeitalter der Kommunikation und Partizipation, so das südafrikanisch-amerikanische Berater(ehe)paar Patricia McLagan und Christo Nel (1995), breche jetzt endlich auch in den Unternehmen an. Unter Managern, Organisationsberatern und Wissenschaftlern herrscht in der Zwischenzeit weitgehende Einigkeit, dass umfassende Wandlungsprozesse nicht von oben – »per ordre de mufti« – durchgesetzt werden können, sondern kommunikationsintensiv ausgehandelt werden müssen.

Die Vorteile sprachlicher Kommunikation

Wenn Managementberater vom Zeitalter der Partizipation und Kommunikation schwärmen, handelt es sich um eine nicht unbedeutende Vereinfachung. Partizipiert und kommuniziert wird in Organisationen immer. Auch die häufig verteufelte tayloristische Organisation macht dort keine Ausnahme. Hierarchische Anweisungen, Geldzahlungen, durch Maschinen vorgegebene Arbeitsschritte, sie alle sind Kommunikation. Auch ein Mitarbeiter, der völlig isoliert seine Arbeit macht, partizipiert, das heißt, er nimmt teil. Organisationen, die auf Kommunikation und Partizipation ganz verzichteten, wären keine Organisationen. Die Entscheidungen stünden beliebig im Raum und könnten nicht miteinander verknüpft werden.

Wenn von der Ära der Kommunikation und Partizipation gesprochen wird, dann meinen die Autoren damit eine Sonderform der Kommunikation – die auf Sprache basierende Verständigung und Verhandlung zwischen Mitarbeitern einer Organisation. Mit Begriffen wie »diskursives Unternehmen« »partizipative Unternehmensführung« oder »konsensuelles Management« wird eine größere Bedeutung dieser Koordination über sprachliche Kommunikation herausgestellt. Kommunikative Veränderungsstrategien mit starker Betonung von Verhandlung und Verständigung, so die Vorstellung, seien wesentlich erfolgreicher als technokratische, hierarchisch koordinierte Veränderungsprozesse.

Diese Gedanken aus der Managementliteratur sind gar nicht so weit von den Überlegungen des Philosophen und Soziologen Jürgen Habermas entfernt.[30] Habermas fordert in seiner Theorie kommunikativen Handelns, dass Handlungen über Akte der Verständigung koordiniert werden sollten. Voraussetzung für solche Verständigungsprozesse seien ein gemeinsamer kultureller Wissensbestand und ein Kernbestand von übergreifenden Normen.

Die Vorteile, die mit einer Unternehmenssteuerung über Verständigung und Verhandlung verbunden werden, liegen auf der Hand: Erstens werden zur Lösung eines Problems die Ansichten vieler Mitarbeiter mobilisiert und miteinander in Beziehung gestellt. Man hofft, dass durch das Abwiegen der verschiedenen Ansichten die beste Vorgehensweise gefunden und so die Qualität der Lösung optimiert wird.

Zweitens reduzieren sich durch Verständigungs- und Verhandlungsprozesse die Motivations- und Kontrollprobleme des Managements. Durch die breite Einbeziehung von Mitarbeitern, so die Vorstellung, sollen die Mitarbeiter als Träger der Veränderung gewonnen werden. Betroffene, so das immer wiederholte »Mantra« der Organisationsentwicklung, sollen zu Beteiligten gemacht werden. Dadurch würde die Angst vor Veränderungen abgebaut und eine zügige Umsetzung von Lösungen erreicht werden. Mitarbeiter wählen einen bestimmten Weg zur Abarbeitung eines Problems, weil sie sich mit allen Beteiligten auf diesen Weg geeinigt haben und nicht, weil sie sich aufgrund von Anweisungen oder von Marktprozessen dazu gezwungen sehen. Damit können, so die Hoffnung, Maßnahmen zur Motivation und zur Kontrolle entfallen.

Kommunikationsüberlastung

Diese Forderung nach einer auf Sprache basierenden Kommunikation in den Betrieben ist interessant, weil die sozialen Systeme, die sich ausschließlich nur auf sprachliche Verständigung und Verhandlung stützen, bei der Bearbeitung komplexer Aufgaben nicht besonders erfolgreich sind. Man denke nur an die Familie. In der Familie werden alle Koordinationsprozesse – von der Planung der Hochzeiten und Taufen über die Gartenpflege bis hin zur Versorgung der Großeltern – vorwiegend über sprachliche Verständigung erledigt. Jedenfalls sind in modernen Familien die Fälle, in denen Geldzahlungen (»Ich bezahle meine Kinder dafür, dass sie das Bad putzen«), hierarchische Anweisungen (»Meine Großeltern haben den Mund zu halten und damit basta«) und Hinweise auf wissenschaftliche Wahrheiten (»Bei uns fährt die Frau das Auto, weil es wissenschaftlich bewiesen ist, dass Männer schlechtere Autofahrer sind«) eher die Ausnahme als die Regel.

Die sprachliche Verständigung in der Familie hat sich bei der Bewältigung niedrigkomplexer Aufgaben bewährt. Die Familie ist relativ erfolgreich, wenn es um die Aufgaben der Haushaltsreinigung, der emotionalen Stabilisierung ihrer männlichen Mitglieder oder die Kinderaufzucht geht. Bei der Durchführung umfassender Produktionsverfahren oder der Befriedigung umfassender Kundenbedürfnisse hat sich das auf mündlichen Kommunikationen basierende System der Familie evolutionär nicht gerade durchgesetzt. Selbst die meisten Familienunternehmen funktionieren nur noch in der Führungsspitze wie eine Familie mit all ihren Stärken und Schwächen. Ansonsten halten sie sich eher an die Funktionsweise von Organisationen.

Organisationen, die dem Verständigungsmodell der Familie folgen und ihre Koordinationsform stark auf mündliche Kommunikation umstellen, leiden sehr schnell an Überlastungserscheinungen. In einem mittelständischen Softwareunternehmen in der Nähe von Berlin kam nach einer »Kommunikationsoffensive« der Geschäftsführung bei Mitarbeitern sehr schnell die Bitte auf, sich doch auch darüber zu verständigen, »wer weniger miteinander reden sollte«. Es wurden Vergleiche zwischen der Organisation und dem Gehirn gezogen. Auch der Mensch würde die Kommunikation zwischen seinen Nervenzellen im Gehirn beschränken und glücklicherweise nur einen Bruchteil seiner Gehirnkapazitäten nutzen. Diese Kommunikationsbeschränkung sei notwendig, weil es sonst zu einem epileptischen Anfall käme.

Die Stärken der Hierarchie

Es gibt einen bewährten Mechanismus, um komplexe Aufgaben zu erledigen und gleichzeitig die Organisation vor Überlastung mit sprachlicher Kommunikation zu schützen: die Hierarchie. Dies ist eine interessante Entwicklung, weil in der modernen Gesellschaft sowohl die gesellschaftlichen Teilbereiche wie Wirtschaft, Wissenschaft, Kultur, Sport oder Politik als auch Gruppen weitgehend ohne formale Hierarchie auskommen. In der Regel bestimmt nicht mehr ein Kaiser, König oder Papst darüber, ob ein Produkt sich verkauft oder nicht, ob eine Erkenntnis wahr oder unwahr ist, ob ein Bild schön oder hässlich ist, ob TSV 1860 München gewinnt oder verliert und ob eine Partei an der Macht bleibt oder nicht.

In Organisationen scheinen sich Hierarchien aber immer noch als zentraler Steuerungsmechanismus zu erhalten. Allen modischen Aufforderungen zur »Abflachung von Hierarchien«, zum »Abbau von Hierarchieschranken« und zur »Zerschlagung hierarchischer Strukturen« zum Trotz: Es ist schwierig, sich eine Organisation ganz ohne Hierarchie vorzustellen. Die in den einzelnen Teilbereichen der Gesellschaft agierenden Organisationen wie Unternehmen, Universitäten, Kunstmuseen, Sportvereine oder Parteien kommen kaum ohne Hierarchien aus. Selbst mutige Versuche in Form von selbst verwalteten Betrieben, Reformuniversitäten, dezentralen Kunstinitiativen, Fußballvereinen und basisdemokratischen Parteien fällt es schwer, ohne diesen Koordinationsmechanismus auszukommen, wenn die Aufgaben komplexer werden.

Die Stärke der Hierarchie als Koordinationsmechanismus ist, dass zwar auf sprachliche Verständigung und Kommunikation nicht ganz verzichtet wird, aber die Notwendigkeiten für diese Form der Kommunikation stark reduziert werden. Die Hierarchie, darauf hat der Sozialwissenschaftler Talcott Parsons hingewiesen, trennt die verschiedenen Ebenen in einem Unternehmen, Verband oder in einer Verwaltung effizient voneinander und lässt nur ganz genau definierte mündliche Kommunikationen zu (die sogenannten Befehls-, Berichts- oder Kommunikationswege). Sie schützt die jeweilige Ebene effektiv vor überfordernden Kommunikationswünschen anderer Ebenen, indem sie genau definiert, welche sprachliche Kommunikation überhaupt als relevant betrachtet werden muss.

Die Hierarchie produziert demnach Modularität: Modularität besagt, dass die Subsysteme in vielerlei Hinsicht voneinander unabhängig sind. Dadurch erreicht man, dass nicht alle Geschehnisse in einem Modul sich auf die Gesamtorganisation auswirken. Vieles kann in einem der Subsysteme passieren, ohne dass dies zugleich Auswirkungen auf die anderen Subsysteme hat. Nur an wenigen definierten Schnittstellen wird das Verhalten eines Moduls auch für ein anderes Modul relevant.[31]

Die Divisionen und Unterdivisionen eines Konzern sind solche Module. Die Konzernspitze, die Geschäftsdivisionen und die Unterdivsionen sind in vielen Bereichen voneinander unabhängig. Sie brauchen sich nicht über alles Rechenschaft abzulegen. Ob in einer Unternehmensdivision jetzt eine neue Mitarbeiterin eingestellt wird oder eine neue Marketingaktion gestartet wird, hat die anderen Module – auch ein hierarchisch höher gestelltes – erst einmal wenig zu interessieren. Nur in den von der Konzernspitze definierten Bereichen wird eine Kommunikation zwischen den Modulen derselben Ebene und zwischen den verschiedenen hierarchischen Ebenen überhaupt zugelassen.

Herbert Simon (1978: 96) hat dargestellt, dass eine Organisation erst aufgrund dieser Ebenentrennung überhaupt in der Lage ist, ein hohes Maß an Komplexität zu bearbeiten. Durch die Hierarchie teilt sich eine Organisation in Subsysteme auf, die sich wiederum in Subsysteme unterteilen. Dabei ist die Kommunikationsdichte innerhalb der einzelnen Subsysteme größer als zwischen den Subsystemen. Dort werden jetzt Lösungen entwickelt und der Gesamtorganisation zur Verfügung gestellt.

Dies bringt mehrere Vorteile mit sich: Erstens ist es möglich, komplexe Aufgaben zu bewältigen. Eine Organisation braucht für die komplexe Aufgabe keine Gesamtlösung zu entwickeln, sondern sie kann auf Teillösungen zurückgreifen. Wenn der Bereich öffentliche Netze eines amerikanischen Elektronikkonzerns beispielsweise ein neues Telefonschaltsystem auf den Markt bringen wollte, wären die Mitarbeiter völlig überfordert, wenn sie die Gesamtlösung in einem großen, auf Verständigung basierenden Plenum zu entwickeln hätten. Vielmehr wird die Aufgabe der Entwicklung von Schaltzentralen in viele Teilschritte zerlegt, für die jeweils eigenständige Subsysteme eine Reihe von Teillösungen entwickeln. Dies kann nur gelingen, weil der Mechanismus der Hierarchie die Subsysteme erfolgreich voneinander trennt und nur selektiv Kommunikation zulässt.

Zweitens ist es für eine Organisation nicht nötig, bei jeder neuen Herausforderung von vorn zu beginnen. Vielmehr ist es möglich, sich der bereits entwickelten Teillösungen zu bedienen. Bei der Entwicklung des Telefonschaltsystems kann auf verschiedene vorher bereits entwickelte Teillösungen und bereits existierende und gut zusammenarbeitende Subsysteme zurückgegriffen werden. Die Teillösungen können relativ flexibel miteinander verknüpft werden.

Drittens können Teillösungen aufbewahrt und für spätere Zwecke gespeichert werden, selbst dann, wenn die Gesamtlösung nicht verwirklicht werden konnte. Das Telefonschaltsystem kommt eventuell wegen der Konkurrenz des Internets nicht mehr zur Marktreife. Wenn das Produkt jetzt als Gesamtlösung entwickelt worden wäre, dann wären mehrere hundert Millionen Dollar und die Arbeit von mehreren tausend Personen in den Sand gesetzt worden. Da das Produkt jedoch aus einer Vielzahl von Teillösungen konzipiert wurde, können diese jetzt für andere Zwecke verwandt werden.

Simon (1978: 99f) illustriert die Stärke des hierarchischen Mechanismus durch die Parabel zweier Uhrmacher namens Hora und Tempus. Beide stellten edle Schweizer Taschenuhren her. Sie waren bei Kunden im In- und Ausland sehr geschätzt und die Telefone in ihren Werkstätten klingelten häufig. Während jedoch das Geschäft von Hora florierte, wurde Tempus immer ärmer und musste schließlich aufgeben. Womit hing dies zusammen?

Die von den beiden Feinmechanikern hergestellten Uhren bestanden aus tausend Teilen. Tempus hatte seine Uhr so konstruiert, dass er sie in einem einzigen Arbeitsschritt zusammenzufügen hatte. Wenn er die unfertige Uhr beiseite legen musste, zum Beispiel weil ein geschätzter Kunde über Telefon eine neue Uhr bestellen wollte, dann zerfiel die Uhr in ihre tausend Teile und Tempus musste wieder von vorn anfangen. Je mehr Kunden seine Uhren mochten, umso mehr riefen sie ihn an, und umso schwerer wurde es für ihn, genügend Zeit für die Produktion der Uhren zu finden. Kurz: Je höher die Marktpräsenz, desto geringer die Effizienz.

Die Uhren von Hora waren nicht weniger komplex als die von Tempus. Aber er hatte sie so entworfen, dass er sie aus hundert Untergruppen von jeweils etwa zehn Elementen zusammensetzen konnte. Zehn dieser Untergruppen konnten zu einer größeren Untergruppe zusammengesetzt werden. Die zehn größeren Untergruppen ergaben dann die ganze Uhr. Folglich verlor Hora, wenn er eine teilweise zusammengesetzte Uhr beiseite legen musste, um zu telefonieren, nur einen kleinen Teil seiner Arbeit und stellte seine Uhren in einem Bruchteil der Arbeitszeit fertig, die Tempus brauchte.

Zwischen Verhandlung und Hierarchie

Organisationen stecken in einem Dilemma: Einerseits sieht sich das Management gezwungen, wegen der Starrheit von Kommunikationsmechanismen wie Hierarchie oder auch Markt die sprachliche Kommunikation in Unternehmen zu mobilisieren. Nur durch permanente Verständigungs- und Verhandlungsprozesse aller Mitarbeiter scheint es möglich, die Veränderungsanforderungen zu erfüllen. Andererseits braucht eine Organisation die Reduktion von Kommunikationsmöglichkeiten durch Hierarchie. Andernfalls wäre sie nicht in der Lage, komplexere Aufgaben zu bewältigen. Die Mitarbeiter würden bei dem Versuch, ein größeres Problem ohne massive Kommunikationsreduzierung zu lösen, an Kommunikationsstress zerbrechen.

In diesem Dilemma gibt es einen beliebten Kunstgriff: die Einrichtung von Projektgruppen. Parallel zur hierarchischen Organisationsstruktur werden für ein zeitlich begrenztes Ziel aus verschiedenen Abteilungen und Hierarchiestufen sowie von außerhalb des Unternehmens Personen zusammengezogen. Die Hoffnung ist, durch die Projektgruppen Informationen aus verschiedenen Bereichen zu erheben und bei der Lösungsfindung ein Höchstmaß von Konsens und Verantwortungsübernahme durch die Bereiche zu erzielen.

Durch Projektgruppen werden zeitlich begrenzt »hierarchiegelöste Strukturen« (Wiedemann 1971) gebildet, die aber in die hierarchische Gesamtorganisation eingebunden bleiben. Die Abstimmung in Projektgruppen findet in der Regel über konsensorientierte Verhandlungen und Verständigungen statt, die Ergebnisse der Projektgruppen können dann aber hierarchisch durchgesetzt werden. In der Projektgruppe selbst können Entscheidungen nicht dadurch gefällt werden, dass frau auf ihren Status als Projektleiterin verweist, aber es kann immer auf die dominierende hierarchische Struktur zurückgegriffen werden, um Entscheidungsprobleme aufzulösen.

Die Projektorganisation löst das Dilemma zwischen Hierarchie und sprachlicher Verständigung nicht auf, sondern verschiebt es lediglich in die Projektgruppen. Die Gesamtorganisation kann auf Kosten der Gruppenteilnehmer von einem Widerspruch entlastet werden. Die Mitglieder der Projektgruppe befinden sich klassischerweise in einer Situation »doppelter Verantwortlichkeit« (Bergstermann 1990: 92): Sie sind einerseits dafür verantwortlich, dass die Projektgruppe über Verständigung und Verhandlung das angestrebte Ziel erreicht, andererseits sind sie ihren hierarchisch organisierten Einheiten rechenschaftspflichtig.

Die Interessen der Projektgruppe und der entsendenden Einheit sind unterschiedlich. Sehr häufig widersprechen sie sich. Durch doppelte Verantwortlichkeit entsteht bei den Mitgliedern von Projektgruppen der Eindruck, mit widersprüchlichen Anforderungen konfrontiert zu sein. In der Projektgruppe zur Einführung von Gruppenarbeit muss der Vertreter eines Fertigungssegments einerseits dafür sorgen, dass die Gruppenarbeit wirklich eingeführt wird, andererseits muss er die Interessen seines Segments vertreten. Der Mitarbeiter aus der Auftragssteuerung, der Mitglied in einer Projektgruppe zur Einführung eines neuen EDV-Systems ist, muss einerseits dafür Rechnung tragen, dass am Ende wirklich ein neues EDV-System läuft, andererseits muss er dafür sorgen, dass die Abteilung für Auftragssteuerung durch das neue System nicht an Einfluss verliert.

Die häufig zu beobachtenden Probleme von Projektorganisationen sind zu einem erheblichen Teil das Ergebnis dieser Widersprüchlichkeit:

Die Projektleiter verzweifeln an ihren mangelnden Weisungsbefugnissen. Projektgruppen werden in den Mühlen der Hierarchie zerrieben. Projektgruppen spiegeln nur die hierarchische Gesamtstruktur wider und die Mitglieder blockieren sich gegenseitig. Statt die Organisationsstrukturen aufzubrechen, werden sie durch die Projektgruppe lediglich reproduziert.[32]

Zusammenfassend lässt sich sagen, dass das Dilemma zwischen Kommunikationsförderung und gezielter Kommunikationsverhinderung durch eine Projektorganisation nicht aufgehoben, sondern lediglich in spezialisierte Arbeitseinheiten verwiesen werden kann. Damit mag es für das Top-Management gelöst erscheinen. Aus der Welt der Organisation ist es damit jedoch nicht herausgenommen.

5. Das Selbstorganisationsdilemma – die Selbstorganisation, die durch Fremdorganisation geprägt wird

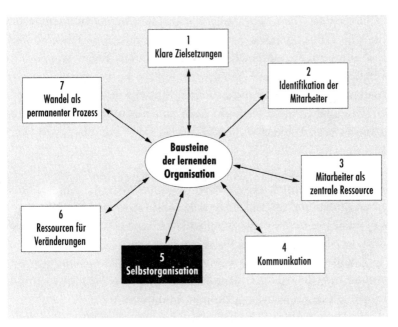

Abbildung 14: Das fünfte Prinzip: Selbstorganisation

Die Förderung der Selbstorganisation der Mitarbeiter wird als ein zentraler Erfolgsfaktor von innovativen Unternehmen propagiert. Die Frage, wie Selbstorganisation im Unternehmen organisiert werden kann, wird zwar häufig diskutiert, aber in der Regel wenig problematisiert. Viele Anhänger der Selbstorganisation scheinen davon auszugehen, dass sich die Strukturen der Selbstorganisation regelrecht in Selbstorganisation ausbilden, wenn man Mitarbeitern nur die entsprechende Freiheit lässt. Das Plädoyer für Selbstorganisation scheint buchstäblich eine zu starke Strukturierung der selbst organisierten Einheit durch Führungskräfte zu verbieten, weil es sonst ja keine Selbstorganisation mehr gäbe.

Die Selbstorganisation gehört zu den Managementkonzepten, die zurzeit nur schwer kritisierbar sind, weil sie in Unternehmen mit vielen positiven Assoziationen verbunden werden. Es ist jedoch auffällig, dass das »Konzept Selbstorganisation« eher von den Führungskräften als von den sich selbst organisierenden Mitarbeitern begrüßt wird. Dies ist in gewisser Weise verständlich: Schließlich werden auf dem ersten Blick die Führungskräfte durch die Selbstorganisation nachgeordneter Einheiten entlastet und nicht die Mitarbeiter. Der Effekt ist, dass Mitarbeiter häufig sanft zur Selbststeuerung gezwungen werden. Tenor ist: Man muss ein Kind, das nicht ins kalte Wasser will, sanft in dieses hineinschubsen. Man rät vielleicht noch zu einigen Schwimmbewegungen, was es aber im kalten Wasser macht, bleibt ihm überlassen.

Strukturkonservativ durch Selbstorganisation

Die zentrale Frage ist, welche Arbeits- und Entscheidungsprozesse die so häufig ins kalte Wasser gestoßenen selbst organisierten Gruppen dann in Selbstorganisation ausbilden.

Kommt es durch die Selbstorganisation zu neuen, innovativeren und flexibleren Strukturen? Sind selbst organisierte Strukturen grundlegend anders als fremd organisierte Strukturen?

Vermutlich nicht. Das Dilemma der Selbstorganisation ist, dass die selbst organisierenden Einheiten sich vorrangig an den bekannten fremd organisierten Strukturen im Unternehmen orientieren.[33] Der Betriebswirt Alfred Kieser (1994) hat darauf hingewiesen, dass in Selbstorganisation die Strukturen reproduziert werden, die den Akteuren vertraut sind – und in Unternehmen sind dies in der Regel die fremd organisierten Strukturen, die bereits vor der offiziellen Einführung der Selbstorganisation bekannt waren, bzw. die vielfältigen fremd organisierten Strukturen, die die »Inseln der offiziellen Selbstorganisation« umgeben.

Die fraktalen Unternehmensstrukturen, die teilweise wie Fetische beschworen werden und in den Zeitungen wohl häufiger zu finden sind als in der Unternehmenspraxis, hier wirken sie fast in Idealform. Bei fraktalen Unternehmen handelt es sich um eine Ansammlung von sich selbst organisierenden Einheiten, die in ihren Grundelementen sehr ähnliche Strukturen ausgebildet haben. Es ist die Tragik dieses Managementkonzeptes, dass es dort, wo es wirken soll, nur selten relevant zu werden scheint, stattdessen aber dort seine Wirkkraft entwickelt, wo es das Management nicht haben möchte. Das Konzept der fraktalen Organisation wird als neues Wundermittel beschworen, aber die strukturgleichen Fraktale bilden sich genau dort, wo sie am wenigsten zu gebrauchen sind – nämlich bei den Selbstorganisationsprozessen, die eigentlich eine Innovation bringen sollten.

Dieser Prozess der selbst organisierten Reproduktion bekannter Strukturierungsmuster ist gar nicht verwunderlich: Der Erfolg und das Überleben von Organisationen und Organisationseinheiten hängt häufig davon ab, dass Organisationen institutionelle Elemente ihrer Umwelt in ihre eigenen Strukturen aufnehmen. Genauso wie sich Unternehmen wenigstens verbal an die Prinzipien des Umweltschutzes ihrer Umwelt anpassen, passen sich Unternehmenseinheiten teilweise an die Strukturen, Sprache und Handlungsweisen des gesamten Unternehmens an. Wenn die neue Geschäftsführerin vom Aufbruch durch eine »neue Denke« spricht, reden plötzlich auch Manager und Mitarbeiter von der Notwendigkeit der »neuen Denke«, obwohl es nie ein Memo gegeben hat, in dem die Verwendung dieser Begrifflichkeit vorgeschrieben wurde.[34]

Unternehmen, die schon mal versucht haben, Gruppenarbeit einzuführen, mögen das Problem der sich an Fremdorganisation orientierenden Selbstorganisation kennen. Da wird bei der Einführung von
Gruppenarbeit darauf gesetzt, dass die gemeinschaftliche, sich selbst
organisierende Auftragsplanung und -bearbeitung besser funktioniert
als die Steuerung durch den Meister oder die Vorarbeiterin. Die Fertigungsgruppe hat daraufhin nichts Besseres zu tun als – diesmal selbst
organisiert –, als wieder eine Vorarbeiterin herauszubilden, die die
Auftragsplanung übernimmt. Die Gruppensprecherin, die im Konzept der echten Gruppenarbeit lediglich moderierende Aufgaben hat,
wird so häufig zur informellen Vorgesetzten. Dieser Prozess ist jedoch
nicht weiter verwunderlich, da die Gruppe sich in ihrer Selbstorganisation auf das bezieht, was sie bereits kennt: erstens die frühere Form der
Arbeitsorganisation und zweitens die hierarchischen Formen der
Steuerung, die die anderen Prozesse im Unternehmen bestimmen.

Verfremdung durch Fremdorganisation

Entgegen der Idealisierung von Selbstorganisationsprozessen kann der
selbst organisierte Wandel für ein Unternehmen genau das Falsche
sein. Eine Innovation kann manchmal eher im Rahmen einer Fremdorganisation entstehen als im Rahmen von Selbstorganisationsprozessen, in denen lediglich auf subtile Art und Weise die darüber liegenden
Strukturen reproduziert werden.

Aus dieser Perspektive besteht die Stärke einer Expertenberatung
darin, dass sie eine für das Unternehmen oft völlig fremdartige Organisationsstruktur vorschlägt. Selbst wenn man beklagen mag, dass es sich
häufig lediglich um die leicht abgeänderte Kopie aus einem anderen
Beratungsprojekt handelt, dann erfüllt sie doch eine wichtige Funktion: Es wird ein fremdartig wirkender Impuls in die Organisation hineingetragen, der in die Selbstorganisationsmechanismen integriert
werden muss.

Die Organisation steckt in einem Dilemma. Auf der einen Seite
sind Selbstorganisationsmechanismen wichtig, damit die Problemlö-

sungskapazitäten in der Organisation mobilisiert werden. Auf der anderen Seite braucht man Fremdorganisation, um neue, ungewohnte Lösungen in die Organisation hineinzutragen.

6. Das Fettpolsterdilemma –
die Aufforderung zur Selbstbehinderung

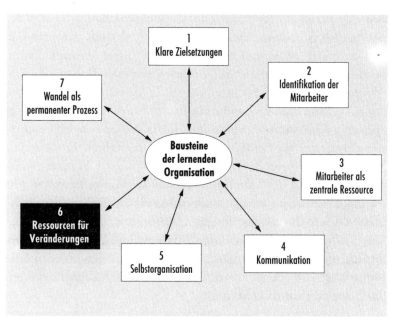

Abbildung 15: Das sechste Prinzip: Ressourcen für Veränderungen

Die Zeiten, in denen den wackeren Kämpfern und Kämpferinnen gegen Verschwendung und Puffer in Unternehmen die weitgehend ungeteilte Zustimmung entgegenschlug, sind vorbei. Eine Zeit lang konnten die Promotoren von »schlanken« Vereinen, Behörden und Unternehmen davon profitieren, dass die Brandmarkung von Material- und Personalreserven als unnötige Kostentreiber populär war.

Puffer, Reserven und Fettpolster der Organisation wurden in erster Linie als Ausdruck von Ineffizienz begriffen. Hohe Bestände an Material, Zwischenprodukten und Personal wurden als Zeichen für Verschwendung und ineffiziente Produktion angesehen. Es wurde behauptet, dass diese Puffer und Fettpolster nur dazu dienten, Planungsfehler, Maschinenausfälle und technische Schwierigkeiten zu verdecken.[35]

Alle Aufwendungen von Ressourcen und Anstrengungen für Aktivitäten, die sich nicht unmittelbar für den Arbeitsprozess nutzen ließen, wurden als reine Verschwendung gebrandmarkt. Der Leitsatz des japanischen Autoherstellers Toyota »Handelt zielgerichtet, praktisch und vermeidet Unnötiges« wurde zum Credo vieler Manager, die respektvoll auf die Erfolge der japanischen Industrie schauten. Die Klagen des Verschlankungspapstes Daniel T. Jones, dass es doch eine große Verschwendung sei, wenn ein Teil in vier Monaten elf Kilometer durch ein Werk läuft, nur um dann in vier oder fünf Stunden montiert zu werden, stieß bei vielen Managern auf offene Ohren. Es war populär, im Rahmen dieser Verschlankungsideologie mit Einstellungsstopp und Cost-cutting den Unternehmen radikale »Hungerkuren« zu verordnen. Prozessorientierung wurde als Mittel der Wahl zur Verminderung von Verschwendung und zum Abbau von Puffern propagiert. Das Nullfehlerprinzip wurde für alle Prozesse des Unternehmens gefordert, um Verschwendung zu vermeiden. Im Fokus standen feste Koppelungen zwischen Prozessen ohne Reserven und Spielräume, um möglichst effizient zu produzieren.

Die Effizienz der Ineffizienz – der Nutzen von Puffern

In der Zwischenzeit weht jedoch den Verfechtern der Verschlankung in Unternehmen und des Abbaus von Puffern und Reserven ein zunehmend scharfer Wind ins Gesicht. Viele Unternehmen, die konsequent auf Lean Management und Verschlankung gesetzt hatten, stellen fest, dass sie sich mit dem radikalen Abbau von organisatorischen Fettpolstern ganz erhebliche Probleme eingehandelt haben: Die Organisation wurde anfälliger für Fehler. Für Überlastungssituationen standen keine Reserven mehr zur Verfügung. Konflikte und Störungen konnten nicht mehr abgefedert werden und es ging Flexibilität verloren. Statt der erhofften Komplexitätsreduzierung durch Verschlankung kam es vielmehr zu einer Komplexitätssteigerung durch Überlastung, Stress und Konflikte. Jede kleine Störung aufgrund von LKW-Streiks in Frankreich, maschinellen Problemen der Lieferanten oder Unzufriedenheit auf Seiten der Mitarbeiter schlug im Unternehmen durch. Die auf den ersten Blick unbedeutenden Softwareprobleme eines Lieferanten für Tür- und Kofferraumschlösser konnten dazu führen, dass in den Montagewerken der Automobilkonzerne die Bänder still standen.

Es wurde deutlich, dass die Betrachtung von Fettpolstern und Puffern als vertane Rationalisierungschancen eine relativ stabile Umwelt voraussetzte. Die negative Bewertung von Puffern und Reserven nahm an, dass die Unternehmen sich in einem relativ stabilen und konfliktfreien Umfeld bewegen, in dem alle Anforderungen in die herkömmliche, strikt durchrationalisierte Arbeitsorganisation eingespielt werden können.

In zunehmend turbulenten Umfeldern erkannten viele Manager jedoch, dass Puffer und Reserven – der »Slack« in Unternehmen – keineswegs immer eine Verschwendung von Ressourcen sind, sondern wichtige organisatorische Funktionen erfüllen können. Es wurde bemerkt, dass die kleinen organisatorischen Fettpolster zwar nicht dem eigentlichen Arbeitszweck dienen und in der konkreten Situation von dem Unternehmen nicht nachgefragt werden, aber trotzdem für zukünftige Anforderungen eine wesentliche Ressource darstellen können.[36]

So helfen diese erstens Konflikte zu vermeiden, weil sie Organisationen davon entlasten, alle Ziele intern auf einen Nenner zu bringen. Konflikte werden zudem gedämpft, indem die Organisation überschüssige Ressourcen zur Verfügung stellt, so dass unterschiedliche, auch entgegengesetzte Bedürfnisse befriedigt werden können. Umfangreiche Zwischenlager verhindern, dass Konflikte zwischen dem Produktionsbereich und dem Vertrieb aufkommen. Große finanzielle

Ressourcen verringern das Risiko, dass gleichzeitig auftretende Ansprüche von verschiedenen Abteilungen nicht erfüllt werden können.

Eine zweite Funktion von organisatorischen Fettpolstern ist die Vorbereitung auf Überlastungssituationen. Es kann für ein Unternehmen sinnvoll sein, Produktentwickler auch in Zeiten zu beschäftigen, in denen keine unmittelbare Produktinnovation auf der Tagesordnung steht. Es kann für einen Produktionsbetrieb langfristig Sinn haben, eine Präzisionsschweißerin zu beschäftigen, die komplizierte Fehlerquellen beseitigen kann, auch wenn deren Qualifikation nur selten von den Abteilungen nachgefragt wird.

Ein dritter Grund, Ressourcen und Polster aufzubauen, ist es, zu verhindern, dass Fehler nicht direkt in die Organisation durchschlagen. Für einige Unternehmen mag es sinnvoll sein, dass die Mitarbeiter bei einem kleinen Fehler an einem Produkt per »Reißleine« sofort das ganze Fließband lahm legen. Für viele Unternehmen kommt es jedoch darauf an, das eigene Produktionssystem über Puffer so zu gestalten, dass das System eine Anzahl von Fehlern erträgt. Unternehmen müssen verhindern, dass jeder Vorfall, der zwischen geregelte Routinen fällt, gleich zum Zwischenfall wird. Durch Puffer und Reserven sind lose gekoppelte Unternehmen im wahrsten Sinne des Wortes toleranter gegenüber Fehlern.

Viertens können die Fettpolster jedoch zentrale Funktionen in Organisationen erfüllen: Ein Unternehmen, das sich einer Marktsituation perfekt angepasst und seine ganze Organisation auf die effiziente Bedienung dieser Marktnischen ausgerichtet hat, kann ein grundlegendes Problem bekommen, wenn sich die Marktsituation ändert. Es hat keine überschüssigen Ressourcen mehr, mit denen es sich auf neue Situationen effektiv einstellen kann. Die Organisation war zwar aufgrund des Abbaus von Ressourcen, Puffern und Fettpolstern effizient an die bestehende Marktsituation angepasst, ist aber eben nicht mehr anpassungsfähig an neue Situationen.

Das heißt, dass es gerade in Umweltsituationen, in denen eine große Veränderungsfähigkeit gefragt ist, notwendig ist, kurzfristig personelle, finanzielle, materielle und intellektuelle Ressourcen zur Hand zu haben. Man braucht Spielräume, um in Krisen bestehen zu können. Man benötigt überschüssige Ressourcen, um effizient zu sein. Diese Puffer können den nötigen Spielraum zur Erprobung von Neuem schaffen. Sie können die entscheidende Reserve für Innovation und Wandel sein. Fettpolster stellen in Organisationen den Überschuss an Zeit und Ressourcen zur Verfügung, der benötigt wird, um Neues auszuprobieren.

Organisationen schaffen sich »Reservate der Verschwendung« und schützen diese gegen Anpassungsanforderungen. Man hofft, dass die Zeit von den zeitlich entlasteten Mitarbeitern für etwas Sinnvolles genutzt wird. In kaum einer Organisation wird diese Politik konsequenter verfolgt als bei dem US-amerikanischen Konzern 3M. Dieses Unternehmen, das in so unterschiedlichen Bereichen wie Klebstoffe, Körperpflege und Telekommunikation tätig ist, fordert in seinen »Regeln des Innovationsmanagements« dazu auf, Freiräume für die Mitarbeiter zu schaffen, Denkverbote aufzuheben und auch riskante Versuche zu fördern. Offiziell wird jedem Mitarbeiter zugestanden, 15 Prozent seiner Arbeitszeit mit Projekten außerhalb seines eigentlichen Aufgabengebietes zu verbringen.

Gerade die Redundanz, die in Organisationen immer wieder beklagt wird, führt zu Freiräumen, Überblick und internem Wettbewerb und schafft auf diese Weise Lernmöglichkeiten. Wenn es keine Duplikation und keine Überschneidung gibt, dann hat eine Organisation kaum Möglichkeiten, alternative Wege auszuprobieren.

Forderung nach Fehlerfreundlichkeit – Lob der Verschwendung

Radikal tritt die positive Auffassung von Puffern, Reserven und Slacks zutage, wenn die Fehlerfreundlichkeit einer Organisation als organisatorische Stärke zelebriert wird. Der Gründer von IBM Thomas Watson propagierte das Motto »Wenn du Erfolg haben willst, verdopple deiner Fehlerquote« (vgl. Bryner/Markova 1997). Watson ging in seinem Plädoyer für Fehlerfreundlichkeit so weit, eine sehr ungewöhnliche Anekdote über das Scheitern eines seiner Jungmanager zu verbreiten. Dieser hatte in einem gewagten Projekt zehn Millionen Dollar in den Sand gesetzt. Als Watson, so die Erzählung, den Verantwortlichen zu sich zitierte, äußerte dieser zitternd die Befürchtung, dass ihm jetzt wohl die Kündigung überreicht werden würde. Watson wies diese Befürchtung entrüstet zurück und erklärte, dass eine Kündigung völlig unangebracht wäre, weil die Firma ja gerade zehn Millionen Dollar in die Ausbildung des Jungmanagers investiert habe.

Die Unternehmensberater Tom Peters und Robert Waterman (1983: 260) erklärten die Fehlerfreundlichkeit zur Managementphilosophie. »Mach so viele Fehler, wie du willst«, so scheint das Motto zu sein, »aber mach sie mit Verstand, mit Grazie, mit Stil.« Bei ihrer ergiebigen »Suche nach Spitzenleistung« meinten sie festzustellen, dass nur eine große Toleranz gegenüber Fehlschlägen zu einem innovativen Klima in Unternehmen führe. Eine Toleranz gegenüber Misserfolg, so Peters und Waterman, sei deshalb das Erfolgsgeheimnis vieler Firmen.

Gerne wird auch auf amerikanische Firmen wie Johnson und Johnson verwiesen, einen der führenden Anbieter von Arzneimitteln und Medizinbedarf (vgl. Tushman/Reilly 1998: 42). Bei Johnson und Johnson, so die verbreitete Meinung, wird die Toleranz gegenüber Fehlschlägen so gepflegt, dass ein Manager für ein überlegtes Eingehen von Risiken belohnt wird, auch wenn sein Versuch schief geht.

Wider die Renaissance der Puffer – das Dilemma der Selbstblockierung

Es ist verständlich, dass organisatorische Puffer nach einer übertriebenen Phase von Verschlankung und organisatorischer Magersucht eine gewisse Renaissance erleben. Es ist wie bei einer Radikaldiät, nach der man in der Regel die Vorteile gewisser Fettpolster wieder entdeckt. Unternehmen, die mit einer »radikalen Hungerkur« Freiraum für Experimente eingebüßt haben, bauen wieder Fettpolster auf, um Spielraum für Innovationen zur Verfügung zu haben. Unternehmen, denen unter dem Stichwort Konzentration auf das Kerngeschäft ganze Unternehmensteile amputiert wurden, stellen fest, dass sie dabei auch at-

traktive und für ihr Kerngeschäft zentrale Unternehmensteile eingebüßt haben und kaufen – teilweise genau in den Feldern, in denen sie
vorher Unternehmensteile abgestoßen haben – wieder ein.

Aber die starke Betonung des Nutzens von Puffern und Ressourcen in Form von Konfliktdämpfung, Fehlerfreundlichkeit, Vorbereitung auf Überlast und Förderung von Innovation darf nicht davon
ablenken, dass wir es bei den Puffern und Fettpolstern mit einem organisatorischen Dilemma zu tun haben. Letztlich sind Puffer und
Fettpolster das Ergebnis eines nicht optimalen Ressourceneinsatzes.
Durch sie verkompliziert das Unternehmen selbst die Prozesse. Man
geht nicht den direktesten Weg von A nach B, sondern nutzt bewusst
eine gewundene Linie, baut zusätzliche Hindernisse auf. Dies alles in
der Hoffnung, dass man durch die Erschwerung gezwungen ist, neue
Wege zu gehen, und eventuell neue Ideen hervorzubringen (vgl.
Weick 1985: 353f)

Durch die Schaffung von Reserven, Fettpolstern und Puffern entsteht eine paradox klingende Situation: Die Organisation fordert ihre
Mitarbeiter auf – entgegen der vielerorts gepredigten Logik des Null-
fehlerprinzips –, experimentierfreudig zu sein und dabei eben auch
Fehler zu riskieren. Man geht davon aus, dass dort, wo Neues auspro-
biert wird, notwendigerweise Fehler gemacht werden, ja sogar Fehler
gemacht werden dürfen. Fehler werden nicht mehr als vermeidbare
Verluste abgebucht, sondern als Lern- und Veränderungschancen begriffen, durch die sich Organisationen auf turbulentere Umfelder einstellen können (vgl. Wever 1989: 48; Peters 1995: 73).

Der Einbau von Reserven kann von den Mitarbeitern in letzter
Konsequenz als Aufforderung zur organisatorischen Selbstbehinderung verstanden werden. Das Unternehmen verkompliziert Prozesse
und verhindert eine rational durchorganisierte Produktion (vgl. Weick
1985: 353; Luhmann 1997: 304). Unternehmen nehmen einen gewissen organisatorischen Schlendrian in Kauf, hoffend, dass sie dadurch
eine Reserve für den Fall haben, dass plötzlich neue Anforderungen an
sie herangetragen werden. Organisationen legen sich Fettpolster zu,
lassen Redundanzen in ihren Prozessen zu, alles in der Hoffnung, dass

die Mitarbeiter diese Ressourcen für Innovationen, Flexibilität und Wandel nutzen. Anders ausgedrückt: Organisationen riskieren bewusst eine »schlampige« Gestaltung von Arbeits- und Entscheidungsprozessen, um dadurch über Möglichkeiten zu verfügen, mit zukünftigen Problemen zurechtzukommen (vgl. Cyert/March 1963). Man opfert eine optimal an die gegenwärtigen Anforderungen angepasste Organisation, in der Hoffnung, durch diese Verschwendungen an zukünftige, andersartige Anforderungen angepasst zu sein (vgl. Weick 1985: 352f).

Die Produktion von Reserven und das Zulassen von Fehlern stellt sich so dar, als wenn man Kaffee- und Teepausen einrichtete, nur damit die Mitarbeiter sich informell, ohne Zwang und Ziel träfen. Dies in der Hoffnung, dass die Mitarbeiter die Chancen dazu nutzen, Innovationen in Gang zu bringen. Es ist, als ob man zur Ermöglichung von Innovation und Wandel Unternehmensgebäude mit langen Fluren, geräumigen, fehleranfälligen und langsamen Liften und nur wenigen, häufig verstopften Toiletten ausstattete – hoffend, dass die Mitarbeiter die so entstehenden Kontaktmöglichkeiten für kreative Prozesse nutzten (vgl. Luhmann 1997).

Organisationen sind in einem Dilemma: Die organisatorische Selbstbehinderung durch Schlampigkeit und Schlendrian kann dazu führen, dass die Reserven zur Entwicklung von Innovationen genutzt werden, aber sie muss nicht. Das Problem ist, dass man deren sinnvolle Verwendung organisatorisch nicht verordnen kann.[37] Die Unternehmensspitze kann zwar darauf hoffen, dass die Mitarbeiter die Puffer für etwas Sinnvolles nutzen, aber sie hat kaum geeignete Möglichkeiten, die Nutzung zu kontrollieren. In Organisationen können Reserven an Geld, Zeit und Material dafür genutzt werden, um innovativ zu werden, oder sie können dazu genutzt werden, um Fehler und Fehlverhalten zu verschleiern. Es ist möglich, dass die Kaffeepausen, die langen Flure, die geräumigen und langsamen Lifte und wenigen Toiletten dazu führen, dass die Mitarbeiter Kreativität entwickeln. Sie können aber auch dazu führen, dass die Mitarbeiter von Kaffeepause zu Kaffeepause eilen, entnervt gegen die Liftwände trommeln, sich abends nicht mehr auf die langen Flure trauen und das Benutzen der Toiletten zum alptraumartigen Erlebnis wird.

7. Das Lerndilemma – wenn erfolgreiches Lernen zum Verhängnis wird

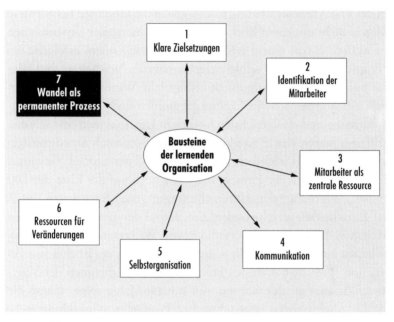

Abbildung 16: Das siebte Prinzip: Wandel als permanenter Prozess

Organisationslernen steht ganz oben auf der Agenda des Managements zahlreicher Unternehmen. Viele Führungskräfte gehen davon aus, dass Wandlungs- und Lernfähigkeiten die Grundbedingung für den Erfolg des Unternehmens sind. Die Überlegung ist, dass Organisationen einen erfolgreichen Lernprozess absolvieren und daraus ableiten, wie sie in Zukunft effektiver lernen können. Es herrscht die Auffassung, dass sie durch die permanente Praxis des Lernens immer besser im Lernen werden.

Die Grundannahme ist dabei, dass ein Unternehmen, das jetzt erfolgreich lernt und einen Organisationswandel erfolgreich absolviert, für die Zukunft gerüstet ist. Es wird davon ausgegangen, dass Lernen und Wandel eine gute Vorbereitung für die Zukunft sind.

Der Misserfolg erfolgreicher Unternehmen

In der Praxis lässt sich häufig jedoch genau das Gegenteil beobachten: Man braucht nur einen Blick auf die Geschichten jener Unternehmen zu werfen, die an einem erfolgreichen Wandel, einem erfolgreichen Lernprozess oder einer erfolgreichen Innovation gescheitert sind oder die wenigstens langfristig durch erfolgreiche Wandlungs- und Lernprozesse in große Schwierigkeiten gekommen sind. Von den zehn innovativsten und erfolgreichsten britischen Unternehmen sind seit den achtziger Jahren vier in Konkurs gegangen. Nur noch drei dieser Firmen machen als rechtlich eigenständige Unternehmen Gewinne. Knapp die Hälfte der Firmen, die 1984 noch auf der Liste der 500 größten internationalen Unternehmungen verzeichnet waren, ist in der Zwischenzeit verschwunden. Von den 43 der durch die damaligen McKinsey-Berater Tom Peters und Robert Waterman gepriesenen »exzellenten Unternehmen«, die – nicht zuletzt dank des Buches von Peters und Waterman – zu den bestgeführten Unternehmen der Vereinigten Staaten gezählt wurden, war nur fünf Jahre später knapp die Hälfte in schwierigen oder schwachen Positionen. Vorbildunternehmen wie Atari und Revlon standen vor dem Bankrott. Auch bei den im Vorwort zur deutschen Auflage gepriesenen deutschen exzellenten Unternehmen, die ebenfalls aus der Referenzliste von McKinsey-Kunden zu stammen scheinen, gab es wenig später massive Probleme.[38]

Die Vernachlässigung von Wandel und Lernen wird gerne als Grund für den plötzlichen Niedergang von Firmen angeführt. Die gescheiterten Firmenchefs ehemals erfolgreicher Unternehmen mussten abtreten, so die Aussage des Geschäftsführers bei der Unternehmensberatung Andersen Consulting Günter Conrad, weil sie es versäumt hatten, Lernen und Wandel zum Bestandteil ihrer Firmenkultur zu machen (vgl. Gloger/Groothius 1994: 54). Dass gerade das erfolgreiche Lernen und Wandeln für das Vernachlässigen von Wandel und Lernen mitverantwortlich sein kann, wird jedoch geflissentlich übersehen.

Es ist interessant zu beobachten, dass gerade Unternehmen, in denen erfolgreich gewandelt und gelernt wurde, besonders lern- und wandlungsresistent werden können. In vielen Unternehmen scheint gerade das Einschreiben von Lernen und Wandel in die Firmenkultur maßgeblich zu den späteren Problemen beigetragen zu haben. Wir scheinen es wiederum mit einer paradoxen Situation zu tun zu haben. Der Grund für Misserfolg liegt im Erfolg.

Wie kommt es, dass erfolgreiches Lernen und Wandeln von Organisationen zum Misserfolg führen können?

Organisationales Wissen – als das Ergebnis erfolgreicher Lernprozesse – wird nicht vorrangig in den Köpfen von Mitarbeitern gespeichert. Dort wäre das Wissen lediglich kurzzeitig verfügbar und würde mit dem Ausscheiden der entsprechenden Person verschwinden. Bei individuellen Aneignungsprozessen handelte es sich bestenfalls um Lernen und Wissen *in* Organisationen, auf keinen Fall um das Lernen und Wissen *von* Organisationen.

Vielmehr etabliert sich organisationales Wissen in der Form von Regelwerken. Da Organisationen keine Gehirne haben, mit denen sie lernen können, halten sie das Ergebnis ihrer erfolgreichen Lern- und Wandlungsprozesse in Normen, Werten und Prozeduren fest. Organisationales Wissen existiert dann in Unternehmensleitlinien, Routinen, Arbeitsplatzbeschreibungen, Computerprogrammen oder Qualitätshandbüchern (vgl. Hedberg 1981).

Die Organisationsforscher Richard R. Nelson und Sidney G. Winter (1982) haben gezeigt, dass durch erfolgreiche Lernprozesse in der Organisation positiv wirkende »Comps« ausselektiert werden. In diesen »Comps« wird organisationales Wissen gespeichert, das über Produktionstechniken, Organisationspläne, Stellenbeschreibungen, Verfahrensrichtlinien und technische Programme die Handlungen in Organisationen bestimmt (vgl. Dodgson 1993: 383). Sie funktionieren ähnlich wie Gengut. Auch in diesen wird letztlich das Wissen gespeichert, das dazu führt, dass eine Amöbe, ein Affe oder ein Mensch heranwächst.

Natürlich sind diese Regelwerke nicht ohne Menschen möglich. Es sind letztlich Personen, die das für die Organisation relevante Wissen formulieren und festhalten. Dieser Prozess ist jedoch von spezifischen einzelnen Menschen unabhängig. Irgendjemand muss dafür sorgen, dass die Qualitätsstandards bei der Produktion von Fensterluken eingehalten werden. Wer das macht, ist jedoch weitgehend egal.

Als Beispiel für personenunabhängige, organisationale Lernprozesse lässt sich die Einführung von Gruppenarbeit in einem Produktionsbetrieb heranziehen. Aufgrund wachsender Veränderungsanforderungen sieht sich das Management gezwungen, von der Fließbandfertigung abzurücken. Es entwickelt zusammen mit den Mitarbeitern eine Fertigungsorganisation, die jeweils einem festen Team die Zuständigkeit für einen Arbeitsbereich überträgt. Solange das Wissen über die neue, teamorientierte Fertigungsorganisation nur in den Köpfen des Managements oder der Mitarbeiter vorhanden ist, handelt es sich nicht um einen organisationalen Lern- und Wissenprozess, sondern um die Anhäufung individueller Lern- und Wissensprozesse. Zu einem organisationalen Lern- und Wissensprozess kommt es erst dann, wenn die neuen Strukturen, Regeln und Kulturen auch nach dem Ausscheiden der ursprünglich an dem Prozess beteiligten Mitarbeiter und Manager weiterexistieren.

Das Ergebnis von Lern- und Wissensprozessen sind also verfestigte Strukturen, Regeln und Kulturen. Erfolg im Lernen und Erfolg im Verändern führt dazu, dass die durch Erfolg positiv sanktionierten Strukturen festgeschrieben, auf Dauer eingerichtet werden. Das Infragestellen von Strukturen in Organisationen und der Wandel von Strukturen baut in letzter Konsequenz neue Strukturen auf, die ihrerseits Stabilität, Dauerhaftigkeit und Unbeweglichkeit erzeugen können.

Kompetenzfallen und Lernsackgassen

Unter der Bedingung, dass morgen alles anders werden kann, erscheinen die jetzigen Selbstfestlegungen der Organisation jedoch höchst riskant (vgl. Japp 1996: 61). Die durch Lernen und erfolgreiches Verändern etablierten Strukturen und Verfestigungen sind nur so lange erfolgreich, wie die Rahmenbedingungen der Organisation nicht grundlegend verändert werden. Kommt es zu Veränderungen in der Umwelt, dann können gerade die durch den Erfolg etablierten Strukturen zum Misserfolg führen. Gerade die wahrgenommenen Erfolge in einer Organisation verhindern die Sicht darauf, dass grundlegendere Veränderungen der organisatorischen Strukturen nötig sein könnten (vgl. Tacke 1997b: 247). Anders ausgedrückt: Der Erfolg in der Bewältigung einer Krise, in der Veränderung einer Organisation und im kollektiven Lernen kann zur Katastrophe führen, wenn das angeeignete Wissen irgendwann nicht mehr brauchbar ist.

Durch Lernprozesse drohen Organisationen in Kompetenzfallen zu geraten. Das Management wird dazu verleitet, einen einmal eingeschlagenen, erfolgreichen Lernprozess weiterzuverfolgen und vorhandene Prozesse zu verfeinern. Sind erfolgreiche Regeln und Routinen erst einmal etabliert, dann besteht in Organisationen eine Tendenz, Effizienzsteigerungen durch die Verfeinerung der bestehenden Routinen zu erreichen. Je stärker diese Regeln und Routinen benutzt werden, desto besser wird die Organisation im Benutzen der Regeln. Dadurch überzeugt sich die Organisation wiederum, dass sie auf dem richtigen Weg ist. Es kommt zu einem sich selbst verstärkenden Lernprozess, dessen Ergebnis aber ist, dass die Organisation sich auf Dauer mit nicht optimalen Lösungen zufrieden gibt (vgl. March 1994: 96f).

So zeichnet es sich immer deutlicher ab, dass die meisten Unternehmen keine grundlegenden Schwierigkeiten mit kleinschrittigen Verbesserungsprozessen haben. Über kontinuierliche Verbesserungsprozesse, Kaizen-Programme, Lernstätten oder Qualitätszirkel spüren selbständig arbeitende Arbeitsgruppen Fehler auf und korrigieren diese. Das bestehende Regelwerk muss dabei nicht grundsätzlich verändert werden und die Mitarbeiter sehen unmittelbar den Erfolg ihrer Lernprozesse. Aber die alltäglichen, auf kurzfristigen Lernprozessen basierenden Optimierungen können grundlegendere Lernprozesse verhindern. Organisationen verfeinern und optimieren ihre existierenden Strukturen so stark, dass es nicht mehr zur grundlegenden Veränderung von Strukturen, Regeln und Kulturen durch Erneuerungslernen kommt.[39]

Das Problem erfolgreichen Lernens und Wandels lässt sich auf ein Grundprinzip von Organisationen zurückführen. Organisatorische Entscheidungen legen den Rahmen für spätere Entscheidungen fest. Alles spätere Lernen ist an diesen vorhanden Strukturen orientiert. Das aus den bewährten Routinen und Werten bestehende organisatorische Gedächtnis beeinflusst, was später dazugelernt werden kann.[40]

Es gibt vielfältige Bespiele, wie Organisationen in solche Kompetenzfallen und Lernsackgassen geraten. Ein Versandhandelsunternehmen entwickelt in Eigenregie ein Buchhaltungsprogramm und perfektioniert es fortwährend. Durch die personellen und finanziellen Investitionen wächst das Gefühl, dass der beschrittene Weg richtig ist. Man schafft sich aber die Schwierigkeiten, sich auf ein neues, innovativeres Programm umzustellen, selbst. Die kurzfristigen Effizienzgewinne, die durch die Perfektionierung des selbst geschaffenen Buchhaltungsprogrammes eingefahren werden können, machen die Organisation blind gegenüber den in langfristiger Perspektive möglichen Effizienzgewinnen durch den Wechsel auf ein anderes Standardprogramm.

Für das Management kann es auf den ersten Blick eine Effizienzsteigerung bedeuten, wenn es erfolgreich ein hoch automatisiertes Lagerhaltungssystem einführt. Dieses Lagerhaltungssystem bringt nicht nur eine Steigerung der Auslieferqualität. Es trägt auch zur Reputation des Unternehmens bei, da es von Kunden bewundert und in Fachzeitungen als innovativ bezeichnet wird. Je stärker jedoch das erfolgreich eingeführte System in die Identität des Unternehmens eingeschrieben wird, desto schwerer kann es wieder abgeschafft werden, wenn plötzlich eine flexiblere und kostengünstigere Form der Lagerhaltung gefragt ist.

Ein weiteres Beispiel ist die Kernenergie. Die Energiewirtschaft der fünfziger Jahre hatte zunächst kein ausgeprägtes Interesse an der Kernenergie als Mittel zur Stromerzeugung. Erst aufgrund des politischen Drucks setzte sich die Energiewirtschaft mit den technischen Möglichkeiten der Kernenergie auseinander. Nachdem die großen Energiekonzerne sich auf die Kernenergie eingeschworen hatten, bauten sie sie derart stark aus, dass sie weder für die Gefahren dieser Technik noch für alternative Möglichkeiten zur Stromerzeugung ein besonders aufmerksames Auge behielten.

Verschiedene Unternehmen des deutschen Maschinenbaus sind ein weiteres Beispiel dafür, wie Organisationen in einer Lernfalle landen können. Die Maschinenbauunternehmen konnten sich lange Zeit mit einer Politik der Produktdifferenzierung sehr erfolgreich am Markt halten. Sie schrieben dadurch jedoch Strukturen fest, die einen Wechsel hin zur Politik der Kostenführerschaft weitgehend verbauten.

Es gibt Unternehmen, die mehrfach hintereinander in solche Lernsackgassen laufen, ohne scheinbar etwas an dieser Problematik ändern zu können. Bei Siemens gehört der Stoßseufzer »Wenn Siemens wüsste, was Siemens weiß« fast schon zur Unternehmenskultur. Dabei wird übersehen, dass das Problem von Siemens auch als ein Problem des Zuvielwissens definiert werden könnte. Laut eigener Geschichtserzählung verschlief der Telekommunikationsbereich sowohl die Entwicklung der Faxgeräte als auch die Entwicklung der Datenübertragung über das Internet, weil das Management in diesen Anwendungsfeldern vorher erfolgreiche Lernprozesse etabliert hatte. Mit der Entwicklung von Faxgeräten wurde bei Siemens frühzeitig experimentiert. Sie hätten ohne große Schwierigkeiten auf den Markt gebracht werden können. Weil jedoch Siemens bei der Entwicklung des Telexgeschäfts erfolgreich war und die Lernprozesse dort besonders intensivierte, wurde das Geschäft mit den Faxgeräten anderen Unternehmen überlassen. Ähnlich bei der Entwicklung von Vermittlungsstellen für Telefonnetze. Siemens, einer der Marktführer in diesem Bereich, betrieb energisch die Weiterentwicklung der Schalttechnik: Die Schaltzentralen wurden digitalisiert. Unter dem einprägsamen Namen Asynchronous

Transfer Mode wurde eine Technik entwickelt, mit der Daten und Sprache über die gleichen Leitungen fließen konnten. Durch die intensiven Lernbemühungen in diesem Bereich wurde vom Management jedoch lange Zeit nicht bemerkt, dass sich sowohl Daten als auch Sprache immer besser über das Internet verschieben ließen. Siemens' dominierende Marktstellung wurde zunehmend bedroht. Das Problem, so Siemens-Vorstandsmitglied Volker Jung, bestünde darin, dass erfolgreiche Produkte zu lange gepflegt würden. So würde der Schwenk auf neue Technologien chronisch verpasst. Im Nachhinein haben sich wohl nicht wenige Siemens-Manager gewünscht, dass Siemens nicht schon alles weiß, was es weiß.

Der Wirtschaftswissenschaftler John Maynard Keynes behauptet angesichts dieses Problems, dass das Schwierige für den Menschen nicht darin liege, immer wieder neue Ideen aufzunehmen, sondern vielmehr darin, die alten auch wieder zu vergessen. In Anschluss an Keynes spricht Karl Weick (1985: 320) von der Gefahr eines »zu guten Gedächtnisses«. Vermutlich, so Weick, seien nur wenige Organisationen gescheitert, weil sie etwas Wichtiges vergessen hätten. Es sei viel wahrscheinlicher, dass Organisationen deshalb scheiterten, weil sie wegen der zurückliegenden Erfolge im Lernen und Wandeln vieles zu lange im Gedächtnis behalten haben und deshalb fortfahren, die Dinge so zu tun, wie man es bisher immer mit Erfolg getan hat.

Es gibt in Organisationen das Phänomen, dass die wegen des Erfolges im organisatorischen »Gedächtnis« haftenden Routinen die Handlungsmöglichkeiten einengen. Wann immer Organisationen sich durch Lehr- und Wandlungsprozesse an Situationen anpassen, verlieren sie einen Teil der Ressourcen, die sie dazu befähigen, in der Zukunft neue Situationen wahrzunehmen. Sie opfern der gegenwärtigen Anpassung ihre künftige Anpassungsfähigkeit. Die Tragik eines durch Erfolgserlebnisse geschulten Gedächtnisses ist, dass es daran hindert, auf neue Ideen zu kommen (vgl. March 1990).

Gerade Unternehmen, die aufgrund ihrer Wandel- und Lernfähigkeit als Modellunternehmen gepriesen werden, laufen Gefahr, ihre Strukturen und Prozesse festzuschreiben. Sie rutschen regelrecht in

eine »Öffentlichkeitsfalle«. Im Fall eines mittelständischen Waagenherstellers auf der schwäbischen Alb, der wegen seiner Selbststeuerung
in der Montage, Abschaffung von Lagerhaltung, dynamischen Entwicklungsteams und seines funktionierenden kontinuierlichen Verbesserungsprozesses hoch gepriesen wurde, führte der Erfolg dazu, dass die
innovativen Strukturen lange festgeschrieben wurden. Eine Besucherin, die das Unternehmen zu Beginn der öffentlichen Aufmerksamkeit
und fünf Jahre später besuchte, zeigte sich überrascht, dass sich in der
Zwischenzeit gar nichts verändert hatte. Zu der Stabilität der Strukturen trug maßgeblich bei, dass in hauseigenen Seminaren die eigenen
Projekte immer wieder gepriesen und auf diese Weise die Strukturen
beständig verfestigt wurden. Man verfing sich förmlich in eigenen
Ideen und Konzeptionen.

Das Dilemma des Lernens

Organisationen stehen vor einem grundlegenden Dilemma im Wandlungsprozess: Gerade das Bestehen einer Krise kann die Bewältigung
der nächsten erschweren (vgl. Starbuck/Greve/Hedberg 1988). Gerade die Anpassung an eine neue Situation, kann die Anpassungsfähigkeit an zukünftige Situationen reduzieren (vgl. Weick 1985: 17). Gerade die erfolgreiche Gestaltung eines Wandlungsprozesses kann zukünftige Veränderungsprozesse verkomplizieren. Gerade das erfolgreiche gemeinschaftliche Erlernen eines Produktionsprozesses kann dessen späteres Verlernen behindern.

Zynisch eingestellte Zeitgenossen könnten jetzt so weit gehen, Unternehmen, die es sich leisten können, zum erfolglosen Lernen und
vergeblichen Wandel zu raten. Erfolgloses Lernen und vergebliches
Wandeln mögen zwar im Moment frustrierend sein, aber wenigstens
schreiben sie keine Strukturen fest, die später nur noch schwer aufzulösen wären. Das Unternehmen bliebe durch den Misserfolg sehr offen
für Veränderungsanforderungen.

Da es jedoch nur wenigen Unternehmen so gut geht, dass sie den
Misserfolg im Lern- und Wandlungsprozess zu ihrem Programm ma

chen können, bleibt den meisten Firmen nur die Möglichkeit, sich auf das Dilemma einzulassen: sich erfolgreich zu wandeln und erfolgreich zu lernen, wohl wissend, dass neue Strukturen und neues Wissen irgendwann die Hemmschuhe für neue Lern- und Wandlungsprozesse sein werden.

8. Die Grenzen des geplanten Organisationswandels

Die Ausarbeitung der blinden Flecken lernender Organisationen ermöglicht provokante Schlussfolgerungen. Die Nichtbefolgung der Prinzipien »guten« Organisationswandels lässt sich nicht auf die »Widerständigkeit der Mitarbeiter«, die »begrenzte Einsichtsfähigkeit des Managements« oder die »Prägung durch eine alte hierarchische Organisation« zurückführen. Es gibt für Mitarbeiter sehr gute Gründe, genau das Gegenteil von dem zu praktizieren, was in einem Großteil der Managementliteratur und auf den Folien vieler Beratungsfirmen verkündet wird. Die Gegensprichwörter zu den Prinzipien »guten« Organisationswandels sind ähnlich einleuchtend wie die Sprichwörter der lernenden Organisation.

Dilemmata des Organisationswandels

Unternehmen befinden sich in Veränderungsprozessen in permanenten Dilemmata. Sie brauchen sowohl klare Zielvorstellungen als auch die Bereitschaft, möglicherweise von den festgelegten Zielen abzuweichen. Es ist sinnvoll, dass sich Mitarbeiter mit Prozessen identifizieren. Gleichzeitig behindert diese Identifikation aber auch die notwendige Veränderung. Deswegen ist Motiviation allein durch Geld ebenso sinnvoll. Eine Beteiligung der Mitarbeiter kann Wandlungspotenziale freisetzen. Eine zu starke Einbeziehung der Mitarbeiter erschwert die Fokussierung des Unternehmens. Selbstorganisation kann hilfreich sein, weil Lösungen vor Ort entwickelt werden. Häufig gewährleistet die Fremdorganisation jedoch eine höhere Originalität der Lösung.

Sprichwörter »guten« Organisationswandels	Gegensprichwörter
1. Klare Ziele und Visionen • weil sie Orientierung im Wandel schaffen • weil sie die Koordination erleichtern	**1. Unklare Ziele und Visionen** • weil sie die Organisation offen halten • weil sie schnelle Reaktion auf Umweltverän-derungen ermöglichen
2. Identifikation der Mitarbeiter mit Produk-ten und Prozessen • weil sie auch im Wandel Mitarbeiter an das Unter-nehmen bindet • weil sie das Eigeninteresse der Mitarbeiter an Inno-vationen und Effizienzsteigerung erhöht • weil sie die Kontrollnotwendigkeiten reduziert	**2. Motivierung nur über Geld, Dienstwagen und Incentives** • weil die Organisationselastizität gesteigert wird • weil Wandel leichter von außen verordnet werden kann • weil sie die breite Einsetzbarkeit von Mitarbeitern ermöglicht
3. Menschen im Mittelpunkt des Unterneh-mens • weil die Eindeutigkeit in Organisationen aufgeho-ben wird • weil alle Ressourcen eingesetzt werden • weil Mitarbeiter sich selbst verwirklichen können	**3. Mensch als Mittel zum Zweck** • weil die Austauschbarkeit von Mitarbeitern sinnvoll sein kann • weil Mitarbeiter in Organisationen von eigenen In-teressen abstrahieren • weil verhindert wird, dass ein Mitarbeiter zum »Or-ganization man« wird
4. Kommunikation, Kommunikation, Kommuni-kation • weil sprachliche Kommunikation die Ansichten vieler Mitarbeiter mobilisiert • weil sie die Qualität der Lösungen erhöht • weil sie Motivations- und Kontrollprobleme reduziert	**4. Hierarchie: Verhinderung von Kommunika-tion bei nur punktueller Wiederzulassung** • weil sie die Bewältigung komplexer Aufgaben ermöglicht
5. Selbstorganisation • weil innovative Lösungen vor Ort entwickelt werden • weil sie die Spitze von Steuerungsaufgaben entlastet	**5. Fremdorganisation** • weil sie verfremdete Lösungen ermöglicht • weil sie Originalität ins Spiel bringen kann
6. Vorratshaltung von Ressourcen für Verände-rung • weil sie Spielraum für Innovationen schafft • weil sie verhindert, dass Fehler direkt auf die Orga-nisation durchschlagen • weil sie hilft, Überlastungssituationen zu bewältigen	**6. Abbau von Puffern und Fettpolstern** • weil er hilft, Verschwendung zu vermeiden • weil er eine stromlinienförmige Ausrichtung der Organisation ermöglicht • weil Fehler sofort in der ganzen Organisation bemerkt werden
7. Lernen • weil es Anpassung an Umwelt ermöglicht • weil so erfolgreiche Strukturen gebildet werden	**7. Vermeiden von Lernen** • weil es die Organisation offen hält • weil keine festen, schwer zu lösenden Strukturen festgeschrieben werden
↳ *Die Prinzipien der lernenden Organisation*	↳ *Die Gegenprinzipien*

Abbildung 17: Die zentralen Dilemmata des Organisationswandels

Unternehmen sehen sich der Notwendigkeit ausgesetzt, in Organisationen Freiräume für Innovationen zu schaffen. Dieser Aufbau von Puffern lässt jedoch häufig den organisatorischen Schlendrian einziehen. Organisationen sind auf erfolgreiche Lernprozesse angewiesen, aber gerade erfolgreiche Lernprozesse sind für den Niedergang von Unternehmen verantwortlich. Deswegen kann auch die Vermeidung von Lernen eine sinnvolle Strategie sein.

Die dargestellten Dilemmata weisen darauf hin, wie brüchig die am Wandel orientierten Leitbilder von Organisationen sind. Sie zeigen, dass es bei hoher Komplexität und Unsicherheit keine Erfolg garantierenden Technologien des Wandels gibt.[41] Auch die lernende Organisation macht hier keine Ausnahme. Es wird zunehmend schwieriger, zwischen »richtigem« und »falschem« Handeln zu unterscheiden. Niemand ist in der Lage, als ein quasi außenstehender Beobachter die Informationen so umfassend wahrzunehmen, dass er »objektiv« sagen kann, was ein »guter« oder ein »schlechter« Veränderungsprozess ist. Wir haben es in Wandlungsprozessen mit der fundamentalen Schwierigkeit zu tun, dass es immer gute Gründe gibt, den Veränderungsprozess genau anders zu organisieren.

Ignoranzen der lernenden Organisation

Wenn Manager, Berater oder Wissenschaftler mit dem Konzept der lernenden Organisation auf die Prinzipien des »guten« Organisationswandels setzen, dann unter Inkaufnahme eines erheblichen Maßes an Ignoranz, Irrationalität und Vergesslichkeit. Sie vergessen, dass es gute Gründe gibt, den im vorigen Kapitel dargestellen rationalen Prinzipien wie »Klare Ziele und Visionen«, »Identifikation der Mitarbeiter«, »Menschen im Mittelpunkt«, »Kommunikation«, »Selbstorganisation« oder »Lernen« nicht zu folgen. Sie ignorieren die Gegensprichwörter zu den Prinzipien »guten« Organisationswandels. Sie blenden die vielfältigen Irrationalitäten der lernenden Organisation aus.

Wir haben es an dieser Stelle mit der gleichen Bauweise von Rationalität zu tun wie bei den vermeintlich optimalen Organisationsstrukturen à la Taylorismus, Lean Management oder Business Process Reengineering. Auch diese stabilitätsorientierten Leitbilder – wir erinnern uns – konnten nur als rational, effizient oder optimal präsentiert werden, weil ihre Schattenseiten systematisch ignoriert und ausgeblendet wurden. Die höchst problematischen Nebenfolgen der propagierten »besten Wege« der Organisation wurden durch den Rationalitätsfokus nicht erfasst und die Organisation schuf sich so eine Vielzahl blinder Flecken.

Auch die lernende Organisation als Leitbild »guten« Organisationswandels kann nur deswegen als Erfolg versprechende Form des Wandels dargestellt werden, weil sie die Nebenfolgen der regelgerechten Veränderung nicht wahrnimmt. Sie ignoriert, dass sich bei der Befolgung der Prinzipien »guten« Organisationswandels immer auch ungewollte Nebenfolgen einstellen.

Wir haben es bei der lernenden Organisation oder auch der wissensbasierten Firma mit dem interessanten Phänomen zu tun, dass die Vertreter dieser Konzepte sich gegen die Wahrnehmung ihrer eigenen Ignoranzen, Irrationalitäten und Vergesslichkeiten umfassend immunisiert haben. Permanent preisen sie die lernende Organisation oder die wissensbasierte Firma als die rationalste und anpassungsfähigste Form der Organisation und verdrängen so systematisch die Nebenfolgen der propagierten Leitbilder. Gerade die beliebten Steigerungsformen von der »schnell lernenden« und der »schnellst lernenden Organisation« wirken wie Zauberformeln, mit denen die Nebenfolgen endgültig aus dem eigenen Blickfeld verdrängt werden sollen. Mit den an Intelligenz, Wissen und Lernen orientierten Leitbildern wird, um einen Gedanken des Wirtschaftswissenschaflters Albert O. Hirschman (1967) aufzugreifen, die Ignoranz der eigenen Ignoranz in Organisationen perfektioniert.

Diese Ausblendungen, darauf hat auch schon Hirschman hingewiesen, haben natürlich eine Funktion. Gerade wandlungsorientierte Firmen wären überlastet, wenn sie sich ständig die eigene Ignoranz, Irrationalität und Vergesslichkeit bewusst machten. Man kann sich die Selbstzweifel der Mitglieder einer in Veränderung befindlichen Organisation angesichts ihrer eigenen Imperfektion vorstellen. Sie müssen sich selbst davon überzeugen, dass sie eigentlich nicht ignorant, irrational und vergesslich sind – und wie geht das besser, als sich selbst einzureden, dass man eine lernende, wissende und intelligente Organisation sei.

Ausblick

Die Einsicht in die begrenzte Rationalität der lernenden Organisation mag für Manager, Reformer und Berater von Organisationen frustrierend sein, kratzt sie doch gründlich an ihrem Selbstverständnis. Von ihnen wird erwartet, dass sie wissen, wie Wandel funktioniert und mit welchen Prinzipien Veränderungsprojekte erfolgreich durchzuführen sind. Es wird verlangt, dass sie zwischen Mängeln, Ideen und Maßnahmen – zwischen Ursachen und Wirkungen – eine Kausalverbindung herstellen können. Manager und Berater müssen Mängel erkennen können und Prozesse auslösen können, die zur Erarbeitung von Lösungen führen. Berater können Geld für ihre Leistungen verlangen, weil sie behaupten, dass sie Einfluss haben – Einfluss auf die Art und Weise, wie sie Mängel und Lösungen kombinieren (vgl. Brunsson 1989: 224f; Luhmann 1997: 295).

Angesichts dieser Einschränkungen könnte verlangt werden, dass sämtliche Regeln des Change Managements in die Mottenkiste überholter Managementkonzepte zu verbannen sind. Die lernende Organisation könnte als kurzlebige Managementmode abgehakt werden. Aber vielleicht gibt es einen tieferen Sinn hinter den Regeln des Change Managements – einen Sinn, der jenseits der Vorstellung davon liegt, was eine Organisation besonders »gut« wandelbar macht. Das nächste Kapitel stellt Überlegungen in dieser Richtung vor.

V
Vom Nutzen und der Gefahr der Irrationalität, Ignoranz und Vergesslichkeit lernender Organisationen

»Man muss etwas Neues machen, um etwas Neues zu sehen.«

Georg Christoph Lichtenberg

Angesichts der Probleme mit den Regeln des »guten« Organisationswandels im Konzept der lernenden Organisation läge es nahe, auf den Reiz von nicht lernenden oder nur begrenzt lernenden Organisationen zu verweisen. Der Organisationsforscher Charles Perrow (1979) zeigt, dass eine Anzahl von großen Unternehmen auf eine turbulente und sich ständig ändernde Umwelt nicht durch eigene Anpassungs- und Lernprozesse, sondern durch Ruhigstellung und Beherrschung der Umwelt reagierten. Den Unternehmen gelänge es aufgrund ihre Größe und ihrer guten Vernetzungen, ihre Umwelt so gut zu kontrollieren, dass kurzfristige Lern- und Anpassungsprozesse gar nicht notwendig würden. Erst bei radikalen Marktveränderungen nähmen diese Organisationen dann »top down« einschneidende Veränderungen vor.

Der Psychoanalytiker und Unternehmensberater Fritz B. Simon (1997a: 155) führt diesen Gedanken noch weiter. Es ist demnach keineswegs immer sinnvoll, dass wir lernen, uns kurzfristig unserer Umwelt anzupassen, wenn doch genauso gut unsere Umwelt lernen und sich uns anpassen könnte. Was passiere, so Simon, wenn eine Frau es nicht lerne, sich ihrem Mann anzupassen? Biete nicht gerade dieses Nichtlernen dem Mann die Chance, sich seiner Frau anzupassen? Was geschehe, wenn die Studierenden nicht mehr lernten, sämtliche Formalkriterien eines Studiums zu erfüllen und sich den Anpassungsanforderungen der Universität einfach widersetzten? Würde nicht gerade dadurch die Chance eröffnet, dass die Universität sich in ihrer Behäbigkeit endlich bewegt?

Letztlich böten die kurzfristigen Lernwiderstände der verweigenden Person oder Organisation die Möglichkeit, langfristig wesentlich effektivere Veränderungen vorzunehmen. Man passt sich nicht kurzatmig immer wieder an seine Umwelt an, sondern lernt erst dann, wenn dieses Umfeld sich grundlegend verändert hat. Die Frau lernt erst dann, wenn der Mann sich prinzipiell verändert hat. Die Studierenden lernen erst dann, wenn die Universitätsstrukturen sich geändert haben.

Kein anderes Unternehmen verkörpert den Organisationstypus der erfolgreichen »nicht lernenden« Organisation besser als die Restaurantkette McDonald's. Ihr Erfolg besteht darin, dass sie weltweit identische Produkte anbietet und sich so gut wie gar nicht auf lokale Besonderheiten und Sonderwünsche der Kunden einstellt. Ein amerikanischer McDonald's-Kunde kann davon ausgehen, dass der Hamburger, den er in der Heidelberger Fußgängerzone bestellt, genau die gleiche Größe, Zusammensetzung und Verpackung hat wie derjenige, den er vor seiner Abreise nach Europa in seiner Heimatstadt Kansas verzehrt hat. Eine Kundin, die versuchen sollte, einen Sonderwunsch wie »den Big Mac bitte mit extra vielen Gurken« oder »die Cola bitte mit einem Schuss Rum« zu äußern, stößt bei den Mitarbeitern auf Kopfschütteln. Sie verstößt gegen das Prinzip der Restaurantkette, auf keinen Fall auf kundenspezifische Bedürfnisse einzugehen.

Bei McDonald's werden viele der Gegenprinzipien zur lernenden Organisation mobilisiert.[1] Durch eindeutige Hierarchien wird Kommunikation nur sehr begrenzt zugelassen. Durch den systematischen Abbau von Puffern und organisatorischen Fettpolstern wird das Unternehmen stromlinienförmig ausgerichtet und unnötige Reflexionen auf der Ebene der Filialbelegschaft verhindert. Die häufig wechselnden Mitarbeiter werden lediglich als Mittel zum Zweck der Profitmaximierung betrachtet und ausschließlich über Geld motiviert. Der McDonald's-Mitarbeiter, der sich mit dem Braten eines besonders gelungenen Hamburgers, einer besonders sauberen McDonald's-Filiale oder einem besonders freundlichen Kundenkontakt motiviert, ist jedenfalls eher die Ausnahme als die Regel. Durch die Vermeidung von dezentralem Lernen wird die ganze Organisation für radikale von oben kommende Veränderungsprozesse offen gehalten.

Das Prinzip McDonald's wird von Unternehmen aus den verschiedensten Wirtschaftsbereichen kopiert. Hotelketten wie Holiday Inn oder Formel 1 profilieren sich dadurch, dass sie nach den gleichen durchrationalisierten Standards wie McDonald's funktionieren. Es gibt in der Zwischenzeit »McStables«, in denen nach einheitlichen Kriterien Rennpferde trainiert und gepflegt werden. In Amerika gibt es bereits »McChild-Kindertagesstätten«, in denen die Kinder nach vermeintlich effizienten Kriterien versorgt und betreut werden. Selbst Vorstandsmitglieder von Telefonbankinggesellschaften erklären in der Zwischenzeit stolz, dass ihre Banken die »McDonald's der Finanzdienstleistungen« seien.[2]

Die mcdonaldisierten Unternehmen passen sich ihrer Umwelt nicht an, sondern sie verlangen von ihrer Umwelt, dass sie sich ihnen anpasst. Von den Kunden wird die Einsicht erwartet, dass die Wahl des Mahls lediglich die Auswahl zwischen einfachen und doppelten Hamburgern, zwischen kleinen und großen Tüten Pommes frites oder bestenfalls zwischen rindfleischhaltigen und vegetarischen Frikadellen ist. Dies scheint ein Lernprozess zu sein, der von der Umwelt, den Kunden, bereitwillig vollzogen wird. Auch die Top-Manager von General Motors konnten lange Zeit vor dem Hintergrund des Mottos »Was für General Motors gut ist, ist auch gut für die USA« diejenigen Kunden, die nicht zu den bewährten Straßenkreuzern griffen, pathologisieren: Mit den Menschen, die kleine Autos kaufen wollten, so die Aussage eines Top-Managers, »könne etwas nicht stimmen«. General Motors denke gar nicht daran, sich auf solche Anormalitäten in der eigenen Umwelt einzustellen.[3]

Der wirtschaftliche Erfolg dieses Unternehmenstyps besteht gerade darin, dass ein großer Teil der Organisation kurzfristig nicht lernt. Die Stärke dieses Unternehmenstyps ist die, dass widersprüchliche Anforderungen weitgehend unbeachtet bleiben. Durch diese Ignoranz gelingt es den Unternehmen, eine sehr effiziente, durchrationalisierte Produktion aufzubauen. Die Mitarbeiter können ohne größere Probleme in die Produktion eingebaut werden. Veränderungen im Regelwerk des Unternehmens sind kompliziert und langwierig und werden nur von den entsprechenden Spezialisten in der Konzernzentrale vorgenommen. Dadurch entsteht eine sehr große Vorhersagbarkeit und Berechenbarkeit für das Unternehmen – und für den Kunden.

Bei allem wirtschaftlichen Erfolg von Unternehmen wie Holiday Inn, McStables oder Direktbanken – das Modell der nicht lernenden Organisation ist offensichtlich nur begrenzt Erfolg versprechend. General Motors musste diese bittere Erfahrung machen. Von einer flächendeckenden »Mcdonaldisierung« der Wirtschaft oder gar der Gesellschaft kann nicht gesprochen werden.

Durch ein Plädoyer für die kurzfristig nicht lernende Organisation à la McDonald's macht man lediglich die andere Seite der Dilemmata des Wandels stark. Man hebt bloß die Gegensprichwörter zur lernenden Organisation wie »Motivierung über Geld«, »Mensch als Mittel zum Zweck«, »Verhinderung von Kommunikation« oder »Vermeiden von Lernen« hervor und schafft sich dadurch eigene blinde Flecken.

Und gerade diese blinden Flecken könnten wegen der wachsenden Lern- und Anpassungsresistenz der Umwelten an die Organisation vielleicht noch gefährlicher werden als die blinden Flecken der lernenden Organisation. Selbst Quasi-Monopolisten wie Microsoft haben damit zu kämpfen, dass ihre Kunden nicht mehr die Lern- und Anpassungsfähigkeit aufbringen, die willkürlichen Abstürze des Windows-Betriebssystems oder der neuesten Word-Variante geschickt aufzufangen. Microsoft muss sich mit teilweise heftigen Abwanderungsdrohungen von Kunden – entweder in Form des Ausweichens auf exotische, wenig verbreitete Programme oder in der Form eines »Zurück zur Schreibmaschine« – auseinander setzen. Sogar Einrichtungen zur Förderung der Lern- und Anpassungsfähigkeit von Bürgern, wie etwa die Berliner Stadtverwaltung, scheinen in der Zwischenzeit mit den Anpassungsschwierigkeiten und Lernresistenzen ihrer Kunden zu kämpfen zu haben. Die Bürger haben zunehmend Schwierigkeiten, die Behördenentscheidungen einfach hinzunehmen und nötigen die Behörden teilweise sogar dazu, selbst zu lernen. Es hat also wenig Sinn, dem Leitbild der lernenden Organisation ein Leitbild der kurzfristig nicht lernenden Organisation entgegenzustellen. Statt simplen Plädoyers für die lernende *oder* die nicht lernende Organisation, für die Prinzipien »guten« *oder* »schlechten« Organisationswandels geht es vielmehr darum, das Verhältnis zwischen diesen beiden Polen näher zu bestimmen. Dabei erschließen sich ganz neue Einsichten, wenn der Fokus auf die versteckten Funktionen der Konzeption lernender Organisationen gesetzt wird.

Umstellung des Fokus – die Funktion des Leitbildes der lernenden Organisation

In der Diskussion über die lernende Organisation besteht ein weitgehender Konsens in Bezug auf die Ziel- und Zwecksetzung: Es geht um die Steigerung der Rationalität, Intelligenz und Gedächtnisleistungen von Organisationen. Es wird unterstellt, dass ein möglichst weitgehendes Verständnis der Marktbedingungen und Entscheidungsalternativen die beste Basis für Handlungen in Organisationen ist. Kurz: Die lernende Organisation wird als die Organisationsform beschrieben, die sich am eigenen Schopf aus dem Sumpf der Irrationalität, Ignoranz und Vergesslichkeit ziehen kann.

Ein großer Teil der Literatur beschäftigt sich dann auch konsequenterweise mit der Frage, wie die lernende Organisation noch rationaler und noch intelligenter gemacht werden, wie das dunkle Reich der Irrationalität und Ignoranz noch entschiedener überwunden werden kann. Es werden Lernprozesse untersucht und Verbesserungsmöglichkeiten markiert. Neue Beschreibungsformeln für Lernprozesse werden angeboten. Lernblockaden werden analysiert und Ideen zu deren Überwindung produziert. Neue Rezepte werden entwickelt und innovative Techniken zur Lernsteigerung erprobt.

Die kaum noch zu übersehende Literatur zum Thema Organisationslernen ist sicherlich anschlussfähig an die alltäglichen Sorgen,

Hoffnungen und Wünsche des Organisationspraktikers. Man stimmt in den formulierten und propagierten Zielen und Zwecken der Organisation – Intelligenz, Reflexivität, Rationalität – überein und strebt nach effektiven Mitteln zu deren Umsetzung: Die Organisationen sollen intelligent auf komplexe Umweltanforderungen reagieren. Es sollen rationale Prozesse des Wandels etabliert werden. Das Wissen des Unternehmens oder der Verwaltung soll geschickt gemanagt werden und das organisatorische Gedächtnis von Erfolgen und Misserfolgen gepflegt werden.

Die Gefahr ist jedoch, dass dabei die offizielle Ziel- und Zwecksetzung »lernende Organisation« mit den realen Organisationsprozessen verwechselt wird. Der Konsens »wir wollen noch rationaler, intelligenter und lernfähiger werden« droht von der Frage abzulenken, was hinter der Diskussion über die lernende Organisationen eigentlich steckt. Der Zielkonsens »Lernen« blendet alles aus, was dem Nimbus von Rationalität, Intelligenz und Gedächtnis widerspricht.

Eine zentrale Einsicht der Organisationsforschung in den letzten Jahrzehnten ist gewesen, dass es wenig Sinn hat, Organisationen von ihren offiziellen Zwecken und Zielen her zu begreifen (vgl. Luhmann 1973). Dies ist erst einmal eine skandalös klingende Annahme, weil in jeder Unternehmung, in jeder Verwaltung und in jedem Verband Zwecke wie offensichtliche Grundannahmen behandelt werden. Kaum ein Mitarbeiter kann es wagen, an den offiziellen Ziel- und Zwecksetzungen zu zweifeln.

Im Folgenden möchte ich bezugnehmend auf diese Einsicht der Organisationsforschung die Perspektive auf das Leitbild der lernenden Organisation grundlegend umstellen. Es geht mir nicht mehr darum, die offiziellen, immer wieder zelebrierten Zwecke der lernenden Organisation zu beschreiben. Ich richte meine Perspektive vielmehr auf die versteckten, unterschwelligen Funktionen des Organisationsleitbilds. Es geht mir darum, die Wirkungen herauszuarbeiten, die von seinen Verfechtern in der Regel weder beabsichtigt noch wahrgenommen werden.[4] Meine Überlegung ist, dass die offiziellen Ziel- und Zwecksetzungen der lernenden Organisation zwar – wie gezeigt – problematisch sein mögen, es aber vielleicht dennoch nur schwer sichtbare Funktionen gibt, die dem Konzept einen tiefer liegenden Sinn verleihen.

Bei der Betrachtung von sozialen Phänomenen wie Religiosität, Magie oder Kriminalität hat sich eine solche Herangehensweise bewährt. Was ihre offiziellen Zwecke angeht, könnte in der modernen Gesellschaft auf alle drei verzichtet werden: Religion gleicht im durchrationalisierten Zeitalter der Moderne immer mehr einem Aberglauben. Die Magie überlässt man lieber den wenigen verbliebenen Eingeborenen, Kriminalität bringt für das Opfer ebenso wie für den gestellten Täter lediglich Unannehmlichkeiten mit sich. Unter dem Aspekt der verdeckten Funktionen haben jedoch Religion, Magie und Kriminalität sehr wohl einen Sinn – sie halten die Gesellschaft zusammen. Jemand, der in die Kirche, die Moschee oder die Synagoge geht, hat sicherlich nicht das Ziel, die sozialen Bande seiner Gemeinschaft zu stärken – erfüllt aber genau diese Funktion. Der Regentanz eines Zauberes produziert eher selten Regen, dafür aber ungewollt einen sozialen Zusammenhalt im Dorf. Jemand, der einer alten Oma die Handtasche klaut, hat normalerweise nicht das Ziel, die gesellschaftlichen Vorstellungen von erlaubtem und unerlaubtem Verhalten zu bestätigen – trägt aber mit seiner Tat zu deren Verstärkung und damit auch zur Stabilität in der Gesellschaft bei.

Mit dem Leitbild der lernenden Organisation, so meine These, verhält es sich ähnlich, auch hier gibt es einen Regenmacher-Effekt. Wenn nur der offizielle Zweck dieses Managementkonzepts betrachtet wird, könnte dieses Leitbild angesichts der vielfältigen Dilemmata des Organisationswandels getrost begraben werden. Es gibt keine eindeutigen, objektiven Kriterien für »guten« oder »falschen« Organisationswandel. Es bleibt lediglich ein relativ schwacher Wunschtraum. Aber ähnlich wie die Religiosität, Magie und Kriminalität in der Gesellschaft erfüllt das Konzept der lernenden Organisation ein wichtige, nicht sofort erkennbare Funktion. Sie motiviert zum Ausprobieren neuer Handlungen, auch wenn gar nicht sicher ist, ob diese Handlungen für die Organisation wirklich besser sind.

Hintergrund dafür ist, so zeige ich im ersten Teil des Kapitels, dass die Entscheidungen für den Organisationswandel immer heikler und prekärer werden. Es gibt kaum noch eindeutige Kriterien dafür, ob eine Veränderung zum Erfolg führt oder nicht. Die Folgen und Nebenfolgen einer Maßnahme sind im Vorfeld kaum noch abzuschätzen. Das zentrale Problem dabei ist, dass Organisationen ohne überzeugende Erfolgswahrscheinlichkeiten anfangen, anstehende Entscheidungen und Handlungen zu verzögern. Wenn unklar ist, ob eine Entscheidung gut oder schlecht ist, wenn unklar ist, ob sie die erhofften Wirkungen erzielt oder nicht, gibt es die Tendenz in Organisationen, zu solchen Entscheidungen zu greifen, die sich in früheren Situationen bewährt haben.

Angesichts dieser Situation, so die Argumentation im zweiten Teil des Kapitels, kann es für Organisationen lebensnotwendig sein, Mechanismen zu entwickeln, die den Eindruck vermitteln, dass neue Handlungen – Wandel und Veränderungen – besonders sinnvoll sind. Auch wenn es keine objektiven Erfolgswahrscheinlichkeiten für solche Handlungen gibt, kann es für die Organisation sehr wohl wichtig sein, angesichts gestiegener Entscheidungsunsicherheiten an das Konzept der lernenden Organisation zu glauben. Die Konzeptionen der lernenden Organisation, der wissensbasierten Firma oder der evolutionären Unternehmung sind Versuche, eine solche neue Form rationaler Organisation aufzubauen.

Das Interessante ist, dass diese Gleichzeitigkeit von Stabilität und Veränderung nur durch eine intelligente Form des Selbstbetruges erkauft werden kann. Das Modell der lernenden Organisation initiiert nicht rationale Formen des Lernens, Wandels und Entscheidens. Vielmehr wird unter der Bedingung hoher Entscheidungsunsicherheit für neue, unbekannte Handlungsalternativen geworben. Interessant ist, dass die Plädoyers für Veränderung und Wandel auf der Ausblendung des Risikos von Veränderungsmaßnahmen basieren. Gerade die lernende Unternehmung – die ja als intelligentere Form der Organisation präsentiert wird – weist einen hohen Grad von Irrationalität, Ignoranz und Vergesslichkeit auf.[5]

Der Blick auf die versteckten Funktionen lässt auch die Probleme der lernenden Organisationen in einem anderen Licht erscheinen. Im dritten Teil des Kapitels zeige ich, dass das Risiko darin besteht, dass die lernende Organisation Opfer ihrer eigenen Irrationalitäten, Ignoranzen und Vergesslichkeiten wird. Es besteht die Gefahr, dass die im vorigen Kapitel beschriebenen unerwünschten Nebenfolgen der Prinzipien »guten« Organisationswandels unbemerkt anwachsen und die lernende Organisation trotz neuen Handlungsbedarfs in ihrem Verhaltensmuster verharrt.

1. Die Kunst, unsicheres Wissen wie sicheres zu behandeln

Es ist sehr einfach, von den Unternehmen zu fordern, die »richtigen Dinge zu tun« und die »Dinge richtig zu tun«. Aber woher soll eine Managerin wissen, was die »richtigen Dinge« sind und wie sie die »Dinge richtig tun soll«? Woher kann ein Mitarbeiter die Gewissheit nehmen, dass eine Entscheidung jetzt »richtig« ist?

Unsicherheit – die Voraussetzung für Entscheidungen

Es mag für manche Entscheider auf den ersten Blick frustrierend sein. Selbst wenn sie noch so viel lernen, noch so viele Informationen sammeln, noch so viele moderne Orakel kontaktieren, es gibt nie eine absolute Sicherheit darüber, ob eine Entscheidung sich als richtig oder falsch erweisen wird. Es kann sich immer herausstellen, dass eine Annahme nicht eintritt, eine Information sich als falsch entpuppt oder das Orakel sich mal wieder geirrt hat.

Auf den zweiten Blick ist die Frustration des Entscheiders unbegründet. Die Ungewissheit über »richtig« oder »falsch« ist das Merkmal einer jeden Entscheidung. Jede Entscheidung, jede Handlung, basiert letztlich auf Unsicherheit. Ohne Unsicherheit wäre gar keine Entscheidung oder Handlung nötig – ja gar möglich. Sprüche wie »Sicherheit statt Risiko« mögen sich als Wahlkampfmotto für konservative Parteien eignen, als pauschale Handlungsanweisungen für Organisationen ergeben sie wenig Sinn. Unsicherheit ist im Prinzip kein dysfunktionaler Zustand, der durch Sicherheit behoben werden muss, sondern Existenzbedingung eines jeden Entscheidens und Handelns.[6]

Das ist für die Entscheider gar nicht mal so schlecht: Wenn Unternehmen »objektive« Marktbedingungen jederzeit anhand allgemein akzeptierter ökonomischer Gesetzmäßigkeiten in Handeln umsetzen könnten, bräuchten sie kein unternehmerisches Entscheiden mehr, weil das richtige Handeln quasi automatisch aus den objektiven Gesetzmäßigkeiten und objektiven Marktbedingungen resultierte. Wenn der Markt eindeutige Signale sendete und es eindeutige Vorstellungen über die richtige Organisation gäbe, würde man keine Unternehmer brauchen. Der Manager wäre nichts weiter als eine Marionette der Marktgesetze und sich wandelnder Umweltbedingungen. Vermutlich würden sich die Unternehmen auch nicht groß voneinander unterscheiden. Marionetten bewegen sich nämlich sehr ähnlich.

Wenn an der Börse nicht jede Kauf- und Verkaufsentscheidung auf Unsicherheit basierte, wäre dieser Tempel des Kapitalismus überflüssig. Alle Entscheider würden – nach den entsprechenden Lern- und Rechenprozessen – auf die »richtige« Aktie setzen. Ergebnis wäre dann, dass keine Marktbewegungen mehr stattfänden, eben weil ja alle zu den »richtigen« Aktien griffen. Wenn Anleger glauben, dass sie durch ausgefeilte Lern- und Rechenprozesse zu sicheren Entscheidungen kommen können, erleben sie häufig böse Überraschungen. Dies mussten nicht zuletzt die Großanleger des Long Term Capital Management Fonds erleben. Die Fondsmanager, eine erlesene Gruppe von Wirtschaftsnobelpreisträgern und Mathematikern, meinten eine sichere Formel zur Geldvermehrung im Derivatengeschäft gefunden zu haben. Spätestens als sie mit ihren Verlusten nicht nur den Fonds, sondern auch den gesamten internationalen Finanzmarkt an den Rande eines Kollaps getrieben hatten, mussten sie erkennen, dass sie es nicht mit dem »Errechnen von Profiten«, sondern mit »Entscheidungen unter Unsicherheiten« zu tun haben.

Ähnlich verhält es sich mit Produktinnovation. Wenn es eindeutig wäre, welche Produktinnovation für ein Unternehmen in einer konkreten Situation angesagt ist, wäre kein Innovationsmanager, keine Produktentwicklung und keine Forschungsabteilung mehr nötig. Das als richtig Erkannte müsste nur implementiert und eingeführt werden. Es würde ausreichen, den Konstrukteuren die Innovation vorzusetzen und darauf zu warten, dass diese sie realisieren.[7]

Wenn man eine Sache sowieso nicht anders machen kann, so die Konsequenz, dann braucht man auch keine Entscheidung zu treffen und keine Handlung vorzunehmen. Ohne Unsicherheit wären Organisationen und Entscheidungsträger überflüssig. Geschickt kombinierte Maschinen und Computer würden genügen. Es würde ausreichen, dass man sich an den »Rei-Bach« setzt und darauf wartet, dass die Kohle vorbeifließt.[8]

Letztlich, so der Kybernetiker Heinz von Foerster, haben wir es in Entscheidungssituationen immer mit einem grundlegenden Paradox zu tun. Es sind nur die Fragen zu entscheiden, die letztlich nicht entschieden werden können. Alles andere ist eine Sache von mehr oder minder komplizierten Berechnungen. Entscheidungen sind deswegen immer persönliche Stellungnahmen in Situationen von Unbestimmtheit, Unbestimmbarkeit und logischer Unentscheidbarkeit. Das Management entscheidet subjektiv über Marktstrategien, weil es keine unmittelbar aus den Marktgesetzen ableitbaren Strategien gibt. Man stochert im Sumpf möglicher innovativer Produkte, ohne eigentlich genau zu wissen, was man sucht.

Diese Annahme stellt sicherlich die bewährten Mechanismen rationaler Entscheidungsfindung grundlegend in Frage, ist aber unter dem Gesichtspunkt der Arbeitsplatzsicherung für das Management eher beruhigend: Die logische Unentscheidbarkeit von Entscheidungen stellt überhaupt erst die Daseinsberechtigung von Managern dar.

Überspitzt ausgedrückt: Wenn in einer Organisation keine Notwendigkeit für Entscheidungen zwischen ähnlich attraktiven Möglichkeiten bestände, bräuchte man keinen Entscheider. Wenn es in einer Organisation keine widersprüchlichen Situationen, keine uneindeuti-

gen Entscheidungssituationen gäbe, bräuchte diese keine Führungskräfte, weil lediglich die bestehenden Routinen fortgesetzt werden
könnte. Wenn die Umstände völlig gleich wären, keine konkurrierenden Ziele existierten und es keine verschiedenen Wege zum Ziel gebe,
hätte Führung den Anschein von Naturgesetzlichkeit und wäre eigentlich unnötig (Barnard 1938: 21). Das ganze Management könnte beruhigt an die Fließbänder, die Theken der Schnellimbissketten oder in
den Zimmerservice von Nobelhotels versetzt zu werden und bräuchte
dort nur noch die sowieso anstehenden Handlungen auszuführen. Die
hohen Gehälter der Manager sind vermutlich auch als Schmerzensgeld
dafür anzusehen, dass sie sich diesem Paradox der Entscheidung zum
Wohle des Kapitalgebers jeden Morgen wieder zu stellen haben.

Das Zögern, etwas Neues auszuprobieren

Weil Handlungen immer auf Unsicherheiten hinweisen, deutet hohe
Unsicherheit immer auch auf gestiegene Handlungsmöglichkeiten für
Unternehmen hin. Je unsicherer das Umfeld, desto mehr und unter-
schiedlichere Handlungen sind letztlich möglich, desto größer sind die
Entscheidungsmöglichkeiten in einer Organisation. Je höher die Unsicherheit, desto mehr Gestaltungs- und Entscheidungsmöglichkeiten
gibt es für die Mitarbeiter.

Das zentrale Problem ist jedoch, dass Mitarbeiter von Organisationen in Zeiten hoher Unsicherheit anfangen zu zögern. Mehrdeutigkei-
ten sind aufregend, so aufregend, dass die Organisation droht, keinen
Handgriff mehr zu tun. Paradoxien und Dilemmata – letztlich Unsicherheit in der Form zweier jeweils sinnvoller, aber gegensätzlicher Alternativen – können ein sicheres Rezept sein, um eine Organisation zur
Entscheidungslosigkeit und Handlungsunfähigkeit zu führen. Die verzweifelten Rufe nach »richtigen Entscheidern«, »Unternehmern im
Unternehmen«, »wirklichen Führern« oder »vielen kleinen Jürgen
Schrempps« sind die Reaktion auf dieses Zögern unter Unsicherheit. Es
wird sehnsüchtig die Managerin und der Manager herbeigewünscht,
die auch unter Unsicherheit den Mut zur Entscheidung haben.

Das Problem des Zögerns unter Bedingungen hoher Unsicherheit zeigt sich nicht nur bei Produktions- und Dienstleistungsunternehmen, sondern auch bei den Unternehmen, die sich auf die Beratung und Erforschung von Organisationen konzentrieren. So wurde dieses Problem in einem britischen Beratungs- und Forschungsinstitut deutlich, das nach dem Abschluss eines Großprojektes keinen Folgeauftrag mehr bekam. Der lange Zeit lukrative Markt der Einführung von Teamwork in Verwaltungen schien plötzlich gesättigt. Diese Verunsicherung führte zu einer weitgehenden Blockierung in diesem Institut. Es war völlig unklar, mit welchen Produkten und auf welche Weise man sich überhaupt noch an potenzielle Kunden wenden könnte. Verschiedene Vorschläge wurden jeweils mit dem Verweis auf die Risiken gestoppt. Statt jedoch einfach verschiedene Strategien auszuprobieren, blockierte sich das Institut durch Diskussions- und Reflexionsschleifen selbst. Angesichts dieser Blockade schien irgendwann das Versenden von »einigermaßen sinnvoll bedrucktem Toilettenpapier« sinnvoller als das Verharren in weiteren Diskussionsprozessen.

In Situationen gesteigerter Unsicherheit halten sich die Organisationen häufig an das, was sich schon immer bewährt hat. Gerade in Zeiten großer Verunsicherung scheint es eine deutliche Tendenz zu geben, sich auf erprobte Routinen zu konzentrieren. Man bringt alte, bewährte Entscheidungen in Erinnerung und wendet sie auf die anstehende Problemsituation an. Man behält die bekannte Funktionsweise bei und beschränkt sich auf kleine schrittweise Verbesserungen. Man weiß zwar auch nicht, ob diese Routinen noch Erfolg haben werden, aber man weiß wenigstens, dass der Prozess einigermaßen beherrscht wird.

Die Reaktionsmuster sind aus vielen Unternehmen bekannt. Ein plötzlicher Markteinbruch führt in der Firma zu Verunsicherungen. Diese reagiert auf die Krise nicht mit Innovation, sondern mit Zögern. Statt die gewachsene Unsicherheit als Chance zu begreifen, ungewohnte Entscheidungen zu fällen, setzen viele Unternehmen darauf, ihre normalen, bewährten Routinen zu verfeinern. Mit ausgefeilten Kostensenkungsprogrammen wird versucht, die Effizienz der gewohnten Vorgehensweise noch weiter zu stärken und sie auf diese Weise zu erhalten.

Die Logik des »Widerstandes«

Auch das als Widerstand wahrgenommene Sträuben der Mitarbeiter gegen Veränderungen lässt sich auf das Zögern in Zeiten hoher Unsicherheit zurückführen. So wird bei hoher Unsicherheit im Veränderungsprozess mit Sätzen wie »Never change a running system«, »Das haben wir schon immer so gemacht« und »So läuft das hier« die Stärke des bestehenden Systems ins Feld geführt.[9] Die etablierten Routinen und Rituale werden den Risiken einer Veränderung unter Unsicherheit gegenübergestellt. Ein Veränderungsvorschlag wird mit negativen Erfahrungen in der Vergangenheit oder in anderen Unternehmen torpediert: »Das haben wir schon einmal probiert und es ist ziemlich in die Binsen gegangen.« »Unsere Niederlassung in Berlin ist mit einem ähnlichen Programm ziemlich auf die Schnauze gefallen.«

Viele Veränderungsmaßnahmen werden mit dem Verweis darauf unterlaufen, dass sie derzeit nicht praktikabel seien. Vorschläge werden als graue Theorie bezeichnet, die vielleicht abstrakt formuliert überzeugend aussähen, aber leider in der Praxis noch nicht machbar, bezahlbar oder durchsetzbar wären. Initiativen werden in die Zukunft verschoben: »Vielleicht später, wir kommen darauf noch einmal zurück.« »Gute Idee, aber leider ist die Zeit dafür noch nicht reif.« »Schöner Vorschlag, aber es passt jetzt noch nicht in unsere Unternehmenskultur.«

Veränderungsvorschläge werden häufig auch mit Rückzug auf die Meinung von »Experten« verzögert, wohl wissend, dass jeder Vorschlag, der nur lange genug diskutiert wird, irgendwann in einer der berühmten Schubladen landet. Man verweist darauf, dass das Vorhaben juristisch noch nicht abgesichert oder in seiner ganzen Tragweite noch nicht einzuschätzen sei. Man schiebt Veränderungsprojekte in die Randbereiche des Unternehmens ab. Dorthin, wo sie am wenigsten ausrichten können. Ambitioniert begonnene Veränderungsmaßnahmen enden so in Ausbildungsmappen, Schulungsprogrammen und juristischen Streitereien. Die häufig allergischen Reaktionen von Führungskräften gegen diese Form des »Widerstandes« erklärt sich daraus, dass hinter den Einwänden eine tiefere Logik steckt. Man kann eigentlich nicht wissen, ob das Neue besser als das Alte ist. Wegen des Paradoxes der Unentscheidbarkeit von Entscheidungen gibt es keine endgültige Möglichkeit, zu bestimmen, ob eine Veränderung sinnvoll sein wird oder nicht. Jede Verweigerung von Veränderung, jede Beharrungsstrategie kann sich letztlich auf diese Logik zurückziehen.

Führungskräfte, die zunehmend auch für Veränderungsprozesse bezahlt werden, sehen sich mit einer schwierigen Situation konfrontiert. Weil man kaum noch die Effizienz, den Erfolg einer Maßnahme beurteilen kann, droht in Organisationen jeder Veränderungsvorschlag mit dem Hinweis auf den ungeklärten Nutzen der angedachten Maßnahmen boykottiert zu werden. Weil man nicht wissen kann, ob die Innovation Erfolg haben wird, ist die Durchsetzung von Innovationen hoch sensibel.

Der Teufelskreis unsicherer Entscheidungen

Für Unternehmen entsteht aufgrund der wahrgenommenen wachsenden Unsicherheit eine verflixte Situation. Auf der einen Seite nehmen durch die wachsende Unsicherheit Entscheidungs- und Handlungsmöglichkeiten, aber auch -erfordernisse zu. Auf der anderen Seite führt die wachsende Unsicherheit dazu, dass die »Richtigkeit« einer Entscheidung immer fragwürdiger wird. Die Notwendigkeit für ständig neue Entscheidungen und Handlungen wird immer größer. Gleichzeitig wird die Basis, auf der diese Entscheidungen getroffen und Handlungen durchgeführt werden, immer unsicherer.

Es wird immer mehr die zentrale Überlebensfrage, wie es Organisationen gelingen kann, unter diesen unsicheren Bedingungen zu neuen Handlungen zu finden.[10] Die Frage, wie man die Mitglieder einer Organisation zum Erproben neuer Handlungen motivieren kann, selbst

wenn es keine eindeutigen Kriterien für deren Erfolgswahrscheinlich-
keit gibt, rückt in den Vordergrund. Es geht um eine Lösung für das
schon vor 200 Jahren vom Physiker und Schriftsteller Georg Christoph Lichtenberg aufgeworfene, sich in der heutigen Zeit aber ver-
schärfende Problem: Wenn etwas besser werden soll, muss man etwas
Neues machen. Wenn man aber etwas Neues macht, kann man nie sicher sein, ob es auch besser wird. Wie lässt sich dieser Teufelskreis
durchbrechen? Welche Rolle spielt die lernende Organisation bei der
Durchbrechung dieses Teufelskreises?

2. Das Konzept der lernenden Organisation – organisierte Selbstberuhigung des Unternehmens

Die zentrale Herausforderung für Unternehmen im Zeitalter globalen
Wettbewerbs ist es, so zu handeln, dass man auch bei hoher Unklarheit
über Erfolge und Misserfolge den Mut aufbringt, sich auf das Abenteuer einer Veränderung einzulassen. Dafür muss der Teufelskreis zwischen zunehmenden Handlungsmöglichkeiten und -notwendigkeiten
auf der einen Seite und wachsenden Unsicherheiten über die Richtigkeit von Entscheidungen auf der anderen Seite durchbrochen werden.
   Es gibt eine effektive Möglichkeit, diesen Teufelskreis zu durchbrechen. Unternehmen müssen die Unsicherheit, die jeder Entscheidung
vorangeht, einfach sehr weitgehend ignorieren. Sie müssen etwas tun
und sich dann einreden, dass das Getane richtig und die Maßnahme
konsequent weiterzuverfolgen ist (vgl. Brunsson 1989). Die Kunst des
Organisierens besteht immer mehr darin, unsicheres Wissen wie sicheres
Wissen zu behandeln und so zu überzeugten und überzeugenden Handlungen zu kommen. Die Fähigkeit von Managern liegt zunehmend
darin, auch die Dinge, die eigentlich bezweifelt werden, als gesichert zu
betrachten. Es geht darum, Rationalität und Schlüssigkeit einzuführen,
wo vorher Ungewissheit herrschte (vgl. Weick 1985: 315, 341).
   Schon der Sozialpsychologe Leon Festinger (1957) hat darauf aufmerksam gemacht, wie notwendig solche Vorstellungen von Rationali-

tät und Schlüssigkeit für das »Wohlbefinden« von Mensch und Organisation sind. Er wies darauf hin, dass der Mensch in Entscheidungssituationen mit massiver Verunsicherung konfrontiert wird: Soll ich den Ernst Müller jetzt wirklich heiraten? Wäre das Korbsofa im Landhausstil nicht doch besser als das Ledersofa von Rolf Benz? Sollte ich den zukünftigen Mitarbeiter Bruno Schröder vielleicht doch nicht einstellen? Sollte sich die Organisation vielleicht doch nicht verändern? Der Entscheider giert in solchen Situationen nach Versicherungen.

Bei der Hochzeit, beim Sofakauf und bei Einstellungen lassen sich diese Verunsicherungen relativ leicht reduzieren. Man lässt sich von Freunden einreden, wie gut doch die Wahl des Ehemannes gewesen ist. In dem Prospekt zum Rolf-Benz-Ledersofa wird einem zum Kauf dieses Qualitätsproduktes gratuliert und darauf verwiesen, dass man zu dem Preis wirklich nichts Besseres bekommen haben könnte. Man bezahlt eine Psychologin dafür, dass sie mit zahlreichen Tests die Eignung des Mitarbeiters Schröders belegen kann.

Bei den Fragen »Wandel der Organisation – ja oder nein?« und »Wandel, wenn ja, wie?« lässt sich die Verunsicherung nicht ganz so leicht beheben. In der Regel reichen die Beteuerungen einer guten Freundin, die beruhigende Aussage eines Werbeprospekts oder der Test einer Psychologin nicht aus. Vielmehr bedarf es eines umfassenden Leitbildes, das einem in dieser Situation der Unsicherheit die Versicherung bietet, dass Wandel genau das Richtige ist. Es Bedarf in Organisationen flexibler Rationalitätsmythen – ein lediglich nicht ganz so gut klingendes Synonym für Leitbild –, um die Veränderungsprozesse gegen ein Übermaß an Unsicherheit in Bezug auf das »Ob« und das »Wie« abzuschotten. Es werden kaum zu hinterfragende Vorstellungen von Wandel gebildet, um die unter Unsicherheit stattfindenden Veränderungen in Organisationen abzustützen.

Vergötterung des Wandels

Meine These ist, dass durch die Leitbilder der lernenden Organisation, der wissensbasierten Firma oder der evolutionären Unternehmung als

»neuem besten Weg der Organisation« solche Rationalitätsmythen produziert werden. Diese Leitbilder stützen Veränderungen ab. Sie gewährleisten eine organisierte Selbstberuhigung in unruhigen Zeiten. Die nur schwer zu kritisierenden Konzepte der lernenden Organisation oder der wissensbasierten Firma – wer will schon gegen Lernen und Wissen sein? – ermöglichen es, unter wachsender Unsicherheit zum Experimentieren mit neuen Handlungen zu motivieren.

Dafür ist es notwendig, dass das Ziel »Wandel« und die »guten« Prinzipien des Wandels verabsolutiert werden. Mitarbeiter werden auf Kongresse zum Thema »organisatorisches Lernen« geschickt. Es werden teure Studien in Auftrag gegeben, um die Lernfortschritte im Unternehmen zu dokumentieren. Berater werden als Handelsvertreter für das Konzept der lernenden Organisation durch das Unternehmen gejagt. In Hochglanzbroschüren werden Prinzipien wie das Lernen von Kunden, Wettbewerbern und Lieferanten, kontinuierliche Verbesserungen in der Organisation, permanente Kommunikation, Projektmanagement, Schulungsmaßnahmen, permanentes Feedback als zentrale Faktoren des Erfolgs gepredigt – alles um deutlich zu machen, wie wichtig Veränderung ist.

Lernende Organisation reduziert Konflikte über den Zweck von Wandel

Dadurch, dass Wandel zum Unternehmensziel wird, werden Konflikte über das »Ob« des Wandels reduziert. Die Spielräume für Proteste und Widerstände gegen Veränderungen werden durch die Vergötterung des Wandels und des Lernens eingeengt. Die Alternative des Nichtwandels wird in ihrem Wert herabgemindert.[11]

Das Postulat der lernenden, wandlungsfähigen Organisation raubt Mitarbeitern die Möglichkeit, per se gegen Veränderungen zu sein: Wir können uns doch dem Lernen der Organisation nicht verschließen, sonst wären wir gar keine lernende Organisation. Wir können uns nicht dem Wandel verweigern, sonst wäre der Wandel doch nicht »das einzige Stabile in unserem Unternehmen«.

Wir müssen nur die Empörung des Managements gegenüber Sprüchen wie »das klappt sowieso nicht« oder »das haben wir noch nie so gemacht« betrachten, um diesen Prozess zu verstehen. In einer Zeit der Glorifizierung des Organisationswandels und Organisationslernens führen solche Verweigerungen fast schon zur Kündigung. Dass Mitarbeiter und Mitarbeiterinnen wegen dieser Haltung auch eine wichtige Funktion für die Stabilisierung und Identitätserhaltung des Systems haben können, spielt dann keine Rolle mehr. Für die Promotoren des Organisationswandels ist die Vorstellung von Wandel rational. Die Propagierung der lernenden Organisation als bester Form der Organisation ist auch insofern hilfreich, als sie es ermöglicht, bei einem Misserfolg von Veränderungsmaßnahmen nachfolgende Sanktionen und Bestrafungen abzuwehren. Sie kann darauf verweisen, dass sie in ihren Versuchen nur den Kriterien des Leitbildes der lernenden Organisation gefolgt ist. Deswegen ist der Misserfolg zwar bedauerlich, aber letztlich unvermeidbare Konsequenz des allerseits geteilten Leitbildes.

Die lernende Organisation – Fokussierung und Orientierung im Wandel

Eine weitere Funktion des Konzeptes der lernenden Organisation ist es, die Auseinandersetzung über das »Wie« des Wandels zu reduzieren und das Unternehmen im Wandel zu orientieren. Der Glaube an die »guten« Regeln des Organisationswandels gibt den Mitarbeitern in Unternehmen das Gefühl, auf dem richtigen Weg zu sein. Es hilft, den Veränderungsprozess zu fokussieren.

Diese Vorstellungen von rationalen Regeln des Organisationswandels dienen dazu, dass Veränderungsprozesse mit relativ geringem Aufwand untereinander abgestimmt werden können. Es gibt eben einen weitgehend akzeptierten »rationalen« Grundkonsens, wie Wandel vonstatten zu gehen hat. Dieser befreit das Unternehmen davon, sich permanent über grundsätzliche Interessensgegensätze in Bezug auf das »Wie« des Wandels zu verständigen.

Prinzipien »guten« Organisationswandels	Kurzfristige Steigerung der Wandlungsfähigkeit durch ...
Klare Ziele und Visionen für Veränderungsprozesse	... Ausrichtung der Mitarbeiter auf ein definiertes Veränderungsziel
Identifikation der Mitarbeiter mit Produkten und Prozessen	... Mobilisierung für genau bestimmte Produkte und Prozesse
Mensch steht im Mittelpunkt des Unternehmens	... Aktivierung durch Fremdperspektiven
Kommunikation, Kommunikation, Kommunikation	... umfassende Beteiligung der Mitarbeiter und Aufhebung von Kommunikationssperren
Selbstorganisation	... Übertragung von Handlungsmöglichkeiten auf dezentrale Einheiten
Bereithalten von überschüssigen Ressourcen für Veränderungen	... Bereithaltung überschüssiger Ressourcen
Lernen	... Etablierung eines kurzfristigen »erfolgreichen« Wandlungsprozesses

Abbildung 18: Fokussierung durch die Prinzipien »guten« Organisationswandels

Der rationale Anschein, der durch das Konzept der lernenden Organisation vermittelt wird, erzeugt den Eindruck, dass die Entscheidungen für Veränderungen nicht aufgrund persönlicher Interessen oder reiner Willkür getroffen werden, sondern letztlich aus geteilten Grundprämissen abgeleitet werden können. In diesem Vertrauen liegt die beruhigende Funktion von den Vorstellungen eines »guten« Organisationswandels.

Die heimliche Funktion von Methoden und Rezepten des Wandels

Diese These besagt, dass auch die vielen auf Wandel ausgerichteten Managementmethoden und -rezepte eine Funktion erfüllen, die jenseits der offiziellen Ziel- und Zwecksetzungen liegt. Offiziell sollen diese Methoden und Rezepte Möglichkeiten für gute Organisationsgestaltungen aufzeigen. Die versteckte Funktion dieser Moden, Rezepte und Beratungen ist es jedoch, in Situationen großer Verunsicherung selbstverständlich erscheinende Vereinfachungen einzuführen und so die Mitglieder für neue, bis dahin unerprobte Handlung zu begeistern.

Beispiel Benchmarking: Es ist unwahrscheinlich, dass ein Konkurrenzunternehmen exakte, objektive Preise für die Produktionskosten herausgibt – vermutlich verfügt es selbst nur über Annäherungswerte. Trotzdem kann es für eine Organisation funktional sein, herauszubekommen, dass die Konkurrenz billiger produziert. Ob dies stimmt oder nicht, ist zweitrangig. Wichtig ist lediglich das Ergebnis, nämlich Rationalisierungsreserven im eigenen Unternehmen freigesetzt zu haben. Die Funktion des Benchmarkings ist erfüllt, wenn es als »Benchmarketing« für Rationalisierungs- und Einsparungsstrategien wirkt.

Beispiel Qualitätsnormen: Die Qualitätsnormen ISO 9000ff sagen nicht, dass ein Produkt eine genau definierte Qualität hat, sondern dass die Organisation über ein dickes Prozedurenhandbuch zur Qualitätssicherung verfügt. Trotzdem ist es für ein Unternehmen funktional, die etlichen Zehntausende oder gar Hunderttausende von Euro für eine Zertifizierung auszugeben. Über den Stempel ISO 9000 kann den Mitarbeitern und Kunden eingeredet werden, dass Qualität eine wichtige Rolle spielt.

Beispiel Gemeinkostenwertanalyse: Auch die berüchtigten Gemeinkostenwertanalysen à la McKinsey sind ein ähnlicher Trick zu Selbstsuggestion. Innerhalb kürzester Zeit müssen Führungskräfte eine Aufstellung vorlegen, für welche Leistungen die Arbeitskraft der Mitarbeiter eingesetzt wird. Anhand dieser Aufstellungen sollen dann Ideen für Einsparungen erstellt werden. Es ist relativ zweitrangig, was bei diesen Studien herauskommt, wichtig ist nur, dass objektiv erscheinende Zahlen produziert werden, die dazu dienen, Prozesse im Unternehmen auszulösen. So wird häufig auch nicht genau das gemacht, was in der Studie vorgeschlagen wird, sondern der Verweis auf die (häufig ungelesenen) Studien oder auf McKinsey reicht aus, Veränderungen in Gang setzen zu können.

Funktion all dieser Maßnahmen – ISO 9000ff, Benchmarking, Gemeinkostenwertanalyse – ist es, durch den Anschein von Rationalität trotz gegebener Unsicherheit Handlungen auszulösen. Von dieser Perspektive aus kann es sehr wohl eine sinnvolle Strategie des Managements sein, die Preise, die für die Erstellung der ISO-9000ff-Handbücher, der Benchmarking-Studien oder der McKinsey-Gutachten bezahlt werden, bewusst hochzusetzen. Ein hoher Preis für die Erstellung der einzelnen Studien kann bei den Organisationsmitgliedern die Akzeptanz für die Rationalität der Maßnahmen erhöhen: »Wenn schon 500 000,- Dollar für die Studie ausgegeben wurden, dann kann diese ja nicht völlig an den Haaren herbeigezogen sein.« »Wenn eine McKinsey-Beraterin schon dreitausend Euro pro Tag kostet, dann müssen ihre Empfehlungen im Gutachten doch einigermaßen sinnvoll sein.« Man folgt dem Motto des Dichters und Malers Wilhelm Busch »Es steigt bei näherer Betrachtung / mit dem Preise gleich die Achtung.«

Zusammenfassend: Die prinzipiellen Stärken des Konzeptes der lernenden Organisation sind nicht die vielen kleinen Methoden, mit denen Lernprozesse im Unternehmen angestoßen werden, sondern die Tatsache, dass durch das Konzept der lernenden Organisation »Lernen« und »Wandel« als Unternehmensziele verabsolutiert werden. Das zentrale Element im Konzept der lernenden Organisation ist die tendenzielle »Vergötterung« des Wandels und der dadurch möglichen Veränderung trotz der Entscheidungsunsicherheit.

Die nützliche Irrationalität, Ignoranz und Vergesslichkeit der lernenden Organisation

Die bisherige Argumentation führt zu einem spannenden Ergebnis: Die Stärke des Leitbildes der lernenden Organisation basiert nicht darauf, dass besonders rationale Entscheidungsprozesse entstehen, sondern vielmehr darin – und hier liegt das eigentliche Paradox –, dass erhebliche Irrationalität, Ignoranz und Vergesslichkeit produziert werden, die auch unter Bedingungen hoher Unsicherheit Entscheidungen ermöglichen.

Durch das Managementkonzept der lernenden Organisation wird Nichtwissen erzeugt, das es erlaubt, sich mit Alternativen und Nebenfolgen von Veränderungen nicht auseinander setzen zu müssen. Die lernende Organisation ist die Weiterführung der bereits hoch entwickelten Kunst des Ignorierens. Ignoriert werden nicht mehr nur die potenziellen Nebenfolgen einer Unternehmensstruktur, sondern auch die Nebenfolgen der Veränderung an sich. Es werden nicht nur die Schattenseiten von Konzepten wie »Lean Management« oder »Business Process Reengineering« ausgeblendet, sondern die Problematik des Wandels schlechthin ignoriert.

Durch die an Wandel orientierten Rationalitätsmythen und vermeintlichen Regeln »guten« Organisationswandels wird eine »verbergende Hand« geschaffen, die Menschen im Ausprobieren neuer Handlungen leitet (vgl. Hirschman 1967). Gerade durch das positiv besetzte Leitbild der lernenden Organisation wird eine schützende Unwissenheit produziert. Sie ist geradezu eine Bedingung für neue Unternehmungen, weil sie drohende Schwierigkeiten verbirgt und so den nötigen Glauben an den Erfolg rettet.

Die Tatsache, dass lernende Organisationen ignorant sind und notwendigerweise auch zentrale Aspekte ihres Handelns und Erfahrungsschatzes vergessen, sollte auf keinen Fall als grundsätzliches Plädoyer gegen die lernende Organisation verstanden werden. Im Gegenteil: Die Etiketten »Irrationalität«, »Ignoranz« oder »Vergesslichkeit« werden häufig viel zu schnell im Sinne einer Diskriminierung und Disqualifizierung genutzt, ohne deren Nutzen zur Kenntnis zu nehmen.

Schon in der ersten Hälfte des zwanzigsten Jahrhunderts haben verschiedene Sozial- und Wirtschaftswissenschaftler darauf hingewiesen, dass Irrationalitäten, Ignoranzen und Vergesslichkeiten für das Funktionieren von Sozialsystemen von zentraler Bedeutung sein können. Ohne Illusionen würden Personen, Organisationen oder auch ganze Gesellschaften ins Wanken geraten, weil ihnen plötzlich der stabilisierende Grundkonsens entzogen würde. Irrationalitäten, Ignoranzen und Vergesslichkeiten erscheinen aus dieser Perspektive nicht mehr als passive, dysfunktionale Prozesse, sondern positiv als Voraussetzung vorhandener Strukturen und Beziehungen.[12] So hat der Historiker John Sawyer (1952) festgestellt, dass verschiedene große Eisenbahnprojekte in den Vereinigten Staaten von Amerika nur wegen einer groben Fehleinschätzung der Kosten überhaupt in Angriff genommen wurden. Wenn die Risiken von etlichen, am Ende höchst erfolgreichen Erschließungsprojekten ernsthaft geprüft worden wären, wären die meisten Projekte wohl schon in der Planungsphase versandet. Erst die Ignoranz der Geschäftsführer den tatsächlichen Risiken gegenüber führte dazu, dass diese Maßnahmen überhaupt durchgeführt wurden.

Ähnliches lässt sich bei einer Vielzahl von Entwicklungshilfeprojekten beobachten. Bevor ein Projekt genehmigt wird, muss sein Erfolg abgeschätzt werden. So wird den Geldgebern das Gefühl vermittelt, dass sich die Investition lohne. Da der politische, wirtschaftliche und soziale Kontext solcher Projekte jedoch häufig instabil ist, würde wohl kaum ein Projekt bei realistischer Risikoeinschätzung genehmigt werden. Die Wahrscheinlichkeit, dass die offiziell verkündeten Ziele nicht erreicht werden, wäre zu groß. Deswegen kann es für Entwicklungshilfeinstitutionen wie die Weltbank, das Ernährungsprogramm der Vereinten Nationen oder die Gesellschaft für Technische Zusammenarbeit sehr wohl opportun sein, die Projektprüfungskommissionen mit einem hohen Maß an Ignoranz auszustatten, um in afrikanischen oder asiatischen Ländern überhaupt Projekte wachsen zu lassen. Die Projekte erreichen dann zwar häufig nicht das Ziel, aber es besteht wenigstens noch die Hoffnung, dass durch den Einsatz von Geld und Personal ein anderer, ursprünglich gar nicht angestrebter Nutzen erreicht wird. Die Projekte scheitern, gemessen an der ursprünglichen Planung. Sie werden umgelenkt und umdefiniert und kommen idealerweise dann doch noch zu einem – zunächst ungewollten – Erfolg.[13]

Auch viele Produktentwicklungen in Unternehmen sind durch ähnlich nützliche Formen von Ignoranz, Irrationalität und Vergesslichkeit gekennzeichnet. Häufig kann man in Unternehmen das Phänomen beobachten, dass der Vorstand oder die Geschäftsführung sich mit Entscheidungen über »Peanuts-Beträge« relativ lange aufhält, größere Summen dann aber ohne längere Diskussionen einfach durchwinkt. Manchmal kann man sich nicht des Eindrucks erwehren, dass die Länge der aufgewandten Diskussionszeit sich umgekehrt proportional zur Höhe der Investitionssumme verhält. Dieses auf den ersten Blick irrationale Verhalten hat jedoch den versteckten Nutzen, dass riskante Produktentwicklungen überhaupt in Angriff genommen werden. Eine zu genaue Prüfung im Vorfelde hätte wohl eine ganz Anzahl heute erfolgreicher Produktentwicklungen verhindert.

Bezogen auf die lernende Organisation heißt dies Folgendes: Gerade die Tatsache, dass in der lernenden Organisation Prinzipien des Wandels verabsolutiert werden, ermöglicht es der Organisation, die Risiken des Wandels und der Veränderung auszublenden.

Dabei kann man sogar vermuten, dass die lernende Organisation eher neue Handlungen hervorbringt, als es die Aufforderung des Managements, unter Unsicherheit Neues auszuprobieren und zu experimentieren, je könnte. Schon der Organisationsforscher Peter M. Blau (1955: 81) hat darauf hingewiesen, dass unter der Bedingung von Unsicherheit neue Verhaltensweisen eher durch versteckte Funktionen als durch offiziell propagierte Ziele hervorgebracht werden. Man kann sich jedenfalls den Widerstand gegen neue Handlungen vorstellen, wenn das Management verkündete, dass es auch nicht weiß, wo es hingeht, man aber die einzige Chance im Experimentieren und Ausprobieren sähe.

Die Logik des »Tue irgendetwas«

Die Konzepte der lernenden Organisation, der wissensbasierten Firma oder des evolutionären Unternehmens bieten keine Sicherheit dafür, dass Wandel und Veränderung zum Erfolg führen. Aber sie zeigen den Reiz einer auf den ersten Blick irrationalen Handlungsweise: Handele selbst dann, wenn du der Richtigkeit, Folgen und Nebenwirkungen deiner Handlungen nicht sicher sein kannst. Es hat Sinn, die Frage »Was soll ich tun?« mit einem »Ich weiß auch nicht, tue irgendetwas« zu beantworten. Nicht zu wissen, wohin man geht, so Weick (1985: 349f) in Anlehnung an Alice im Wunderland, ist in Ordnung, solange man weiß, dass man irgendwohin geht. Früher oder später findet man schon heraus, wo dieses Irgendwo liegt und welchen Nutzen es bringt. Die Funktion der Irrationalität, Ignoranz und Vergesslichkeit der lernenden Organisation ist es, dass experimentierende Organisationen entstehen. Die existierenden Strukturen werden zum Problem erklärt und die Aufforderung ausgegeben, Neues auszuprobieren. Das Neue wird durch die Irrationalität, Ignoranz und Vergesslichkeit gegen zu schnelle Anfragen nach seiner Sinnhaftigkeit und seinem Erfolg geschützt. Verständliche und alltägliche Fragen wie »Rechnet sich das?«, »Passt das zu unserer Organisationsstruktur?«, »Was wird der Aufsichtsrat dazu sagen?« werden untersagt.

Häufig werden durch diese Logik zwar nicht die angestrebten Ziele erreicht, aber es entstehen nebenbei ganz neue interessante Möglichkeiten. Christoph Kolumbus erreichte niemals sein angestrebtes Ziel, den indischen Subkontinent, aber er konnte vermutlich mit der »Entdeckung« Amerikas ganz zufrieden sein. Dem amerikanischen Pharmakonzern Pfizer gelang es trotz hohen Forschungsaufwands nicht, ein effektives Mittel gegen Herzinfarkt zu entwickeln. Das bei der verzweifelten Suche nach dem Herzmittel abgefallene Nebenprodukt Viagra verkauft sich jedoch wegen seiner potenzsteigernden Wirkung so gut, dass sich die vergebliche Suche nach dem Herzmittel für Pfizer sicherlich gelohnt hat.

Überspitzt gesagt: Das Konzept der lernenden Organisation erfüllt für Unternehmen eine ähnliche Funktion wie die von Weick (1985: 372) beschriebenen Karibuknochen für den Stamm der Nsakpi-Indianer in Amerika. Um zu entscheiden, in welche Richtung sie für eine Jagd losziehen, halten diese einen Schulterknochen des Karibuelches über ein Feuer. Durch das Erhitzen entstehen Risse und Flecken, die nach einer Interpretation durch die Experten des Stammes die Richtung der Jagd festlegen. Die Risse und Flecken sind nach Überzeugung der Nsakpi Signale von Göttern, mit denen diese versuchen, auf die Jagdentscheidungen der Indianer Einfluss zu nehmen.

Sicherlich – die Annahme der Indianer, dass sie jetzt eine rationale Entscheidung getroffen haben, scheint aus modern aufgeklärter Sicht fragwürdig. Trotzdem ergibt das Handeln der Indianer Sinn: Die Entscheidung über die Jagdrichtung anhand der Karibuknochen motiviert den Stamm auszuziehen. Es gibt keine langen Diskussionen über die Richtung, sondern man ist sich sicher, die richtige Entscheidung getroffen zu haben. Aber neben der starken Motivation durch die scheinbar rationale Entscheidung sprechen noch andere Gründe für das Verfahren: Würde die Entscheidung durch die Resultate vorangegangener Jagden beeinflusst, könnte leicht der Wildbestand eines Bereiches so reduziert werden, dass dort auf absehbare Zeit keine Jagd mehr möglich wäre. Die Zufälligkeit der Entscheidung gewährleistet ferner, dass das Wild sich nicht auf Verhaltensmuster der Jäger einstellen und bestimmte Regionen zu Jagdzeiten systematisch meiden kann. Und auch wenn die Jagd irgendwann nicht erfolgreich gewesen ist, hat das Verfahren Sinn. Da die Entscheidung über die Jagdrichtung nicht von einer Person getroffen wurde, kann die Verantwortung für das Scheitern auf die Götter abgewälzt werden, die nur schwer mit negativen Sanktionen belegt werden können. Der Stamm muss sich nicht mit der zeitaufwändigen und sozial problematischen Frage nach der Schuld auseinander setzen.

Ganz ähnlich verhält es sich mit der lernenden Organisation. Genauso wie ein Karibuknochen vermittelt das Konzept der lernenden Organisation die Sicherheit, auf dem richtigen Weg zu sein. Sicher, die Wahrscheinlichkeit, dass man durch das Konzept der lernenden Organisation über längere Zeit erfolgreich am Markt agiert, ist ähnlich groß wie die, dass die Risse und Flecken die Nsakpi-Indianer zu den größten Herden führen. Aber genauso wie das Auswahlverfahren der Indianer diese dazu motiviert, schnell und entschieden zu handeln, so motiviert das Konzept der lernenden Organisation die Mitglieder eines Unternehmens dazu, sich vom Status quo zu trennen und auf das Abenteuer der Veränderung einzulassen.

3. Die Lernfalle – die lernende Organisation und die Krise

Der Blick auf die versteckten Funktionen des Managementkonzepts der lernenden Organisation ermöglicht auch einen neuen Blick auf die Gefahren dieser Selbstfestlegungen. Die Gefahr besteht darin, dass Organisationen durch ihre Ignoranzen, Irrationalitäten und Vergesslichkeiten keinen ungewohnten Blick auf ihre Veränderungsprozesse riskieren und sich so an den wechselnden Anforderungen der Umwelt vorbei bewegen.

Die Gefahr der blinden Flecken

Stabile Regeln des Organisationswandels erleichtern es, sich in einer hoch komplexen Umwelt zu bewegen. Aber durch diese stabilen Regeln werden die Handlungsmöglichkeiten in Organisationen erst einmal reduziert. Die Rationalitätsannahmen der lernenden Organisation ermöglichen unter Bedingungen hoher Unsicherheit zwar das Ausprobieren neuer Handlungen, zugleich führen sie aber zu riskanten Selbstfestlegungen der Organisation.

Ein Blick auf die blinden Flecken der sieben Prinzipien »guten« Organisationswandels macht dies deutlich: Eine Zielsetzung reduziert das, was in Organisationen vorstellbar ist. Eine Identifikation der Mitarbeiter mit Produkten, Prozessen, Unternehmensbereichen beschränkt das, was geändert werden kann. Die Ausblendung der Interessen aller Mitarbeiter ermöglicht es, die Organisation auf eine Richtung festzulegen. Der Verzicht auf Selbstbehinderung und Fettpolster reduziert den Handlungsspielraum von Organisationen. Erfolgreiches Lernen schreibt Strukturen fest.

Bei der Zuspitzung dieses Fokusses auf die blinden Flecken der lernenden Organisation kommt man zu einer provokanten Schlussfolgerung. Gerade die konsequente Verwirklichung der lernenden Organisation kann in eine organisatorische Katastrophe führen, weil die Prinzipien zwar kurzfristig Wandlungsfähigkeit produzieren, langfristig aber stabile Strukturen ausbilden. Die Strukturen, die Innovationen ermöglichen, sind dieselben, die andere Innovationen verhindern. Die Regeln, die die Kreativität in der Organisation ermöglichen sollen, sind dieselben, die auch die Kreativität einschränken. Die Strukturen, die Veränderungen schaffen sollten, verhindern wiederum den Wandel der Organisation.[14]

Prinzipien »guten« Organisationswandels	Nichtgewollte Nebenfolgen bei den Prinzipien
Klare Ziele und Visionen für Veränderungsprozesse	*Mangelnde Zielflexibilität bei veränderten Umfeldbedingungen*
Identifikation der Mitarbeiter mit Produkten und Prozessen	*Organisation büßt an Wandlungsfähigkeit ein, weil Prozesse versteift werden*
Mensch steht im Mittelpunkt des Unternehmens	*Überlastung mit Ansprüchen der verschiedenen Organisationsmitglieder*
Kommunikation, Kommunikation, Kommunikation	*Überlastung mit sprachlicher Kommunikation*
Selbstorganisation	*Orientierung an bestehenden Strukturen, die eigentlich überwunden werden sollen*
Bereithaltung von Ressourcen für Veränderungen	*Verschwendungen und Selbstbehinderung durch überschüssige Ressourcen*
Lernen	*Erfolgreiches Lernen schreibt Strukturen fest und behindert spätere Anpassungsprozesse*
✎ Die Prinzipien der lernenden Organisation	✎ *Die blinden Flecke der lernenden Organisation*

Abbildung 19: Nicht gewollte Nebenfolgen der Prinzipien »guten« Organisationswandels

Die Anwendung der Prinzipien der lernenden Organisation kann langfristig eine hoch riskante Unternehmung sein. Das Management kann sich keine klaren Ziele setzen, ohne dass es das Risiko eingeht, andere Chancen zu übersehen. Die Geschäftsführung kann nicht dafür sorgen, dass sich die Mitarbeiter mit Prozessen identifizieren, ohne gleichzeitig zu riskieren, dass die Prozesse, mit denen sich die Mitarbeiter identifizieren, besonders schwer zu verändern sind. Die Unternehmensleitung kann nicht auf eine breite Partizipation der Mitarbeiter setzen, ohne die Organisation vor Probleme zu stellen, die verschiedenen Interessen zu bündeln. In einer Organisationen können keine Fettpolster aufgebaut werden, ohne zu riskieren, dass die Mitarbeiter die Aufforderung zum organisatorischen Schlendrian auch wirklich ernst nehmen. Das Management kann keine erfolgreichen Lernprozesse anstoßen, ohne nicht auch gleichzeitig das Risiko einzugehen, dass die entstehenden Strukturen sich so verhärten, dass sie gegenüber neuen Lernprozessen resistent sind.

Um das Bild von den Karibuknochen der Nsakpi-Indianer aufzugreifen: Das System der Entscheidungsfindung per Karibuknochen galt ihnen lange Zeit als rationale Form der Jagdorganisation. Das Problem lag aber darin, dass diese Form des Veränderungsmanagements den Indianerstamm gegen übergreifende Umwelteinflüsse abschottet. Wenn er über mehrere Jahre keine Jagderfolge hatte, dann lieferte das System gängige Erklärungen für das Versagen – »die Götter grollen«. Dadurch konnte es passieren, dass der Stamm gar nicht bemerkte, dass die Jagdziele in der Zwischenzeit ausgerottet waren und er sich auf andere Formen des Broterwerbs hätte umstellen müssen.

Konsequenzen für die Praxis des Organisationswandels

Was für Konsequenzen ergeben sich daraus für das Management von Unternehmen, Verbänden und Verwaltungen? In den meisten Organisationen werden sich die aktuellen Leitbilder »guten« Organisationswandels wie die lernende Organisation, die wissensbasierte Firma oder die evolutionäre Unternehmung im Laufe der Zeit abnutzen. Auch die gegenwärtig propagierten Methoden des Change Managements wie Benchmarking, Balance Scorecard oder die Selbstbewertungen nach den Kriterien der European Foundation for Quality Management werden an Glanz verlieren.

Das bedeutet aber nicht, dass die meisten Organisationen auf Leitbilder »guten« Organisationswandels oder Methoden des Change Managements verzichten werden. Es ist wohl nur eine Frage der Zeit, bis neue, noch faszinierendere und noch buntere Leitbilder und neuartige, vermeintlich noch effektivere Methoden des Change Managements entstehen werden. Und es kann für das Management durchaus Sinn haben, diese neu entstehenden Leitbilder und Methoden zu nutzen, um die Veränderungsprozesse in den Unternehmen abzusichern.

Es ist zu vermuten, dass auch die Funktion dieser neuen Leitbilder und Methoden weniger in der Optimierung der Entscheidungsfindung oder der Steigerung der Lernfähigkeit liegen wird als vielmehr in der Absicherung eines höchst unsicheren und riskanten Veränderungsprozesses von Organisationen. Der zentrale Nutzen wird darin bestehen, die Organisationen aus dem Teufelskreis unsicherer Entscheidungen zu befreien und auch unter Bedingungen hoher Ungewissheit zur Erprobung neuer Organisationsformen gelangen zu können.

Wichtig erscheint mir jedoch, dass das Management im Auge behält, dass diese vermeintlich rationalen Leitbilder oder Methoden eine Vielzahl blinder Flecken produzieren. Diese blinden Flecken können bewirken, dass die problematischen Nebenfolgen eines Leitbilds oder einer Methode des Organisationswandels nicht wahrgenommen werden. Die Nebenfolgen können sich unbemerkt potenzieren und werden von den Mitarbeitern der Firma erst dann bemerkt, wenn sie sich in geballter Form als Krise zeigen.

VI
Jenseits der lernenden Organisation – Dilemmata des Organisationswandels managen

»Planung heißt bei uns, den Zufall durch den Irrtum zu ersetzen.«
Anonymus

Von aufgeklärten Wissenschaftlern und Journalisten wird häufig beklagt, dass Organisationen mit Rezeptliteratur und simplen Formeln externer Berater förmlich überschwemmt werden. Sie zeigen sich überrascht, dass nicht nur unsere Gesellschaft mit Selbsthilfebüchern, Ratgeberkolumnen, Eltern-Trainingsklassen und Motivationsvideobändern überzogen wird, sondern auch das Management von Organisationen, das sich normalerweise mit dem Nimbus der Rationalität umgibt. Mit Empörung wird festgestellt, dass Berater und Wissenschaftler »heiße Luft« produzierten und in dreister Weise alten Wein in neuen Schläuchen verkauften.

In der Zwischenzeit gibt es eine ganze Anzahl von Autoren, die die »heiße Luft« und den »alten Wein« in Gestalt von Managementkonzepten anprangern. Sie fordern einen Abschied von den »one best ways« als Rezepten für erfolgreiches unternehmerisches Handeln. Die Autoren beklagen, dass Leitbilder und Rezepte »guten« Handelns lediglich Handlungsanweisungen sind, die unabhängig vom Kontext angewandt werden können und deswegen in Organisationen nur eine begrenzte Erklärungskraft haben.[1]

Es ist vermutlich nur noch eine Frage der Zeit, bis das Interesse dieser Aufklärungsliteratur sich von den eher statischen, stabilitätsorientierten Leitbildern hin zu den an Wandel orientierten Leitbildern verschieben wird. Statt der Blaupausen für erfolgreiche Produktion werden dann die Blaupausen für erfolgreiches Verändern von Organisationen kritisiert. Statt der Rezepte »guten« Produzierens werden die Rezepte des »guten« Wandels an den Pranger gestellt.

Die entschiedene Ablehnung von Leitbildern und Rezepten des Wandels greift – bei aller berechtigten Kritik – jedoch zu kurz. Sicherlich: Leitbilder und Rezepte können nur auf Kosten von blinden Flecken gebildet werden und blenden damit die Widersprüchlichkeit und Komplexität von Organisationen aus. Aber diese Schwächen der Leitbilder und Rezepte sind, wie gezeigt, unter dem Gesichtspunkt der Handlungsmotivierung deren Stärke. Gerade weil sie die Komplexität der Wirklichkeit ausblenden, erfüllen sie eine zentrale Funktion, wenn es darum geht, Entscheidungen zu treffen.

Im ersten Teil dieses Kapitels geht es mir darum, eine Konzeption vorzustellen, die einerseits die Vorstellungen von lernenden Organisationen und den »guten« Regeln des Change Managements nicht für bare Münze nimmt, andererseits aber den Nutzen solcher Rationalitätsmythen für Veränderungsprozesse anerkennt. Es kommt meines Erachtens darauf an, die in jedem Unternehmen herrschenden Widersprüchlichkeiten situationsabhängig zu managen.

In einem solchen Management von Dilemmata kann es eine sinnvolle Strategie sein, Rationalitätsmythen in Form von Leitbildern, Rezepten und Regeln einzusetzen, um die vielfältigen Widersprüchlichkeiten auszublenden. Es kann aber auch eine nützliche Vorgehensweise sein, die blinden Flecken, die man mit den verschiedenen Leitbildern und Vorstellungen guten Organisationswandels selbst produziert hat, zu thematisieren und die Organisation so zu öffnen.

Die Kunst eines Managements von Dilemmata besteht darin, den Wechsel zwischen solchen Schließungs- und Öffnungsprozessen zu organisieren. Dies bedeutet zwar, so die Argumentation im zweiten Teil, von den Vorstellungen eines im Detail planbaren, steuerbaren und berechenbaren Wandels Abschied zu nehmen, nicht aber zugleich von der Hoffnung, gestaltend auf Organisationen einwirken zu können.

1. Plädoyer für eine übergreifende Perspektive – über das Management von Widersprüchlichkeiten

Statt eines Verzichtes auf die vielfältigen Leitbilder des Wandels geht es um eine Metaperspektive, bei der man sich nicht mehr zum »Gläubiger« dieser Leitbilder und Methoden des Change Managements macht, sondern punktuell auf Rationalitätsmythen in Gestaltungsprozessen zurückgreift. Statt dem Glauben aufzusitzen, dass die lernende Organisation oder die wissensbasierte Firma die »objektiv« bessere Form der Organisation sei und die Methoden des Change Managements als zertifizierte, wissenschaftlich geprüfte und im Praxistest gehärtete Rezepte für den Veränderungsprozess hergenommen werden könnten, kommt es darauf an, diese gezielt wegen ihrer beruhigenden, fokussierenden, motivierenden – und ausblendenden – Wirkung zu nutzen. Es geht darum, die Ignoranzen, Irrationalitäten und Vergesslichkeiten, die diese Methoden produzieren, nutzbar zu machen, sich ihrer aber in bestimmten Momenten auch bewusst zu werden.

Verdrängung von Dilemmata

Gegensätze und Widersprüchlichkeiten werden in Organisationen erst einmal als unangenehm empfunden. Gerade in Veränderungsprozessen können sich diese verheerend auswirken. Deswegen ist es ein verständlicher Drang der Mitarbeiter in Organisationen, sie reduzieren zu wollen. Es ist nachvollziehbar, dass es für Führungskräfte akzeptabler ist, eine »Entweder-oder-Situation« zu haben, als das »Sowohl-als-auch« von Gegensätzen aushalten zu müssen. Widersprüchlichkeiten und Dilemmata spiegeln unklare Situationen – und Unklarheit wirkt erst einmal verunsichernd.

Das Management von Gegensätzen, Widersprüchlichkeiten, Zielkonflikten und Dilemmata besteht klassischerweise darin, diese auszublenden. Zwickmühlen, Unklarheiten und Instabilitäten werden als bestandsbedrohend empfunden. Es werden Mechanismen gesucht, die die Gefahren von Mehrdeutigkeit, Widersprüchlichkeit und Ungewissheit zu beseitigen versprechen. Das dominierende Verhalten ist, sich einfach auf eine Seite zu konzentrieren und die andere Seite zu ignorieren. Für diese Vorgehensweise gibt es Vorbilder in der Wissenschaft. Gerade in den klassischen Ansätzen der Betriebswirtschafts- und der Managementlehre zeigt sich eine Tendenz, jede Widersprüchlichkeit und jeden Zielkonflikt zu einer Lösung zu führen. Für eine Lehre, die durch die Suche nach dem heiligen Gral der idealen Organisation geprägt ist, scheinen grundlegende Gegensätze, Widersprüche und Zielkonflikte nur sehr begrenzt aushaltbar zu sein. Sie ist geradezu dilemmatafeindlich. Es wird eine Werthaltung signalisiert, die von Mitarbeitern verlangt, die bestehende Ordnung nicht zu stören oder, wenn die Ordnung gestört wird, wenigstens eine schlüssige neue Konzeption vorzulegen (vgl. Neuberger 1990a: 155; Attems 1996: 526f).

Die ganze Leitbildproduktion mit ihren Bemühungen, richtige Regeln für das Management aufzustellen, zeigt nicht viel mehr als das Bemühen, eine ungestörte Ordnung zu entwickeln. Letztlich sind auch die Definitionen von »guten« Regeln des Organisationswandels nichts weiter als ein eleganter Versuch, die Widersprüchlichkeit von Veränderungsprozessen in Organisationen zu reduzieren. Er basiert auf der Überzeugung, dass die Unternehmensleitung ihre Mitarbeiter zwar nur begrenzt von Gegensätzen, Widersprüchen und Zielkonflikten im Alltagsgeschäft erlösen, abgesehen davon aber die Veränderungsprozesse immerhin weitgehend von diesen Widersprüchlichkeiten frei halten kann. Über Leitbilder wie das der lernenden Organisation wird den Mitarbeitern signalisiert, dass die Ordnung der Organisationsstruktur zwar häufig gestört werden kann, in der Form der Veränderung jedoch eine eindeutige Ordnung zu herrschen hat.

Dieses Unternehmensverständnis, so behaupten die Berater Friso den Hertog, Guido Philips und Jan Cobbenhagen (1996: 44f), erinnert trotz seiner ganzen fortschrittlichen Rhetorik noch an das Zeitalter der Massenproduktion und des Massenkonsums. Es basiert auf der Überzeugung, dass eine Organisation sich möglichst für ein Prinzip entscheiden sollte: Sie sollte auf Fremdorganisation oder auf Selbstorganisation setzen. Sie sollte lernen oder nicht lernen. Sie sollte dezentralisiert oder zentralisiert sein. Sie sollte funktions- oder prozessorientiert sein. Sie sollte Mitarbeiter mit Geld motivieren oder dafür sorgen, dass diese sich mit den Prozessen identifizieren. Sie sollte entweder der Theorie X oder der Theorie Y folgen. Gemäß dieser Logik sollten alle Elemente, Routinen und Entwicklungen Teile eines schlüssigen und kohärenten Modells sein.

Die Lösungen, die in solchen »Entweder-oder«-Organisationen bei Problemen tendenziell angestrebt werden, sind häufig eine Strategie des »Mehr-vom-selben«. Die zu Beginn des vierten Kapitels angeführten Reaktionsmuster auf die Probleme von Veränderungsprozessen – mehr Kommunikation, kompetentere Berater, größere Entschiedenheit der Führungskräfte, besseres Change Management – sind Beispiele für eine solche »Mehr-vom-selben«-Haltung. Gerade in Veränderungsprozessen scheint wenig Platz für widerstreitende organisatorische Logiken zu bleiben.[2]

Die Vorteile einer Entweder-oder-Haltung

Die »Entweder-oder-Haltungen«, die Orientierung an einem Prinzip und die systematische Ausblendung seiner Folgewirkungen ist in vielen Situationen hilfreich. Die Organisation von Veränderungsprozessen anhand solcher Prinzipien wie klare Zielsetzung, Identifizierung der Mitarbeiter, Partizipation, Kommunikation und permanentes Lernen ergibt durchaus Sinn.

Die Missachtung der Dilemmata, die der organisatorische Wandel erzeugen kann, schützt vor zu großen Selbstzweifeln bei getroffenen Entscheidungen. Sie hilft, die nicht zu vermeidenden Widersprüche im eigenen Handeln gegenüber der internen und externen Öffentlichkeit zu kaschieren. Da von Managern häufig eher überzeugtes als organisationstheoretisch überzeugendes Handeln gefragt ist, kann die Missachtung von Dilemmata in vielen Situationen angebracht sein.

Gerade in Unternehmen, in denen große Verunsicherung über den weiteren Kurs besteht und Veränderungsprozesse sich sehr zäh gestalten, kann es angebracht sein, die Widersprüchlichkeiten eines Veränderungsprozesses zu verdecken. Das Management kann darüber Sicherheit herstellen, dass es den Eindruck vermittelt, als ob es wüsste, nach welchen Prinzipien ein Veränderungsprojekt zum Erfolg zu führen ist. In den meisten Unternehmen, die sich des Leitbildes der lernenden Organisation bedienen, geht es um genau diese beruhigende Funktion in Veränderungsprozessen.

So nutzte ein mittelständischer Automobilzulieferer in der Umgebung von Stuttgart den Rationalitätsmythos der lernenden Organisation, um vielfältige Widersprüchlichkeiten zu verdecken. Die verschiedensten Umstellungen hatten den Mitarbeitern das Gefühl gegeben, dass die Geschäftsleitung nicht mehr genau wüsste, in welche Richtung das Unternehmen sich entwickeln sollte. Es schien unklar, ob das Unternehmen sich auf sein Kerngeschäft konzentrieren, zum Systemlieferanten werden, die Produktion teilweise nach Osteuropa verlagern, andere Unternehmen aufkaufen oder mit anderen Zulieferern fusionieren wollte. Die Wahrnehmung hatte durchaus eine reale Basis, weil viele Handlungen des Managements von zufälligen Gelegenheiten abhingen und im unsteten Zulieferergeschäft schwerlich eindeutige Strategien für Mittelständler zu definieren waren. In dieser Situation versuchte das Management, über das Leitbild der lernenden Organisation ein Mindestmaß an Sicherheit herzustellen. So erkannte man zwar an, dass man nicht genau wusste, wo das Ei des Kolumbus liege, dass man aber genau wisse, wie die Suche danach zu organisieren sei. Die vielfältigen Widersprüche der Veränderungsprozesse konnten so zunächst einmal ausgehalten werden.

Selbst für Beratungsfirmen, die in der Regel ein komplexes Verständnis von Organisationen mitbringen, kann die Missachtung von Widersprüchlichkeiten und Organisationsdilemmata vorteilhaft sein. Berater werden häufig damit beauftragt, widersprüchliche Situationen in Eindeutigkeit zu übersetzen. Sie schreiben Gefälligkeitsgutachten für die Unternehmensspitze, um so die Entscheidung in eine Richtung zu stärken. Sie schlagen mit Verweis auf die »best practices« in anderen Unternehmen Pilotprozesse vor, definieren Meilensteine oder ermutigen dazu, Alternativen durch Entscheidungen auszuschließen, indem sie eine Seite im Unternehmen durch ihre Expertise stützen. Die ganze von der Beratungsszene in Gang gesetzte Maschinerie zur Produktion von Rationalitätsmythen hat eindeutig das Ziel, die widersprüchlichen Situationen in den Unternehmen zu reduzieren.[3]

Auch Berater brauchen ein hohes Maß an Sicherheit, das durch ein auf Widersprüchen beruhendes Organisationsverständnis allein nicht hergestellt werden kann. Eine Beraterin, die immer auch die möglichen paradoxen Wendungen vorgeschlagener Interventionen erläutert, wird möglicherweise die Kunden enttäuschen, die Lösungen für Probleme suchen. Man mag beklagen, dass einige Berater nur den Hammer kennen und deswegen in jedem organisatorischen Problem nur einen Nagel sehen können. Aber genau diese nur den Hammer kennenden Berater – siehe die auf Business Reengineering spezialisierten Firmen – sind Mitte der neunziger Jahre ökonomisch sicherlich nicht die erfolglosesten gewesen.[4]

Die langwierigen, intellektuell häufig eher langweiligen Diskussionen in Beratungsfirmen, welchem Leitbild und welcher Methode man jetzt zu folgen haben, hat die Funktion, den Kunden gegenüber ein Sicherheitsversprechen zu leisten und die eigenen Berater auf eine gemeinsame Sprache einzuschwören. Gerade über die flexibleren, am Wandel orientierten Rationalitätsmythen können die verschiedensten Widersprüchlichkeiten in Veränderungsprozessen erst einmal ausschaltbar gemacht werden. Man selbst könne sich und andere davon überzeugen, dass man weiß, wo es lang geht.

Die Gefahr bei der Missachtung von Widersprüchlichkeiten

Die Gefahr, die Rationalitätsmythen anhaftet, ist jedoch, dass die ausgeblendete und neutralisierte gegensätzliche Handlungsalternative für die Organisation nicht mehr nutzbar ist. Eine polarisierte Reaktion, die eventuell in einer kritischen Situation sinnvoll genutzt werden könnte, steht nicht mehr zur Verfügung. Die den Regeln des »guten« Organisationswandels widersprechenden Handlungsweisen wie unklare Ziele, Motivierung nur über Geld, Mitarbeiter als Mittel zum Zweck, Fremdorganisation oder Verzicht auf sprachliche Kommunikation können in der Organisation nur noch unter hohem Aufwand mobilisiert werden.

Die Gefahr ist, dass die Organisation durch die Rationalitätsmythen blinde Flecken schafft und so ungewollte und zunächst unsichtbare Nebenfolgen riskiert. Gerade das Leitbild der lernenden Organisation ist ein Musterbeispiel dafür, dass durch Prinzipien wie klare Zielsetzung, Identifizierung der Mitarbeiter und kontinuierliches Lernen zwar kurzfristige Flexibilitätssteigerungen erreicht werden können, langfristige Lernprozesse aber erschwert werden. Für Organisationen scheint es deswegen auch notwendig zu sein, Widersprüchlichkeiten gezielt zu mobilisieren.

Durch Mobilisierung von Dilemmata Komplexität erhöhen

Organisationen erhalten ihre Offenheit, indem sie vorhandene Widersprüchlichkeiten an die Oberfläche bringen. Diese Widersprüchlichkeiten lassen sich als »Motor« der Organisation nutzen. Sie können als Antriebskräfte verstanden werden, die die Eindeutigkeit in der Organisation aufheben und sie so zu neuen Möglichkeiten führen.[5]

Das Zulassen von Dilemmata und in letzter Konsequenz auch von Konflikten bewirkt, dass Komplexität aufgebaut wird. Ausblendungen werden deutlich, neue Ideen entwickelt, Alternativen formuliert und zusätzliche Varianten ins Spiel gebracht.

Wie sehen solche Strategien des Entwickelns von Widersprüchen und Dilemmata konkret aus?

In der Beratung sind in letzter Zeit verschiedene Überlegungen angestellt worden, wie die »blinden Flecken« von Organisationen thematisiert werden können. Die Idee ist dabei, mit Fragen nach dem »nicht Vorhandenen« in Organisationen das Ausgeblendete an die Oberfläche zu bringen und für Mitarbeiter besprechbar zu machen.[6]

Die Methode der »Nicht-igkeit«

Mit Fragen nach dem »Nicht« konterkarierten Organisationsgestalter die Tendenz in und von Organisationen, die Beherrschbarkeit dadurch zu sichern, dass Aspekte von paradoxen, widersprüchlichen Anforderungen systematisch ausgeschlossen wurden. Mit den Fragen nach dem »Nicht« können die Seiten eines Dilemmas ans Licht gezerrt werden, die bisher von der Organisation ausgeblendet wurden.

Für einen Organisationsgestalter kann es in Such- und Orientierungsphasen hilfreich sein, mit der Fokussierung von »Nicht-igkeiten« einen neuen Wandlungsprozess zu öffnen. Er kann das sichtbar machen, was aufgrund der Stromlinienförmigkeit und Rationalität der Organisation bisher mit dem Image der Geringfügigkeit, Bedeutungslosigkeit, Kleinigkeit oder Belanglosigkeit ausgestattet wurde und deswegen kaum wahrnehmbar war.

Mit der »Methode der Nicht-igkeit« können die blinden Flecken, die sich Unternehmen durch die Vorstellungen von einer optimalen Organisationsform, die Prinzipien »guten« Organisationswandels oder auch nur durch das Alltagsgeschäft selbst geschaffen haben, aufgezeigt werden: Welche Ziele werden *nicht* verfolgt? Welche Visionen werden *nicht* berücksichtigt? Womit identifizieren sich Mitarbeiter *nicht* und womit sollten sie sich *nicht* identifizieren? Wo sollen die Mitarbeiter sich *nicht* mit der ganzen Person einbringen? Wer kommuniziert *nicht* miteinander und wer sollte *nicht* miteinander kommunizieren? Wo wollen wir *nicht*, dass Selbstorganisation stattfindet? Wo wollen wir keine Puffer und Fettpolster vorrätig halten? Wo wird *nicht* gelernt und wo sollte *nicht* gelernt werden?

Dabei dienen diese Fragen lediglich als Einstieg, um mit Folgefragen an die kritischen Punkte der Organisation vorzudringen: Wer sollte *nicht* miteinander kommunizieren? Warum sollten die beiden Mitarbeiter *nicht* miteinander reden? Was würde passieren, wenn die beiden *nicht* mehr miteinander reden? Wer würde dann vermutlich mehr miteinander reden? Wollen wir das?

Die Prinzipien des »guten« Organisationswandels	Die Fragen nach der »Nicht-igkeit«
Ziele	• Welche Ziele werden in dem Profitcenter nicht verfolgt? • Welche Ziele werden vom Management verfolgt, aber von den Mitarbeitern nicht befolgt? • Welche Visionen werden nicht berücksichtigt?
Identifkation	• Womit identifizieren sich die Mitarbeiter nicht? • Warum identifizieren sich die Mitarbeiter mit diesem Prozess nicht? • Womit sollten wir uns nicht identifizieren, weil wir diesen Prozess möglichst veränderungsfähig halten wollen?
Integration des ganzen Menschen	• In welchen Bereichen sollen sich Mitarbeiter nicht mit ihrer ganzen Person einbringen, weil dort die Routinen eindeutig sind?
Kommunikation	• Welche Kommunikationen werden nicht geduldet? • Wer kommuniziert nicht miteinander?
Selbstorganisation	• Welche Form der Selbstorganisation wird nicht wahrgenommen? • Wo wollen wir nicht, dass Selbstorganisation stattfindet?
Slack	• Welche Möglichkeiten zur Effizienzsteigerung nutzen wir nicht, weil wir dort Ressourcen für mögliche Veränderungsanforderungen erhalten wollen? • Welche Fehler werden nicht gesehen, weil wir dort zu viele Puffer haben? • Wo wollen wir keine Puffer und Ressourcen vorrätig halten?
Lernen	• Wo wird nicht oder nur sehr wenig im Unternehmen gelernt? • Welche Lernprozesse sollten nicht stattfinden?

Abbildung 20: Fragen nach den blinden Flecken der Prinzipien »guten« Organisationswandels

Die Konservierung und Pflege von Dilemmata bringt häufig erst einmal Konflikte an die Oberfläche. Durch die »Methode der Nicht-igkeit« werden schwellende Konflikte und Interessengegensätze stimuliert und verstärkt. Solche Konflikte können einen positiven Effekt gerade auf solche Organisationen haben, die normalerweise mit Lösungen immer schnell zur Hand sind.

Wider eine Überhöhung von Dilemmata – Vorteile einer Metaperspektive

Es wäre aber auch an dieser Stelle ein Fehler, die Mobilisierung von Dilemmata als das Mittel der Wahl zu propagieren und die Arbeit mit Widersprüchlichkeiten und Dilemmata zu überhöhen. Vielmehr besteht eine Notwendigkeit darin, situationsbedingte Widersprüchlichkeiten zu mobilisieren.

Eine Metaperspektive jenseits der Vergötterung der lernenden Organisation und einer Mobilisierung von Dilemmata bringt für die Gestaltung von Veränderungsperspektiven Vorteile. Sie eröffnet der Organisation zwei Handlungsmöglichkeiten, deren sie sich situationsabhängig bedienen kann.[7]

Dieser Zugang ermöglicht eine wesentlich entspanntere Umgangsweise mit den verschiedenen Leitbildern und Methoden des Wandels,

	Produktion von Rationalitätsmythen	Thematisierung von Widersprüchlichkeiten
Umgang mit Dilemmata und Widersprüchlichkeiten	• Ausblenden von Dilemmata-Situationen • Reduzierung von Konflikten	• Mobilisierung von Dilemmata und Widersprüchlichkeiten • Hinweise auf blinde Flecken
Methoden	• Rückgriff auf Leitbilder • Zielfindungsworkshop • Nutzen von Vorstellungen »guten« Organisationswandels • Einsatz von Instrumenten des Change Managements	• Methode der »Nicht-igkeit« • Thematisierung von Interessengegensätzen
Effekte	• Tabuisierung von Handlungsalternativen • Fokussierung des Organisationswandels	• Infragestellung von Selbstverständlichkeiten • Aufbrechen von Interessengegensätzen
Steuerungsproblem des Management	• Management kann nur begrenzt beeinflussen, in welche Richtung die Schließung der Organisation stattfindet	• Management kann nur begrenzt festlegen, was bei Öffnungsprozessen entsteht

Abbildung 21: Management von Dilemmata – Wechsel zwischen Rationalitätsmythos und der Thematisierung von Widersprüchlichkeiten

die in Organisationen vertreten werden. Man braucht sich nicht in ein Leitbild zu verbeißen, weil es Rationalität und Wahrhaftigkeit verspricht, sondern man kann seine latenten Funktion in den Veränderungsprozessen nutzen. Unter dem Gesichtspunkt der Funktion ist es zweitrangig, ob auf den Rationalitätsmythos der lernenden Organisation, der evolutionären Unternehmung oder der wissensbasierten Firma zurückgegriffen wird. Man kann sich auch den unproduktiven und »objektiv« nicht zu entscheidenden Streit darüber sparen, ob nun die Methode der Balance Square Card, die Selbstbewertung nach dem European Quality Award oder das Benchmarking das Mittel der Wahl ist.

Auch der Wechsel zwischen den Methoden fällt jetzt wesentlich leichter, weil es ja nicht darum geht, den endgültigen oder vorläufigen Stein der Weisen zu bestimmen. Die verschiedenen Leitbilder können miteinander kombiniert oder nacheinander eingesetzt werden. Sie sind – in der Sprache der Systemtheorie – funktionale Äquivalente. Alle erfüllen die gleiche Funktion bei der Fokussierung der Organisation auf den Veränderungsprozess und können deswegen weitgehend beliebig ausgetauscht werden.

Die Metaperspektive eröffnet weiterhin die Möglichkeit, schneller unerwünschte Nebenfolgen der verschiedenen Konzepte zu erkennen. Diese Nebenfolgen lassen sich nicht vermeiden, weil Managementleitbilder, Methoden und Rezepte immer zu Selbstfestlegungen der Organisation führen, die notgedrungen blinde Flecken mit sich bringen. Wenn Konzepte wie das lernende Unternehmen nicht als neuer bester Weg der Organisation begriffen werden, sondern ganz undramatisch und undogmatisch als Instrument, um problematische Aspekte des Wandels auszublenden, fällt es leichter, die Beobachterperspektive zu wechseln und die selbst produzierten blinden Flecken zu erkennen.

Gerade für Organisationen, die sich mit Leitbildern wie der lernenden Organisation und Regeln »guten« Change Managements stark gegen die Nebenfolgen von Organisationswandel immunisiert haben, kann es sinnvoll sein, die Beobachterperspektive zu wechseln und die selbst geschaffenen blinden Flecken zu betrachten. So kann verhindert werden, dass die lernende Organisation zu einer ganz besonders starren und dogmatischen Organisationsform verkümmert.

Die Kunst eines Managements von Dilemmata besteht darin, den Wechsel zwischen diesen beiden Prozessen zu organisieren. Dieser Wechsel kann nicht per Anordnung von der Geschäftsführung eingeleitet werden, sondern er ist häufig ein umkämpfter Prozess in Unternehmen. Wann dieser Wechsel sinnvoll ist, wer ihn initiieren soll und wie er organisiert werden kann, lässt sich nicht durch Patentrezepte bestimmen. An dieser Stelle sind die Geschichte des Unternehmens, das Marktumfeld, die Mitarbeiterstruktur und die Interessen der Beteiligten so zentral, dass Regeln wie »alle fünf Jahre ein neues Leitbild« oder »mit jeder Produkteinführung ein Blick auf die blinden Flecken« zu kurz greifen würden.

2. Jenseits des Traums vom geplanten Wandel

Mit dem Management von Dilemmata verändert sich die Perspektive auf organisatorische Veränderungsprozesse grundlegend. Die Hoffnung, dass die lernende Organisation am ehesten in der Lage ist, sich auf wechselnde Umweltbedingungen einzustellen und effektiv Wissen zu schöpfen, zu erwerben und weiterzugeben, weicht einer komplexeren Auffassung vom Wandel. Statt in eine unfruchtbare Auseinandersetzung einzusteigen, ob die »lernende Organisation«, die »schnell lernende Organisation« oder sogar die »megaschnell lernende Organisation« das Leitbild der Zukunft ist, geht es darum, sich die Ignoranzen und Irrationalitäten solcher Leitbilder zunutze zu machen, ohne sich aber dadurch völlig gegen die Nebenfolgen dieser Rationalitätsmythen abzuschotten.

Auch beim Management von Dilemmata handelt es sich um ein Konzept, mit dem wieder blinde Flecken produziert werden. Durch den Versuch, Ausblendungen ebenso wie auch Öffnungsprozesse situationsgerecht zu initiieren, wird zwar eine übergreifende Perspektive geschaffen, jedoch wiederum nur unter Billigung problematischer Nebenfolgen. Es wäre auch nach dem bisher Geschriebenen überraschend, wenn am Ende eine Organisationsperspektive stände, die nicht ebenfalls eigene Ausblendungen und Ignoranzen zeigen würde.[8] Der zentrale Vorteil eines Managements von Dilemmata besteht jedoch darin, dass es von den verkürzten und irreführenden Vorstellungen eines plan-, beherrsch- und steuerbaren Wandels Abstand zu nehmen vermag. Es erlaubt, sich von den systematischen Vorgehensweisen nach dem Schema »klare Zielsetzung – umfassende Diagnose – partizipative Lösungserarbeitung – Umsetzung – ehrliche Erfolgskontrolle – Nachbesserung« zu verabschieden. Die unter anderem durch die Leitbilder »guten« Organisationswandels und die Instrumente des Change Managements vermittelten Planbarkeits- und Steuerbarkeitsvorstellungen haben in vielen Unternehmen zu simplifizierten Vorstellungen von Veränderungsprozessen geführt. Die Vorstellungen orientieren sich eher an der offiziellen Rhetorik vermeintlich stromlinienförmiger Reorganisationsprojekte denn an realen und widersprüchlichen Organisationsprozessen.

Das Potenzial für ein Management vom Organisationswandel liegt nicht in der weiteren Perfektionierung der bereits existierenden Planbarkeits- und Steuerbarkeitsvorstellungen, in der Erfindung immer bunterer Leitbilder, immer ausgefeilterer Instrumente des Change Managements und immer überzeugenderer Regeln für einen »guten« Organisationswandel. Der Effekt wäre lediglich eine noch größere Diskrepanz zwischen den produzierten Rationalitätsmythen und den realen Veränderungsprozessen in Organisationen. Es kommt vielmehr darauf an, Umgangsformen zu entwickeln, die dem Paradox gerecht werden, dass jede Entscheidung in Organisationen immer eine mehr oder minder willkürliche Stellungnahme ist, weil niemals im vorhinein objektive Kriterien für eine »richtige« Entscheidung gegeben sind.

Anmerkungen

Von Regenmachern, Veränderungsprojekten und Managementkonzepten

1 Sowohl der Soziologe Emile Durkheim als auch der Sozialanthropologe Bronislaw Malinowski haben in den zwanziger Jahren des vorigen Jahrhunderts auf die latenten Funktionen von Magie und von religiösen Praktiken hingewiesen (vg. Durkheim 1912; Malinowski 1948; siehe auch Pickering 1975). Der Regenmacher-Effekt wurde bereits 1931 in einem Buch von Charles A. Bennett umschrieben (vgl. Bennett 1969). Den Hinweis auf Bennett verdanke ich der Aufsatzsammlung von Bardmann (1999: 30).

2 Die Geschichten aus Forschungs- und Beratungsprojekten wurden strikt anonymisiert. Unternehmen und Personen werden nur dann mit Namen genannt, wenn die Beispiele auf Veröffentlichungen mit namentlicher Nennung der Unternehmen und Personen basieren.

3 Konkret danke ich den Teilnehmerinnen und Teilnehmern der Kolloquien der Institute für Soziologie der Universität Chemnitz, der Universität München und der Universität Potsdam, des Reinhard-Mohn-Lehrstuhls für Unternehmensforschung an der Universität Witten, des Systemtheoriekolloquiums der Universität Bielefeld und der Tagungen der Beratungsfirmen GITTA und a&o research. Die Artikel, die aus den Vorträgen entstanden sind, waren für mich wichtige Annäherungen an das Thema. Die Leserinnen und Leser mögen es mir verzeihen, wenn sich bei deren Lektüre Wiedererkennungseffekte zu diesem Buch einstellen. Eine Kurzfassung der Studie über Entwicklungshilfeprojekte findet sich in der Zeitschrift Peripherie (Kühl 1998c). Die Diskrepanz zwischen Leitbildern und Realität des Organisationswandels habe ich erstmals im Rahmen des Forschungs- und Beratungsverbundes Ramona anhand eines Dezentralisierungsprojekts in einem mittelständisch organisierten Unternehmen beschrieben (vgl. Kühl 1997b).

Die Grenzen der lernenden Organisation

1   Die Zitate, die Kapiteln sowohl in der sozialwissenschaftlichen Literatur als auch
    in der Erbauungsliteratur für das Management gern vorangestellt werden, die-
    nen in der Regel als kleine Lockerungsübung zu Beginn oder als Ausweis der hu-
    manistischen Bildung des Autors. Die von mir verwandten Zitate gehören ver-
    mutlich zu den »Top Ten« des Zitier-Indexes der Organisationsliteratur. Sie kön-
    nen daher als Indikator für Umdenkprozesse im Management gesehen werden.

2   Dieter Bohlen von Modern Talking hat in mehreren Interviews darauf aufmerk-
    sam gemacht, dass er nicht nur »megakritisch«, »megasensibel« und »megage-
    fährdet«, sondern auch »megalernfähig« ist (vgl. Klaus Bittermann: Das Duo
    des Grauens ist wieder da: Dieter Bohlen und Thomas Anders gehen als Mo-
    dern Talking auf Welttournee. Megaschwurbeliger Leidproduzent. In: TAZ,
    21. 4. 1998, S. 20.) Vielleicht besteht hier eine Verbindung zur megaschnell
    lernenden Organisation oder wenigstens zur schnell lernenden Organisation.
    Weswegen lernende, schnell lernende oder megaschnell lernende Organisatio-
    nen erfolgreicher sein sollen als wenig lernende Organisationen wird von ver-
    schiedenen Autoren kritisch angefragt (vgl. beispielsweise Luhmann 1997).

3   Siehe zum Beispiel Zuberbühler 1995; Wildemann 1995; Wahren 1996. In der
    positiven Auffassung von Lernen unterscheiden sich die Äußerungen praxisorien-
    tierter Manager und Berater nicht von den wissenschaftlich orientierten Vertre-
    tern einer handlungsorientierten Lerntheorie wie etwa Argyris und Schön. Auch
    diese behaupten, dass Lernen auf hohem Niveau den Erfolg des Unternehmens si-
    chert und die Arbeitsbedingungen für alle Mitarbeiter erhöht. Eine lesenswerte
    Darstellung und Kritik dieses Ansatzes findet sich bei Geppert 1999: 16–46.

4   Konsequenterweise konzentrieren sich die wenigen kritischen Stimmen auch
    auf die fehlende Praxistauglichkeit des Konzepts – ein Versuch, die Strategien
    der Immunisierung gegen Kritik in einen Vorwurf zu verwandeln (vgl. Probst/
    Raub/Romhardt 1999).

5   Vgl. Clark/Salaman 1996 für eine der ersten Auseinandersetzungen mit Voo-
    doo-Zauber, Hexenmeistern in Organisationen und Managementritualen.
    Siehe auch die leider noch unveröffentlichte Arbeit von Frei 1998.

6   Die Erkenntnisse der soziologischen und psychologischen Diskussion über Or-
    ganisationslernen werden trotz des gewählten Schwerpunktes in diesem Buch
    nicht völlig ignoriert. Auf die Lernkonzepte der Handlungstheoretiker um Ar-
    gyris und Schön und der verhaltenswissenschaftlichen Entscheidungstheoreti-
    ker um Cyert, March und Olsen wird punktuell eingegangen, ohne aber den
    Anspruch zu erheben, diese Theorien umfassend zu behandeln. Zum Begriff
    des Leitbildes siehe Ortmann et al. (1991): 60ff.

7	Diese Perspektive bedeutet, dass ich mich vom Konzept des »Widerstands« gegen Veränderung verabschiede. Die Rede vom »Widerstand« suggeriert, dass es eine richtige Reaktion gibt, aber aus überzogener Dummheit, moralischen Skrupeln oder persönlichen Interessen heraus ein anderes Verhalten gewählt wurde. In dem Moment, wo man von verschiedenen, sich widersprechenden Anforderungen an die Mitglieder einer Organisation ausgeht, ist es nicht mehr möglich, unreflektiert von Widerstand zu sprechen. Da es keine eindeutige Zuweisung für ein richtiges Verhalten in solch widersprüchlichen Situationen gibt, stellt Widerstand lediglich die verkürzte Sicht eines der Beteiligten dar, der darüber unzufrieden ist, dass nicht die von ihm favorisierte Vorgehensweise gewählt wurde.

8	Der paradox klingende Blick auf blinde Flecken ist durch eine Verschiebung der Beobachterperspektive möglich. Ein Beobachter erster Ordnung kann die blinden Flecken nicht erkennen, der Beobachter zweiter Ordnung sehr wohl. Er produziert aber dabei seine eigenen blinden Flecken.

9	Zwei Perspektiven habe ich aus diesem Buch bewusst herausgehalten. Erstens erörtere ich nicht, wie sich die Machtverhältnisse in Organisationen durch die neuen Rationalitätskonstruktionen verändern. Zweitens integriere ich meine Argumente nicht in eine stärker gesellschaftstheoretische Analyse und ignoriere die verschiedenen Anschlussmöglichkeiten an umfassendere Zeitdiagnosen. Beide Perspektiven hätten zur Vollständigkeit der Argumentation beigetragen, gleichzeitig aber die Komplexität des Buches gesteigert.

Das Ende des Traums von der optimalen Organisationsstruktur

1	Dieses Grundproblem zwischen Stabilität und Wandel wird in der Organisationsforschung in verschiedensten Varianten beschrieben. Siehe beispielsweise Rammert/Wehrsig 1988; Koreimann 1990: 288; Tacke 1992; Neuberger 1995b: 93; Willke 1996: 11; Kühl 1998a: 23ff. Ich bevorzuge dabei das umgangssprachliche Gegensatzpaar Stabilität/Wandel gegenüber den in der theoretischen Literatur genutzten Unterscheidungen von Variation und Retention (Weick 1985) oder Varietät und Redundanz (Luhmann 1988a).

2	Thompsons (1967) Überlegungen basieren auf Unterscheidungen des Soziologen Talcott Parsons. Dieser hatte herausgearbeitet, dass in Organisationen drei verschiedene Funktionen erfüllt werden müssen. Ein erster Teil der Organisation übernimmt die Funktion der Produktion. Ein zweiter Teil kümmert sich um die Managementaufgaben der Kontrolle und Koordination organisatorischer Aktivitäten und ein dritter Teil passt die Organisationen an die normativen Anforderungen der Gesellschaft an (vgl. auch Scott 1986: 142; 178f; Scott 1995: 21).

3 Die These von den »Spezialisten der Unspezialisiertheit« von Bahrdt (1958: 30)
und die Thompson'sche Unterscheidung zwischen Gewährleistungseinheiten
und technischem Kern (Thompson 1967) wurde von verschiedenen Wissenschaftlern weiter entwickelt; vgl. beispielsweise Berger/Offe 1980; Berger 1984;
Staehle 1994: 391; Kerst 1997; Tacke 1997b: 48.

4 Neben den Funktionen wie Einkauf, Verkauf, Qualitätssicherung und Instandhaltung, die unmittelbar den produktiven Kern gegen Veränderungen des
Marktes (technische Umwelt) absichern, bildet die Organisation auch Funktionen, Regeln und Abteilungen aus, die das Ziel haben, den produktiven Kern gegen destabilisierende Legitimationsverluste aus der politischen, rechtlichen,
kulturellen und wissenschaftlichen Umwelt abzusichern. Abteilungen für
Presse- und Öffentlichkeitsarbeit oder für Rechtsfragen dienen dazu, Anforderungen, die nicht direkt durch den Markt herangetragen werden, so abzuwehren, dass der Produktionsprozess möglichst nicht gestört wird (vgl. Meyer/Ro-
wan 1977; siehe auch Walgenbach 1995).

5 Die Unterscheidung zwischen trivialen und nicht-trivialen Maschinen stammt
von Foerster (beispielsweise 1988). Im Gegensatz zu der vereinfachenden Ver-
bildlichung der trivialen Maschine nutzte Foerster die Differenzierung als Be-
obachtungsperspektive.

6 Ein interessantes Phänomen ist, dass Mitarbeiter auf die Monotonie mit der Ein-
spielung selbst produzierter Widersprüchlichkeiten reagieren. Die kleinen
Macht- und Kooperationsspiele an Fließbändern sind auch eine Reaktion auf die
Versuche, den Kern zu stabilisieren. Aber auch für diese Störmanöver entwickelte
die Organisation wiederum Mechanismen zur Stabilisierung des Kernes wie z. B.
die Entfernung der Mitarbeiter oder die Einführung von Pausenregelungen.

7 Hier lässt sich eine interessante Form der Rekursivität beobachten. Die Organisation hat es mit Hilfe der wissenschaftlichen Versicherungen und Ermutigun-
gen der Betriebswirtschaft geschafft, durch stabile Grenzen, Hierarchien und
Abteilungsstrukturen die potentiell auftretenden Widersprüchlichkeiten so
weit aus der Organisation zu verbannen, dass sie selbst davon überzeugt war,
nur auf einen eindeutigen Zweck ausgerichtet zu sein. Diese Selbstüberzeugung
wurde von Teilen der Betriebswirtschaftslehre wiederum so rezipiert, dass die
Zweckrationalität der Organisation zu ihren Grundgesetzen gehört.

8 Auf die Präzisierung des Rationalitätskonzeptes von Thompson gehe ich an dieser Stelle nicht ein. Verschiedene Autoren haben herausgearbeitet, dass Thompson das Konzept der Zweckrationalität geöffnet hat, ohne sich aber grundsätzlich von dessen Annahmen zu verabschieden. Vgl. Lawrence/Lorsch 1967;
Scott 1986: 179; Japp 1994: 129f; Tacke 1997b; siehe auch Schreyögg/Noss
1994: 21; Kerst 1997: 45.

9 Der Gedanke knüpft an Überlegungen des Systemtheoretikers Klaus Peter Japp an. Japp (1994: 127f) verortet die Diskussion über Rationalität auf der Ebene der Organisationstheorie. Seine Unterscheidungen lassen sich meiner Meinung nach aber auch auf die Rationalitätskonstruktionen in der Managementphilosophie und in der organisatorischen Praxis übertragen.

10 Rationalität, so eine Einsicht von Niklas Luhmann, funktioniert dabei ganz ähnlich wie Sicherheit und Gesundheit. Sicherheit und Gesundheit lassen sich ohne geeigneten Gegenbegriff nicht bestimmen. Ohne Unsicherheit und ohne Krankheit können wir uns keine Vorstellung von diesen beiden Konzepten machen. Was Sicherheit und Gesundheit ist, lässt sich nur dann überzeugend bestimmen, wenn man sie als die Vermeidung von »Unsicherheit« oder »Ungesundheit« begreift (vgl. Japp 1994: 127f).

11 Der Gedanke findet sich bereits vorher unter anderem bei Chandler (1962). Sowohl Chandler als auch Miller und Friesen betrachten die Wechsel jedoch als stoßweise stattfindende Anpassungsprozesse an Umweltveränderungen und nicht als Eigenkonstruktionen des Wirtschaftssystems.

12 Das betriebliche Vorschlagswesen und kontinuierliche Verbesserungsprozesse sind der Versuch des Managements, die Mitarbeiter über Geldprämien wieder für diejenigen Aufgaben zu begeistern, die sie ihnen vorher durch die Abschottung des produktiven Kerns entzogen haben.

13 Zur genaueren Analyse dieser Fälle siehe Weick 1977 und Starbuck 1984.

14 Luhmann (1968a; 1973) hat überzeugend herausgearbeitet, dass das Paradigma der Zweckrationalität, der Ausrichtung auf ein Ziel, nur durch die Annahme berechenbarer Umweltbedingungen funktionieren konnte. Es ist ein Zeichen für die Konstanz betriebswirtschaftlicher Denkrichtungen, dass man zwar in der Zwischenzeit allgemein davon ausgeht, dass Umweltbedingungen nicht berechenbar und kalkulierbar sind, es jedoch bisher kaum zu einer Erosion zweckrationaler Organisationskonzepte in der Betriebswirtschaft gekommen ist.

15 Siehe den Artikel von Fischer (1992), der die Betrachtung der Management-by-Konzepte mit einem philosophischen Exkurs in die Subjektauffassungen des 19. und 20. Jahrhunderts in Verbindung bringt.

16 Die Sammlung von Sinnsprüchen zur Zukunft basiert auf Kets de Vries 1995. Zur »Zukunft des Morgens« siehe auch Wimmer 1992.

17 Wie die Zusammenarbeit zwischen Apple und Microsoft zeigt, sieht sich selbst das Management von Microsoft gezwungen, zunehmend mit Konkurrenten zu kooperieren.

18 So Packard (1963: 166) in einem seiner vielen Bücher; vgl. auch Neuberger 1995b: 94.

19 Solche Geschichten finden sich in einer Vielzahl von Managementbüchern, siehe z. B. Peters 1995: 155ff; Bruhn 1997: 347.

20 Für einen Einblick aus betriebswirtschaftlicher, industriesoziologischer und organisationspraktischer Perspektive siehe Scott-Morgan 1994; CSC Index 1995, Linden 1996; Al-Ani 1996.

21 Für die Formulierungen siehe Becker/Küpper/Ortmann 1988: 90f; Baecker 1989: 46 und Deutschmann 1996: 155. In der Organisationswissenschaft, in der Betriebswirtschaftslehre und der Soziologie setzt sich immer stärker die Auffassung durch, dass es im Prinzip nicht möglich ist, in Unternehmen nach den Kriterien einer rationalen Entscheidungsfindung zu handeln. Die Kritik der Wissenschaft am klassischen Modell rationalen Handelns zielte auf jede Form von Organisation, also auch auf den »klassischen« Unternehmenstyp mit seiner klaren Zielsetzung, seinen starken Hierarchien, seiner Aufteilung in Abteilungen und seiner relativ großen Stabilität. Die wachsenden Zweifel an der »Rationalität« des wirtschaftlichen Handelns sind insofern das Resultat wissenschaftlicher Auseinandersetzungen. Aber – und dies ist in der Diskussion über Rationalität weitgehend ausgeblendet worden – es sind auch die organisatorischen Veränderungen der letzten Jahrzehnte, die es für Unternehmen zunehmend schwieriger gemacht haben, den Anschein rationalen Handelns aufrechtzuerhalten. Auf diese Beobachtung beziehe ich mich in der Diskussion schwerpunktmäßig.

Die lernende Organisation – die Hoffnung auf die »guten« Regeln des Wandels

1 Das Zitat stammt aus einer lesenswerten Studie von Neuberger (1990b: 115).

2 In Anschluss an Weick (1985: 174f) haben Autoren aus verschiedenen Theorieperspektiven dieses Problem beschrieben; siehe beispielsweise Luhmann 1988a: 174f; Klimecki/Probst/Eberl 1994: 15; Schreyögg/Noss 1994: 24; Kühl 1998a. Der Begriff der Meetingitis stammt von Neuberger 1990a: 159.

3 Als Beispiele siehe Toffler 1980, Robbins/Finley 1996: 11 und Starkey 1998: 533.

4 Einige Managementschulen versuchen sich dadurch zu profilieren, dass sie Ansätze für diese standardisierten Verfahren und Programme zweiter Ordnung liefern. In der Tradition von Bleicher haben z. B. Vertreter der Managementschule St. Gallen nacheinander mit Konzepten wie evolutionäre Unternehmen, lernende Organisation und Wissensmanagement Vorstellungen für eine solche Rationalität zweiter Ordnung formuliert. Die Bestimmung von »lernender Organisation« oder »wissensbasierter Unternehmung« als Leitbilder, die auf vermeintlich rationalen Verfahren und Programme zweiter Ordnung aufbauen, ist ein Definitionsversuch, der sich teilweise von den Bestimmungen dieser Leitbil-

der in der Managementliteratur unterscheidet. Ich halte meinen Definitionsversuch für präziser als die tautologische Bestimmung der lernenden Organisation als eine Organisation, die lernt und ihr Wissen effektiv managt, oder die voreilige Gleichsetzung von lernenden Organisationen oder wissensbasierten Firmen mit wirtschaftlich erfolgreichen Unternehmen.

5 Bisher fehlt es noch an empirischen Studien, die die Annäherung von Prinzipien »erfolgreichen« Wandels aus neoinstitutionalistischer Perspektive untersuchen.

6 Die sieben Prinzipien wurden von mir aus einer Vielzahl von deutsch- und englischsprachigen Büchern (z. B. Senge 1990, Doppler/Lauterburg 1995, Kotter 1997), Artikeln in der Fachpresse und Präsentationsfolien von Unternehmen und Beratern kondensiert. Es handelt sich um sieben Prinzipien, die meines Erachtens in jedem Unternehmen wenigstens verbal auf Zustimmung treffen. Aus den dargestellten Prinzipien lässt sich der Idealtypus der lernenden Organisation herleiten. Die Rationalitätskonstruktion ist aber brüchig, weil sich die Prinzipien an einigen Stellen in ihrer Zielrichtung widersprechen können (z. B. klare Zielsetzung und Ressourcen für Veränderung). Des Weiteren nehme ich eine Unvollständigkeit der Liste insofern in Kauf, als meine Argumente sich auch anhand der meisten anderen Prinzipien des Organisationswandels nachvollziehen lassen.

7 Viele Aspekte zur Veränderung waren schon in den Arbeiten von Lewin (1951) angelegt, so insbesondere die aktive Teilnahme am Veränderungsprojekt und die frühzeitige Information über den anstehenden Wandel.

8 Zur planerischen oder ideellen Verdoppelung des Arbeitsprozesses siehe Manske 1987.

9 Mit der Präsentation organisationaler Lern- und Veränderungsprozesse werden Probleme der klassischen Rationalitätsdefinition formaler Organisationen umschifft. Erstens kann man mit dem Fokus auf Lernen und Wandel ausblenden, dass Rationalität immer nur bei bereits getroffenen Entscheidungen festgestellt werden kann. Man wusste immer erst im Nachhinein, ob eine Entscheidung auch wirklich zielführend war. Mit dem Fokus auf Wandel wird dieses Problem umgangen. Lernen und Wandel werden zu einem rationalen Wert an sich, der auch gilt, wenn Ziele nicht erreicht werden.

Zweitens umgeht man mit dem Fokus auf Wandel das Problem, dass die Rationalität von Personen und die Rationalität von Organisationen in der Regel weit auseinander liegen. Dies ist im Konzept der lernenden Organisation nicht mehr problematisch, weil die gegensätzlichen Interesse durch rational gestaltete Lernprozesse aufgehoben werden. Dass Interessen und Ziele der verschiedenen Akteure unterschiedlich sind, erscheint unbedeutend, wenn der Prozess insgesamt gut organisiert wurde.

10 Variationen dieses Gedankens von Luhmann (1988b: 122) finden sich unter anderem bei Vollmer (1996: 321) und Deutschmann (1996: 158).

11 Aus einer systemtheoretischen Perspektive hat Veronika Tacke diese Überlegungen noch präziser gefasst. Es gibt in Organisationen insgesamt vier Möglichkeiten, Stabilität und Wandel miteinander zu verknüpfen. Auf der Beobachtungsebene erster Ordnung haben wir es mit den beiden Möglichkeiten Wandel (Modell 3) und Stabilität (Modell 1) zu tun. Die gesteigerte Möglichkeit ist das »re-entry«. Ein re-entry ist die Wiedereinführung des Unterschiedenen in das Unterschiedene. Dabei markiert die Unterscheidung einen Bereich und wird in den durch sie unterschiedenen wieder eingeführt. Sie kommt dadurch, darauf hat Luhmann aufmerksam gemacht, doppelt vor: als Ausgangsunterscheidung und als Unterscheidung in dem durch sie Unterschiedenen. Für das angewandte Unterscheidungspaar bedeutet dies, dass auf der Beobachtungsebene zweiter Ordnung die Unterscheidung von Wandel und Stabilität wieder in die Unterscheidung eingeführt wird. Es entstehen so die Modelle 2 und 3.

Die blinden Flecken der lernenden Organisation – sieben Widersprüche zu den Regeln eines »guten« Organisationswandels

1 Vgl. Kieser 1994: 199. Das Buch der Beratungsfirma Arthur D. Little über Unternehmen, die durch Produkte wie den Walkman, Freizeitclubs, CDs oder die selbst klebenden Notizzettel bekannt wurden, ist ein ideales Beispiel für die Darstellung rationaler Planungsprozesse. Zwar wird im Vorwort davor gewarnt, voreilig Kausalitäten zwischen Verhaltensweisen und Erfolgen herzustellen, doch wird im Schlusskapitel nichts anderes getan, als eigene Rezepte und Botschaften für erfolgreiches Innovationsmanagment zu verkünden (vgl. Ketteringham/Nayak 1986).

2 Vgl. Doppler/Lauterburg 1995: 153. Mit der Planbarkeitsvorstellung bleibt dieser Ansatz in der Tradition sowohl der Betriebswirtschaftslehre als auch der kritischen Industriesoziologie verhaftet, die beide davon ausgehen, dass soziale Systeme prinzipiell steuerbar sind (vgl. Bardmann 1990: 185; Minssen 1992: 69).

3 Die Managementliteratur, die diese Erklärungsansätze liefert, scheint unbegrenzt. Verwiesen sei nur auf die prominentesten Beispiele (Doppler/Lauterburg 1995; Kotter 1997; Spalink 1998; Fopp/Schiessl 1999).

4 Vgl. beispielsweise die Erklärungen von Harvey 1994; CSC Index 1995 und Maisberger 1996 zu dem Scheitern von Business-Process-Reengineering-Projekten.

5 So wortwörtlich die Ausschreibung eines Programms für Fach- und Führungskräfte an der Technischen Universität Dresden, vgl. *Die Zeit,* 24. 9. 1998, S. 97.

6 Überraschenderweise lässt sich selbst Michel Crozier (1989: 69–115), promi-
nentester Vertreter der handlungstheoretisch orientierten Organisationsforschung in Frankreich, zu solchen begrenzten, personalisierten Erklärungen für
Probleme mit Veränderungen hinreißen. In seiner Analyse von Veränderungsprozessen in französischen Unternehmen führt er die Probleme auf ungeeignete
Unternehmensführer, resistente mittlere Manager, falsche Visionen und Kom-
munikationsversäumnisse zurück (vgl. auch Luhmann 1997: 285).

7 Hintergrund für diese Zurechnung von Problemen auf Personen ist, dass Organisationen sich relativ leicht als personalisierte Systeme darstellen lassen. Im
Vergleich zu umfassenden gesellschaftlichen Funktionssystemen wie etwa Politik, Wissenschaft und Wirtschaft arbeiten Organisationen hochgradig mit personalisierten Zuweisungen (vgl. Kieserling 1994: 191). In der Politik werden
zwar ständig »Macher« zelebriert, aber letztlich interessiert dann doch nicht besonders, wer alles am Zustandekommen eines Gesetzes beteiligt war. In der
Wissenschaft liest man zwar Texte von Personen, aber letztlich ist es für die
Wahrheitsfindung zweitrangig, von wem der Text stammt. In der Wirtschaft
wird durch Personen Geld angesammelt und ausgegeben, aber es interessieren
letztlich doch nur Geldbewegungen in Form von unpersönlichen Kursgewin-
nen oder Kursverlusten. Zum Folgenden vgl. auch Wimmer 1992: 103.

8 Vgl. Weick 1977: 193ff; siehe auch Neuberger 1990a: 149; Friedberg 1993: 34;
58f.

9 Eine ganze Anzahl von Organisationsentwicklern und systemischen Beratern
setzt mit ihren Instrumenten nicht bei den Organisationsstrukturen und -pro-
zessen, sondern unmittelbar beim Menschen an: mehr Konflikt- und Verhal-
tenstraining, bessere Kommunikationsstrukturen, offenere Aussprachen. Dem
Humanisierungsanspruch der Organisationsentwicklung entgegengesetzt entsteht dadurch der Effekt, dass die einzelnen Menschen und nicht die – vom
konkreten Menschen unabhängige – Organisation als Ansatzpunkt für die Pro-
blembearbeitung betrachtet werden.

10 Die Darstellung von Widersprüchlichkeiten, Konflikten und Ungereimtheiten
in Form von Sprichwörtern und Gegensprichwörtern, in der Form von Dilemmata also, sind Vereinfachungen. Sie sind Konstruktionen, mit denen man Ver-
wicklungen, Unbestimmtheiten und Unklarheiten in ein Schema pressen und
auf diese Weise verständlich machen kann.

11 Die folgenden kritischen Anfragen an die sieben Prinzipien »guten« Organisationswandels haben keinerlei Originalitäts- oder Neuigkeitsanspruch. Es geht
mir in diesem Kapitel darum, Ideen, die Organisationswissenschaftler wie Bar-

nard, Cyert, Luhmann, March oder Weick teilweise schon vor einigen Jahrzehnten formuliert haben, zur Analyse des neuen Leitbildes fruchtbar zu machen. Um das Leitbild der lernenden Organisation zu hinterfragen, rekonzep-
tualisiere ich die Einsichten der frühen Organisationsforschung als Dilemmata.

12 Vgl. Brunsson 1985: 28f; Brunsson 1989: 17. Nur der Vollständigkeit halber
soll erwähnt werden, dass Ziele, Leitlinien, Ideologien und Kulturen natürlich
nicht beliebig definiert werden können, sondern Ergebnis der Geschichte der
Organisation und der mikropolitischen Kämpfe sind.

13 Die genaue Zielbestimmung für Veränderungsprozesse ist deswegen besonders
wichtig, weil in Organisationen angesichts eingespielter und bewährter Routinen immer die Tendenz besteht, in alte, bewährte Routinen zurückzufallen.

14 Brunsson (1982: 37f; 1985: 29; 1989: 17) spricht in diesem Zusammenhang
davon, dass Ideologien Entscheidungen ersetzen können.

15 Vgl. Kieser 1996: 31 und Schirmer/Smentek 1994: 75. Es kann jedoch auch das
Problem entstehen, dass eine allzu präzise Zielsetzung es den einzelnen Mitgliedern der Organisation nicht ermöglicht, sich in diesen Zielen wiederzufinden.
Der Blick wird auf die Verfehlungen der Mitarbeiter gelenkt, anstatt gemeinsame Handlungsrichtungen vorzugeben. In diesem besonderen Kontext wirken
genaue Ziel demotivierend (vgl. Baecker 1993: 215).

16 Vgl. Brunsson 1989: 16; siehe zum Folgenden auch Brunsson/Olsen 1993.

17 Nach einer Betrachtung des Historikers Andreas Blocker über seinen Bruder,
den angeblich weitgehend prinzipienlosen, völkischen schweizerischen Politi-
ker Christoph Blocker. Vgl. Margrit Sprecher: Christoph Blocker, in: *Die Zeit*,
Nr. 40, 26. 9. 1997, S. 5. Vgl. auch Staehle 1990: 571.

18 Die Geschichte vom Steinmetz hat eine ähnliche Popularität wie die vom
Frosch, siehe beispielsweise Burgheim 1996: 59; Füser 1997: 81.

19 Vgl. auch Neuberger 1995b: 95. Die Frage, wie es dem Unternehmen gelingt,
das eingekaufte Arbeitsvermögen in reale Arbeitsleistungen umzuformen, wird
unter dem Begriff des Transformationsproblems in der Industriesoziologie kon-
trovers diskutiert. Vgl. Braverman 1974 ; Friedman 1977; Edwards 1981. Siehe
auch die Übersichtsarbeiten von Littler/Salaman 1982; Thompson 1983.

20 Der Gedanke von Luhmann (1973: 141; 1995: 100f) wurde von verschiedenen
Autoren variiert; vgl. Attems 1996: 626.

21 Vgl. die Beschreibung bei Fischer/Zinnert/Streeb 1996; Bahnmüller 1996: 28f.

22 Vgl. Luhmann 1995: 91; präzise gefasst handelt es sich natürlich auch bei Geldzahlungen um Kommunikation. Es handelt sich hier also um die Unterscheidung von zwei Kommunikationsarten.

23 Vgl. Luhmann 1968a: 41; Luhmann 1973: 142; Luhmann 1995: 100; siehe
auch Scott 1986: 223f.

24 Als Beispiel für die vielfältigen Aufforderungen siehe Bardmann 1994: 364; Handy 1994: 12; Fontin 1997: 4f.

25 Siehe dazu auch Luhmann 1995: 345. Es gibt zwei Strategien, mit denen das Problem der teilweisen Einbeziehung von Mitarbeitern zu umgehen wäre. Beide bringen jedoch grundlegende Probleme mit sich. Die erste Strategie ist, das Unternehmen so den Bedürfnissen eines Mitarbeiters anzupassen, dass es diesem vollkommen entspricht. Die Schwierigkeiten sind von Unternehmen mit einem dominanten Leiter bekannt, der sich das Unternehmen so zurechtgeschnitten hat, dass er sich zwar völlig mit seinem Projekt identifizieren kann, aber leider alle anderen Mitarbeiter nicht. Das Problem ist, dass das Unternehmen in diesem Fall nur aus einem einzigen vollkommen identifizierten Mitarbeiter bestünde. Die zweite Strategie ist es, die Mitarbeiter durch eine Art »Betriebspsychiatrie« (vgl. Türk 1981) oder »Kulturalisierung« (Brünnecke 1998: 205) so umzuformen, dass sie sich vollkommen der Struktur der Organisation anpassen. Es entsteht der »Organization Man« (Whyte 1958), der sich mit Haut, Haar und Privatleben den Anforderungen der Organisation unterordnen muss. Die Organisation wäre eine totale Institution à la Scientology Church, die ihre Mitglieder weitgehend ihren eigenen Strukturen anpasst (vgl. Goffman 1961).

26 Die Überschrift »Der Mensch ist Mittel – Punkt« stammt aus Texten von Oswald Neuberger (vgl. 1990a: 149; 1990c: 3).

27 Vgl. Willke 1996: 151. Weil jedoch in Organisationen viele implizite und wenig formalisierte Regeln existieren, tauschen Organisationen in der Regel nicht alle Mitglieder gleichzeitig aus (siehe auch Kieser 1998: 49).

28 Die Bilder der Fußballvereine, Universitäten und Unternehmen, die sich ihre Mitglieder organisieren, stammen aus einem Einführungsbuch in die Systemtheorie von Helmut Willke (1996: 155). Seine funktionalistische Konzeption lässt sich sinnvoll mit dem Ansatz der Strukturationstheorie kontrastieren und erweitern. Die Strukturationstheorie basiert auf dem Gedanken, dass Strukturen gleichzeitig Medium und Resultat des Handelns sind. Dies beinhaltet die Überzeugung, dass Organisationsstrukturen erst durch das Handeln der Akteure existieren, diese aber wiederum begrenzen (vgl. Giddens 1988). Dabei sind es interessanterweise die Organisationsmitglieder, die durch ihr regelmäßiges, routinehaftes Verhalten die Regeln und Strukturen des Spieles immer wieder bestätigten. Beim Fußball sind es die Spieler einer Mannschaft, die durch ihr allwöchentliches Match gegen andere Vereine dazu beitragen, dass die Regeln des Spiels präsent und wirksam bleiben. Jedes Match bestätigt letztlich den Konsens darüber, wie ein Spiel abzulaufen hat und welchen Regeln sich ein Spieler zu unterwerfen hat. In der Universität tragen die Professorin, der Stu-

dent und der universitäre Verwaltungsangestellte durch ihr alltägliches Verhalten dazu bei, dass die Strukturen der Universität so beständig bleiben. Die Mitarbeiter im Unternehmen, auch wenn sie zutiefst unzufrieden mit ihrem Arbeitgeber sind, erhalten durch das alltägliche Befolgen von Routinen die Strukturen. Die Fußballspieler, Universitätsangehörigen und Unternehmensmitarbeiter sind dabei jedoch nicht hilflose Opfer dieser Strukturen. Es gibt einen gewissen Spielraum, sich innerhalb dieser Strukturen zu bewegen. Sind Schiedsrichter und Fernsehkameras gerade einmal nicht präsent, kann ein gewiefter Fußballprofi versuchen, einen allzu aufdringlichen Abwehrspieler durch eine Rempelei in seine Schranken zu verweisen. Der Leidensdruck in den Universitäten ist deswegen noch auszuhalten, weil die Universitätsangehörigen kleine Strategien entwickelt haben, sich innerhalb dieser Strukturen einzurichten und kleine, unauffällige Anpassungen vorzunehmen. Der Professor für Englisch, der unter den behäbigen Strukturen der Universität leidet, lässt sich vom Amtsarzt krankschreiben und widmet sich in seiner Erholungszeit seinen vielfältigen Belletristikprojekten. Auch Unternehmen machen ihre Mitarbeiter nicht zu hilflosen Marionetten. Es gibt selbst für die in Fließbandproduktion und Videoüberwachung eingezwängten Mitarbeiter Handlungsspielräume. Insgesamt jedoch sind die Möglichkeiten der gezielten Regelveränderung für die einzelnen Mitglieder nur sehr begrenzt. Organisationen sind zwar das Resultat menschlichen Handelns, das heißt jedoch noch lange nicht, dass die Prozesse durch die Leitungsorgane gezielt und bewusst gesteuert, gestaltet und verändert werden können. Man braucht sich nur die bisher weitgehend vergeblichen Bemühungen anzusehen, die Universitäten zu reformieren, grundlegende Veränderungen in Unternehmen vorzunehmen oder das Fußballtor um einige Quadratzentimeter zu vergrößern, um sich von der Beständigkeit und Behäbigkeit von Strukturen zu überzeugen.

29 Vgl. Simon 1997b: 137f. Simon formuliert auch dieses als Dilemma, weil das Unternehmen die Mitarbeiter austauschbar halten muss, auf der anderen Seite jedoch darauf angewiesen ist, dass sich die Mitarbeiter fest an das Unternehmen binden. Ähnlich definieren Gertraude Krell und Günther Ortmann (1994: 328) ein personalwirtschaftliches Dilemma, das darin besteht, dass die Ausführenden der Arbeit als disponibel und als Disponenten gebraucht werden. Diese Dilemmata konkretisieren den vom Philosophen Cornelius Castoriadis (1997: 164) beschriebenen inneren Widerspruch des Kapitalismus: Kapitalistische Unternehmen, so Castoriadis, sind gezwungen, den Arbeiter von der Organisation und Leitung der Arbeit zugleich auszuschließen und ihn daran zu beteiligen. Ein Gutteil der industriesoziologischen Literatur der letzten zwanzig Jahre, aber auch ein nicht unerheblicher Teil der betriebswirtschaftlichen Literatur

setzt sich mit diesem Dilemma auseinander (vgl. beispielsweise Buroway 1979: 72; Wolf 1997: 216).

30 Habermas (1981) geht es um eine grundlegende Theorie kommunikativen Handelns. Der Gegensatz zur Managementliteratur besteht darin, dass Habermas die Möglichkeiten für kommunikatives Handeln in formalen Organisationen verneint. Seiner Meinung nach sind die Möglichkeiten für konsensorientierte kommunikative Verständigungen an lebensweltliche Kontexte gebunden.

31 Zum Gedanken der Modularität im Anschluss an Parson vgl. Willke 1998: 330.

32 Für detailliertere Beschreibungen siehe beispielsweise Bergstermann 1990: 95; Attems 1996. 534; Willke 1998: 102.

33 Systemtheoretisch müsste das Problem anders formuliert werden, weil es für das Konzept der Fremdorganisation in dieser Theorie keinen Platz gibt.

34 In Anschluss an Meyer/Rowan (1977) hat sich in diesem Feld eine eigene organisationswissenschaftliche Theorie, der Neo-Institutionalismus, etabliert.

35 Vgl. zur Popularisierung japanischer Produktionskonzepte Womack/Jones/Ross 1991. Das folgende Beispiel über das Autoteil findet sich bei Jones 1996: 11.

36 Die in der Zwischenzeit bei den Organisationspraktikern angelangte Diskussion über den Nutzen von Puffern geht auf die Arbeit von Cyert/March (1963: 33ff) zurück. Die Überlegung von Cyert/March wurde von Weick (1976) mit seiner Unterscheidung von festen und losen Kopplungen variiert und ausgeweitet. In Anschluss an Cyert/March konzentrieren sich Autoren auf die unterschiedlichen Vorteile von Slack. Auf die Rolle von Puffern bei der Konfliktvermeidung machen beispielsweise March 1990: 8; Staehle 1991 und Frese 1998: 184 aufmerksam. Beck 1997: 95; Ortmann 1995: 292ff stellen heraus, dass Puffer verhindern, dass Fehler auf das gesamte System durchschlagen. Auf die Rolle von Puffern beim Innovationsmanagement weisen in Anschluss an Cyert/March (1963: 278f) unter anderem Granovetter 1973; Sattelberger 1994: 50; Grabher 1994: 51ff; Nonaka/Takeuchi 1995; Geppert 1996: 251; Prisching 1996: 260 hin. Weidermann (1984: 29) und Walgenbach (1994: 203f) zeigen jeweils, dass die Ideologie vom Abbau von Puffern von einer stabilen Umwelt ausgeht. Mir kommt es an dieser Stelle nicht darauf an, der unergiebigen Wellenbewegung von »Slack ist gut«, »Slack ist schlecht«, »Slack ist gut« eine weitere Welle hinzuzufügen. Es wäre wenig originell, wenn man auf das Lob der Verschwendung lediglich im Stile des Lean Managements mit einem Tadel der Verschwendung reagieren würde. Aufschlussreicher scheint es mir zu sein, das Slack-Problem in Anschluss an Weick als Dilemma zu konzeptualisieren, das sich nicht einfach durch die Aufforderung »Wir brauchen sowohl Slack als auch Stromlinienförmigkeit« auflösen lässt.

37 Wäre es möglich, die Verwendung der Puffer und Fettpolster organisatorisch genau zu kontrollieren, würde es sich nicht mehr um Puffer oder Fettpolster handeln, sondern um eine stark durchrationalisierte Organisation.

38 Das Beispiel aus Großbritannien stammt von Borgmann/Brehmer/Markfort 1997: 105. Das Beispiel von den Fortune-500-Firmen wird in verschiedenen Wirtschaftsartikeln zitiert (vgl. beispielsweise Gloger/Groothius 1994: 54). Die Probleme der von Peters/Waterman angeführten Unternehmen wurden meines Wissens erstmals in einem Business-Week-Artikel vom 16. April 1984 beschrieben und danach in verschiedenen Wirtschaftsbüchern beschworen (vgl. Pascale 1991: 16ff). Natürlich sind sowohl die Erfolgsgeschichten als auch die Misserfolgsgeschichten konstruiert. So gab es eine große Überschneidung zwischen den von Peters und Waterman genannten »exzellenten Unternehmen« und der Referenzliste der Beratungsfirma McKinsey. Auch die Konstruktion von Misserfolgsgeschichten gilt unter Beratungsfirmen als geeignetes Instrument, um bei den zurzeit erfolgreichen Kunden Aufträge zu gewinnen. Denn wer Angst vor der Zukunft hat, greift eher zu Beratern und Therapeuten.

39 Siehe Romme/Diel 1997. Dieser Trend wird durch Beobachtungen von Argyris/Schön (1978) unterstützt, die feststellten, dass die meisten Organisationen mit einfachem Anpassungslernen (Single-loop Learning) keine Probleme haben, dass aber beim komplexen Veränderungslernen (Double-loop Learning) größere Probleme auftreten.

40 Hanft (1996: 136) zeigt, dass dieses Phänomen auf verschiedene organisatorische Konzepte zurückzuführen ist. In der Systemtheorie wird das System als operational geschlossen betrachtet. Informationen aus der Umwelt werden nur dann zugelassen, wenn sie in das bereits vorhandene Wissen passen. In der handlungstheoretischen Organisationssoziologie wird von »Lock-In-Situationen« gesprochen, in denen eine Entscheidung den Rahmen für weitere Entscheidungen schafft. Die folgenden Beispiele stammen entweder aus eigenen Forschungsprojekten oder werden in der Literatur über »Lock-In-Situationen« immer wieder aufgeführt. Die historische Analyse der Kernenergieentwicklung wurde von Radkau (1983) vorgenommen. Die Schilderung aus der Maschinenbaubranche stammt von Fleischer (1997). Das Beispiel von Siemens basiert auf einem Artikel von Siegele (1999: 25).

41 Diese Überlegung wird gerade von Systemtheoretikern vor dem Hintergrund des Konzeptes der Autopoiesis vertreten; siehe beispielsweise Bardmann/Franzpöter 1990: 430; Heitger 1994: 117; Tacke 1997b: 258; Baecker 1997: 11.

Vom Nutzen und der Gefahr der Irrationalität, Ignoranz und Vergesslichkeit lernender Organisationen

1 Ausnahme: unklare Ziele und Visionen. Diese lassen sich bei McDonald's nicht finden.

2 Siehe dazu die aufschlussreichen Arbeiten von Ritzer 1997 und Halm 1998. Die nach dem Modell von McDonald's geprägten Unternehmen verfügen keineswegs – wie häufig suggeriert wird – über eine revolutionär neue Organisationsform. Es ist vielmehr die Übertragung der ursprünglich aus der industriellen Massenproduktion stammenden tayloristisch-fordistischen Organisationsform auf den Dienstleistungsbereich. Das Fließbandprinzip, eine Erfindung der Chicagoer Schlachthöfe des frühen 20. Jahrhunderts, wird konsequent auf den Dienstleistungsbereich übertragen. Die ausführenden, unmittelbar Wert schöpfenden Tätigkeiten werden in viele kleine Arbeitsschritte zerlegt. Diese Arbeitsschritte bestehen aus standardisierten, leicht erlernbaren Handgriffen, Computereingaben und Satzbausteinen, die auch von schlecht qualifizierten Mitarbeitern beherrscht werden können.

3 Vgl. Mintzberg 1991: 296. Es klingt für den Beobachter irritierend, wenn sich nach dem Prinzip von McDonald's funktionierende Unternehmen als »lernende Organisationen« bezeichnen. Man hat den Eindruck, dass für einige Unternehmen die Einrichtung einer Hamburger-Universität, in der man ein Jahr lang das optimale Braten von Frikadellen erlernt, schon ausreicht, um sich zu einer lernenden Organisation zu erklären. Das Verleihen von Diplomen in »Hamburgerologie« scheint schon als ein Zeichen dafür begriffen zu werden, dass wir es mit einem »intelligenten« Unternehmen zu tun haben.

4 Es erfolgt an dieser Stelle ein Perspektivwechsel weg von den sichtbaren bzw. manifesten hin zu den unsichtbaren bzw. latenten Funktionen (vgl. Merton 1957: 51ff). Ich orientiere mich an den Überlegungen von Aderhold (1999: 21), der in Anschluss an Luhmann eine Umstellung von der Frage »Was ist Organisationslernen« auf die Funktionsfrage fordert. Auf die Schwachstellen einer funktionalistischen Analyse, besonders auf die Probleme einer empirischen Hypothesenüberprüfung, wird an dieser Stelle nicht eingegangen.

5 Ich lehne mich maßgeblich an die Thesen von Brunsson (1985 und 1989) zur Irrationalität in Organisationen an. Ich versuche den Grundgedanken von Brunsson insofern zu erweitern, als dass Unternehmen, die sich als lernend, intelligent oder wissend bezeichnen, eine besonders ausgefeilte Form von Irrationalität und Ignoranz produzieren.

6 In diesem Punkt gibt es eine große Übereinstimmung zwischen soziologischer Systemtheorie und einigen Ansätzen der Handlungstheorie; vgl. beispielsweise

Crozier/Friedberg 1977: 23; Luhmann 1997: 155. Aus dem Begriff der Entscheidungsunsicherheit leitet Luhmann ab, dass jede Entscheidung immer mit kommuniziert, dass sie ebenso gut anders möglich gewesen wäre.

7 Bei allen drei Beispielen handelt es sich um Variationen des Entscheidungsparadox von Heinz von Foerster (1992: 14;1993: 73); siehe Waldenfels 1990: 97; Baecker 1993: 12; Ortmann 1995: 399f.

8 Das Bild verdanke ich Christof Wehrsig. Wir stoßen auf eine Situation, die schon von Platon im Menon beschrieben wurde. Die Suche nach der Lösung eines Problems ist etwas Widersinniges. Entweder weiß man, wonach man sucht, dann gäbe es kein Problem. Oder man weiß es nicht, dann kann man nicht erwarten, irgendetwas zu finden (vgl. auch Polanyi 1985: 28f).

9 Hanft (1996: 149) weist darauf hin, dass diese Widerstandsstrategien mit Hilfe der neoinstitutionalistischen Organisationsforschung in der Folge von Meyer/ Rowan 1977 erklärbar wären. In Organisationen werden Rituale, Zeremonien und Routinen aufgebaut, die Handlungen als selbstverständlich erscheinen lassen und deshalb als Referenz für Abwehrstrategien sehr geeignet sind.

10 Wenn man es systemtheoretisch will, ist es die Frage, wie sich ein nicht-triviales System in einer komplexen, chaotischen Umwelt konstituiert.

11 Vgl. Berger 1988: 128; Meyer 1992: 270f. Eine interessante Auseinandersetzung mit der Tendenz zur Vergötterung des Wandels findet sich bei Springer 1999.

12 Vgl. Moore/Tumin 1949: 795. Ein Überblick über die sozialwissenschaftliche und philosophische Diskussion findet sich beispielsweise bei Schneider 1962 und Bardmann 1999. Gerade Bardmanns Arbeit ist als pointierte Einführung in das Thema geeignet. Hirschmann (1967) und Brunsson (1985 und 1989) haben den Gedanken für Organisationen weiterentwickelt.

13 Albert O. Hirschman (1967) hat versteckte Formen der Rationalität in einer Studie für die Weltbank empirisch nachgewiesen. Er konnte so zwar nicht die von der Weltbank erhoffte Zielerreichung der Projekte nachweisen, brauchte die Nützlichkeit der Entwicklungshilfe aber nicht gänzlich in Frage zu stellen.

14 Der Systemtheoretiker Dirk Baecker stellt fest, dass ein großer Teil der Literatur zur Managementphilosophie, Unternehmensberatung und Organisationstheorie um das Problem kreist, dass Handlungen durch Strukturen sowohl ermöglicht als auch eingeschränkt werden. Die Organisation macht durch Regeln und Strukturen umfassende Probleme überhaupt erst lösbar. Aber die Lösungen werden wieder zum Problem. Es gibt, so Baecker, kaum etwas Einfacheres als Organisationen, um die Widersprüchlichkeiten der Umwelt zu reduzieren und die Welt insgesamt überschaubar zu halten. Es gibt aber kaum etwas Komplizierteres als die Organisationen, die dabei entstehen (vgl. Baecker 1994: 19f).

Jenseits der lernenden Organisation –
Dilemmata des Organisationswandels managen

1   Vgl. Farson 1997: 40; siehe auch Staute 1996; Shapiro 1996; Hoerner/Vitinius 1997; die Klage über die Rezeptliteratur hört man aber auch von Systemtheoretikern (vgl. Kieserling 1994: 15f; Baecker 1997: 21)

2   Selbst neuere betriebswirtschaftliche Managementkonzepte, die Dilemmata und Paradoxien ernst nehmen, tendieren dazu, die Widersprüchlichkeiten nicht besonders lange auszuhalten, sondern mit großer Virtuosität aufzulösen (siehe Überblick bei Müller-Stewens/Fontin 1997). So wird dafür plädiert, dass die Organisation ständig zwischen den beiden Polen hin- und herpendeln sollte, um so die Vorteile beider Strategien nutzen zu können (vgl. Pascale 1991). Oder es wird das geschickte Balancieren in der Mitte zwischen den Polen gefordert. Ferner besteht die Überzeugung, dass die gegensätzlichen Pole in der Mitte miteinander zu vereinbaren seien (vgl. Evans/Doz 1989; 1992). Oder die Dilemmata werden als zwei Dimensionen begriffen, die es gleichermaßen in verschiedenen organisatorischen Einheiten zu realisieren gilt. Es sollen »hybride Organisationen« gebildet werden, in denen verschiedene organisatorische Einheiten jeweils Antworten auf eine Seite des Dilemmas geben (vgl. Hampden-Turner 1992; nach Müller-Stewens/Fontin 1997: 6). Oder es wird davon ausgegangen, dass das Dilemma wie ein Autokorrektiv wirkt, das problematische Überdosierungen verhindert (vgl. Blickle 1993). Die Gefahr einer solchen Konzeption von Dilemmata und Paradoxien ist, dass diese letztlich wiederum nur als eine Zwischenstufe zu einem neuen schlüssigen Organisationsmodell verstanden wird. Letztlich beruht eine solche Einstellung darauf, dass die Dilemmata in der Organisationspraxis aufzuheben sind. Die Forderung nach Kausalität, Linearität und Rationalität organisatorischen Handelns wird weiterhin aufrecht erhalten.

3   Darauf macht der Unternehmensberater Wolfgang Looss (1993: 93) in einem interessanten Artikel aufmerksam. Es darf jedoch nicht vergessen werden, dass die Anwesenheit von Beratern grundsätzlich erst einmal Komplexität aufbaut.

4   Das Hammer-Nagel-Bildnis stammt von dem Psychologen Abraham Maslow und hat durch den Promotor des Business Process Reengineering Michael Hammer gerade in den USA und in Deutschland an neuer Aktualität gewonnen.

5   Einige Organisationstheoretiker argumentieren, dass eine Organisation notwendig paradox sein muss, weil die Anforderungen der Umwelt paradox und widersprüchlich sind (Cameron 1980; Hertog/Philips/Cobbenhagen 1996: 45). Schon der Kybernetiker W. Ross Ashby hat darauf hingewiesen, dass der

Erfolg einer Organisation davon abhängt, inwieweit die eigene innere Struktur mit den äußeren Anforderungen in Einklang gebracht wird. Die Komplexität der Umwelt »teste« permanent die Veränderungsfähigkeit der Organisation und alle Organisationen, die nicht in der Lage sind, diese Komplexität zu verarbeiten, »strafe« sie durch Misserfolg. Aus dieser Perspektive ist die Komplexität von Organisationen letztlich das Ergebnis einer komplexitätsreduzierenden Überführung ungewisser Umwelten in die Organisation (vgl. Ashby 1956; siehe auch Maul 1993: 729)

6 Erste Praxiserprobungen wurden in diesem Zusammenhang mit der Metaplan-Strukturenanalyse angestellt, ohne dass dabei jedoch die Denkform der Dilemmata systematisch genutzt wurde (vgl. Metaplan Consulting 1997). Der Berater Mathias Fontin (1998) hat mit dem Adino-Verfahren versucht, die jeweils ausgeblendeten Seiten verschiedener Dilemmata deutlich zu machen und diese dann aufzuheben. Auch Dirk Baecker (1997) hat in seinem Konzept für die Ausbildung von Studierenden an der Universität Witten-Herdecke darauf hingewiesen, dass mit Fragen wie »Was ist nicht vorhanden?«, »Was wird nicht entschieden?«, »Wer macht nicht mit?« und »Was ist nicht wichtig?« der Fokus auf die blinden Flecken von Organisationen gelenkt werden kann. Die Methode der »Nicht-igkeit« orientiert sich an den Überlegungen von Baecker.

7 Es entsteht ein Problem, auf das ich hier nicht näher eingehen kann. Wenn die offizielle Politik über Leitbilder Widersprüchlichkeiten reduzieren will, dann bilden sich häufig informelle Gegenstrategien aus, die die Widersprüchlichkeiten erhalten wollen. Umgekehrt kann sich bei Versuchen des Managements, Dilemmata aufzuzeigen, im Informellen die Strategie entwickeln, die Kohärenz der Organisation zu verteidigen.

8 Die Vorstellungen von »rationalen Regeln des Organisationswandels« und darauf aufbauend die Idee eines »Managements von Dilemmata« sind Vorschläge für die nächste Stufe in der Spirale der Rationalitätsmodelle – für die Ersetzung eines bestehenden Rationalitätsmodells durch eine neue, elaboriertere Vorstellung von Rationalität, die wiederum irgendwann ersetzt wird. Fast alle Kritiken an den dominierenden Rationalitätsmodellen sind so gebaut. Albrecht Becker, Willi Küpper und Günther Ortmann (1988: 92) haben darauf aufmerksam gemacht, dass Kritiker an klassischen Rationalitätsvorstellungen eigene Versuche zur Rettung der Rationalität vorgelegt haben. Herbert Simon erklärte, dass der Mensch nie alle Alternativen und Konsequenzen einer Entscheidung überblicken konnte und deswegen nur begrenzt rational sei. Er behauptete dann aber, dass diese begrenzte Rationalität durch organisatorische Strukturen erweitert werden könne. Lindblom (1959) zeigte, dass Rationalität nie im Vorfeld einer Entscheidung anzutreffen sei, entwickelte dann aber ein Modell, nach

dem sich Rationalitäten nachträglich auf dem Markt politischer Meinungen zeigen würden. Selbst das von Cohen, March und Olsen (1972) als Fundamentalkritik gedachte Modell des Mülleimer-Systems von Entscheidungsprozessen, einer weitgehend willkürlichen Kombination von Lösungen und Problemen in Organisationen, wurde von March durch ein neues Rationalitätsmodell ergänzt: In der »technology of foolishness« wird ein Entscheidungsmodell entwickelt, das die Torheit der Beteiligten einrechnet (Kritik am letzten Punkt bei Japp 1994).

Literatur

Aderhold, Jens (1999): Kommunikation und Lernende Organisation: Ein Exkurs über die Schwierigkeit, die Was-Frage zu stellen. Chemnitz: TU Chemnitz, Lehrstuhl für Management des technischen Wandels, Arbeitspapier Nr. 13.

Al-Ani, Ayad (1996): Mikropolitik und die Theorie des Lock-In. Erklärungsansätze für das Produktivitätsparadoxon. In: Gutschelhofer, Alfred; Josef Scheff (Hg.): Paradoxes Management. Widersprüche im Management – Management der Widersprüche. Wien: Linde, S. 495–521.

Argyris, Chris; Donald Schön (1978): Organizational Learning. A Theory of Action Perspective. Reading: Addison-Wesley.

Argyris, Chris; Donald Schön (1996): Organizational Learning II. Theory, Method and Practice. Reading: Addison Wesley.

Ashby, William R. (1956): An Introduction to Cybernetics. New York et al.: Wiley.

Attems, Rudolf (1996): Es lebe der Widerspruch. In: Gutschelhofer, Alfred; Josef Scheff (Hg.): Paradoxes Management. Widersprüche im Management – Management der Widersprüche. Wien: Linde, S. 523–548.

Baecker, Dirk (1989): Rationalität oder Risiko? In: Glagow, Manfred; Helmut Willke; Helmut Wiesenthal (Hg.): Gesellschaftliche Steuerungsrationalität und partikulare Handlungsstrategien. Pfaffenweiler: Centaurus, S. 31–54.

Baecker, Dirk (1993): Die Form des Unternehmens. Frankfurt a.M.: Suhrkamp.

Baecker, Dirk (1994): Postheroisches Management. Ein Vademecum. Berlin: Merve Verlag.

Baecker, Dirk (1997): Das Handwerk des Unternehmers. Überlegungen zur Unternehmerausbildung. Witten: unveröff. Ms.

Bahnmüller, Reinhard (1996): Konsens perdu? Gruppenarbeit zwischen Euphorie und Ernüchterung. In: Bahnmüller, Reinhard; Rainer Salm (Hg.): Intelligenter, nicht härter arbeiten? Gruppenarbeit und betriebliche Gestaltungspolitik. Hamburg: VSA, S. 9–30.

Bahrdt, H. P. (1958): Industriebürokratie. Stuttgart: Enke.

Bardmann, Theodor M. (1990): Wenn aus Arbeit Abfall wird. Überlegungen zur Umorientierung der industriesoziologischen Sichtweise. In: Zeitschrift für Soziologie, Jg. 19, S. 179–194.

Bardmann, Theodor M. (1994): Wenn aus Arbeit Abfall wird. Aufbau und Abbau organisatorischer Realitäten. Frankfurt a.m.: Suhrkamp.

Bardmann, Theodor M. (1999): Unterscheide! Konstruktivistische Perspektiven in Theorie und Praxis. Aachen: ibs.

Bardmann, Theodor M.; Reiner Franzpötter (1990): Unternehmenskultur. Ein postmodernes Organisationskonzept. In: Soziale Welt, Jg. 41, S. 424–440.

Barnard, Chester I. (1938): The Functions of the Executive. Cambridge, MA: Harvard University Press.

Beck, Ulrich (1997): Was ist Globalisierung? Irrtümer des Globalismus – Antworten auf Globalisierung. Frankfurt a.M.: Suhrkamp.

Becker, Albrecht; Willi Küpper; Günther Ortmann (1988): Revisionen der Rationalität. In: Küpper, Willi; Günther Ortmann (Hg.): Mikropolitik, Macht und Spiele in Organisationen. Opladen: WDV, S. 89–113.

Bennett, Charles A. (1969): The Dilemma of Religious Knowledge. Port Washington: Kennild.

Berger, Johannes; Claus Offe (1980): Die Entwicklungsdynamik des Dienstleistungssektors. In: Leviathan, Jg. 8, S. 41–75.

Berger, Ulrike (1984): Wachstum und Rationalisierung der industriellen Dienstleistungsarbeit. Frankfurt a.M.; New York: Campus.

Berger, Ulrike (1988): Rationalität, Macht und Mythen. In: Küpper, Willi ; Günther Ortmann (Hg.): Mikropolitik -Rationalität, Macht und Spiele in Organisationen. Opladen: WDV, S. 115–130.

Berger, Ulrike; Isolde Bernhard-Mehlich (1995): Die Verhaltenswissenschaftliche Entscheidungstheorie. In: Kieser, Alfred (Hg.) Organisationstheorien. 2. überarb. Aufl.; Stuttgart; Berlin; Köln: Kohlhammer, S. 123–155.

Bergstermann, Jörg (1990): Zum Verhandlungscharakter projektgruppenförmiger Planungsprozesse. In: Bergstermann, Jörg; Ruth Brandherm-Böhmker (Hg.): Systemische Rationalisierung als sozialer Prozeß. Bonn: Dietz Nachf., S. 83–100.

Blau, Peter M. (1955): The Dynamics of Bureaucracy. Chicago: University of Chicago Press.

Blickle, Gerhard (1993): Ist Führen immer ein ausweglöses Unterfangen? In: Zeitschrift für Personalführung, H. 4/1993, S. 404–415.

Borgmann, Claudius; Nick Brehmer; Dirk Markfort (1997): Veränderungstreiber. In: Hartmann, Matthias (1997): Dynapro. Erfolgreich produzieren in turbulenten Märkten. Stuttgart: Logis, S. 105–119.

Braverman, Harry (1974): Labor and Monopoly Capital. The Degradation of Work in the Twentieth Century. New York; London: Monthly Review Press.

Bruhn, Manfred (1997): Hyperwettbewerb – Merkmale, treibende Kräfte und Management einer neuen Wettbewerbssituation. In: Unternehmung, H. 5/1997, S. 339–357.

Brunsson, Nils (1982): The Irrationality of Action and Action Rationality: Decisions, Ideologies and Organizational Actions. In: Journal of Management Studies, Jg. 19, S. 29–44.

Brunsson, Nils (1985): The Irrational Organization. Irrationality as a Basis for Organizational Action and Change. Chichester et al.: John Wiley and Sons.

Brunsson, Nils (1989): The Organization of Hypocrisy: Talk, Decisions and Actions in Organization. Chichester et al.: John Wiley and Sons.

Brunsson, Nils; Johan P. Olsen (1993): The Reforming Organization. London; New York: Routledge.

Bryner, Andy; Dawna Markova (1997): Die lernende Intelligenz. Paderborn: Junfermann.

Brünnecke, Karin C. (1998): Autorität des Managements. Wiesbaden: DUV.

Buchinger, Kurt (1997): Supervision in Organisationen. Den Wandel begleiten. Heidelberg: Carl-Auer-Systeme.

Burgheim, Werner (1996): Acht Lernpfade für das lernende Unternehmen. In: Harvard Businessmanager, H. 3/1996, S. 53–61.

Buroway, Michael (1979): Manufacturing Consent. Chicago; London: University of Chicago Press.

Cameron, Kim S. (1980): Critical Questions in Assessing Organizational Effectiveness. In: Organizational Dynamics, Jg. 9, S. 66–80.

Castoriadis, Cornelius (1997): Gesellschaft als imaginäre Institution. Entwurf einer politischen Philosophie. 2. Aufl. Frankfurt a.M.: Suhrkamp.

Chandler, Alfred Dupont (1962): Strategy and Structure. Cambridge: MIT Press.

Clark, Timothy; Graeme Salaman (1996): The Management Guru as Organizational Witchdoctor. In: Organization Studies, Jg. 17., S. 85–107.

Cohen, Michael; James G. March; Johan P. Olsen (1972): A Garbage Can Model of Rational Choice. In: Administrative Science Quarterly, Jg. 17, S. 1–25.

Commons, John R. (1924): Legal Foundation of Capitalism. New York: Macmillan.

Crozier, Michel (1961): De la bureaucratie comme système d'organisation. In: Archives européenes de Sociologie, Jg. 2, S. 18–52.

Crozier, Michel (1989): L'Entreprise à l'écoute: Apprendre le management postindustriel. Paris: Interéditions.

Crozier, Michel; Erhard Friedberg (1977): L'acteur et le système. Les contraintes de l'action collective. Paris: Seuil.

CSC Index (1995): State of Reengineering Report. Cambridge: CSC Index.

Cyert, Richard M.; James G. March (1963): A Behavorial Theory of the Firm. Englewood Cliffs, NJ: Prentice-Hall.

Demmer, Christine; Axel Glober; Rolf Hoerner (1996): Erfolgreiche Reengineering-Praxis in Deutschland. Die Vorbildunternehmen. Düsseldorf; München: Metropolitan Verlag.

Deutschmann, Christoph (1996): Rationalisierung als Sisyphusarbeit. In: Hoß, Dietrich; Gerhard Schrick (Hg.): Wie rational ist Rationalisierung heute? Ein öffentlicher Diskurs. Stuttgart et al.: Raabe, S. 155–164.

Deutschmann, Christoph (1997): Die Mythenspirale. Eine wissenssoziologische Interpretation industrieller Rationalisierung. In: Soziale Welt, Jg. 47, S. 55–70.

Deutschmann, Christoph et al. (1995): Veränderungen der Rolle des Managements im Prozeß reflexiver Rationalisierung. In: Zeitschrift für Soziologie, Jg. 24, S. 436–450.

Dodgson, Mark (1993): Organizational Learning. A Review of Some Literatures. In: Organization Studies, Jg. 14, S. 375–394.

Doppler, Klaus; Christoph Lauterburg (1995): Change Management. Den Unternehmenswandel gestalten. Frankfurt a.M.; New York: Campus.

Durkheim, Émile (1912): Les formes élémentaires de la vie religieuse. Le systèm totémique en Australie. Paris: Alcay.

Edwards, Richard (1981): Herrschaft im modernen Produktionsprozeß. Frankfurt a.M.; New York: Campus.

Evans, Paul A. L.; Yves Doz (1989): The Dualistic Organization. In: Evans, Paul A. L.; Yves Doz; A. Laurant (Hg.): Human Resource Management in International Firms. Change, Globalization, Innovation. London: Macmillan, S. 219–242.

Evans, Paul A. L.; Yves Doz (1992): Dualities. A Paradigm for Human Resource and Organizational Development in Complex Multinationals. In: Pucik, Vladimir; Noel M. Tichy; Carole K. Barnett (Hg.): Globalizing Management. Creating and Leading the Competitive Organization. New York et al.: John Wiley & Sons, S. 85–106.

Farson, Richard (1997): Management of the Absurd. Paradoxes in Leadership. New York: Touchstone.

Fatzer, Gerhard (1997): Lernen und Lernende Organisation – Mythos und Realität. In: Herrnsteiner H. 4/1997, S. 6–9.

Festinger, Leon (1957): A Theory of Cognitive Dissonance. Stanford: Stanford University Press.

Fischer, Hans Rudi (1992): Management by bye? Philosophische Nachschläge zum Abschied vom Prinzipiellen. In: Schmitz, Cristof; Peter-W. Gester; Barbara Heitger (Hg.): Managerie. 1. Jahrbuch für systemisches Denken und Handeln im Management. Heidelberg: Carl Auer Verlag, S. 15–40.

Fischer, Karlheinz; Ulrich Zinnert; Gerhard Streeb (1996): Rasstatt – Mythos und Realität. In: Bahnmüller, Reinhard; Rainer Salm (Hg.): Intelligenter, nicht härter arbeiten? Gruppenarbeit und betriebliche Gestaltungspolitik. Hamburg: VSA, S. 46–80.

Fleischer, Manfred (1997): The Inefficiency Trap. Strategy Failure in the German Machine Tool Industry. Berlin: Edition Sigma.

Foerster, Heinz von (1981): Observing Systems. Seaside, Cal.: Intersystems Publications.

Foerster, Heinz von (1988): Abbau und Aufbau. In: Simon, Fritz (Hg.): Lebende Systeme. Berlin; New York: Springer, S. 19–33.

Foerster, Heinz von (1992): Entdecken oder Erfinden. Wie läßt sich Verstehen verstehen? In: Foerster, Heinz von (Hg.): Einführung in den Konstruktivismus. München: Piper, S. 41–88.

Foerster, Heinz von (1993): Über selbstorganisierende Systeme und ihre Umwelten. In: Foerster, Heinz von (Hg.): Wissen und Gewissen. Versuch einer Brücke. Frankfurt a.M.: Suhrkamp, S. 25–49.

Fontin, Mathias (1997): Das Management von Dilemmata. Ein Ansatz zur Erschließung neuer strategischer und organisationaler Potentiale. St. Gallen: Dissertation an der Universität St. Gallen.

Fontin, Mathias (1998): Dilemmata in Organisationen aktiv bewältigen. Das Adino-Verfahren: Potential, Werkzeug und Einsatzperspektiven. In: Organisationsentwicklung, H. 2/1998, S. 4–17.

Fopp, Leonhard; Johann-Christian Schiessl (1999): Business Change als neue Managementdisziplin. Wie der Chief Change Officer den Unternehmenswandel mitgestaltet. Frankfurt a.M.; New York: Campus.

Frei, Felix (1998): Voodoo Management. Zürich: unveröff. Ms.

Frei, Felix et. al. (Hg.) (1993): Die kompetente Organisation. Schneller, schlanker, näher am Markt. Stuttgart: Schäffer-Poeschel.

Frese, Erich (1998): Dezentralisierung um jeden Preis? Aktuelle Anmerkungen zu einem Schmalenbach-Thema. In: Betriebswirtschaftliche Forschung und Praxis, H. 2/1998, S. 169-188.

Friedberg, Erhard (1993): Le pouvoir et la règle. Dynamiques de l'action organisée. Paris: Seuil.

Friedman, Andrew (1977): Industry and Labour. London: Macmillan.

Füser, Karsten (1997): Modernes Management. München: dtv.

Garvin, David A. (1994): Das lernende Unternehmen. Nicht schöne Worte – Taten zählen. In: Harvard Businessmanager, H. 1/1994, S. 74–85.

Geppert, Mike (1996): Paths of Managerial Learning in the East German Context. In: Organization Studies, Jg. 17, S. 249–268.

Geppert, Mike (1999): Beyond the Learning Organisation. Paths of Organisational Learning in the East German Context. Dissertation, Humboldt Universität.

Giddens, Anthony (1988): Die Konstitution der Gesellschaft. Grundzüge einer Theorie der Strukturierung. Frankfurt a.M.; New York: Campus.

Gloger, Axel; Ulrich Groothuis (1994): Völlig umgedreht. In: Wirtschaftswoche, 5. 8. 1994.

Goffman, Erving (1961): Asylums. New York: Double Day.

Grabher, Gernot (1994): Lob der Verschwendung. Redundanz in der Regionalentwicklung: Ein sozioökonomisches Plädoyer. Berlin: Edition Sigma.

Granovetter, Mark S. (1973): The Strength of Weak Ties. In: American Journal of Sociology, Jg. 78, S. 1360–1380.

Habermas, Jürgen (1981): Theorie des kommunikativen Handelns. Frankfurt a.M.: Suhrkamp.

Halm, Thorsten (1998): Die Industrialisierung der Bank- und Finanzdienstleistungen und ihre Auswirkungen auf die Arbeitsbedingungen der Arbeitnehmer. Dresden: unveröff. Ms.

Hampden-Turner, Charles T. (1992): Creating Corporate Culture. From Discord to Harmony. Reading.

Handy, Charles H. (1994): The Empty Raincoat. Making Sense of the Future. London.

Hanft, Anke (1996): Organisationales Lernen und Macht – Über den Zusammenhang von Wissen, Lernen, Macht und Struktur. In: Schreyögg, Georg; Peter Conrad (Hg.): Managementforschung 6. Berlin; New York: Walter de Gruyter, S. 133–162.

Hannan, Michael T.; John Freeman (1984): Structural Inertia and Organizational Change. In: American Sociological Review, Jg. 49, S. 149–164.

Harvey, David (1994): Reengineering: the Critical Success Factors. Wimbledon: Business Intelligence.

Hedberg, Bo L. T. . (1981): How Organizations Learn and Unlearn. In: Nystrom, Paul C.; William H. Starbuck (Hg.): Handbook of Organizational Design. Oxford: Oxford University Press, 3–27.

Heitger, Barbara (1994): Chaotische Organisation – organisiertes Chaos? Der Beitrag des Managements zur lernenden Organisation. In: Sattelberger, Thomas (Hg.): Die lernende Organisation. 2. Aufl. Wiesbaden: Gabler, S. 111–125.

Hertog, Friso den; Guido Philips; Jan Cobbenhagen (1996): Paradox Management: The Fourth Phase of Innovation Management. In: Gutschelhofer, Alfred; Josef Scheff (Hg.): Paradoxes Management. Widersprüche im Management – Management der Widersprüche. Wien: Linde, S. 43–76.

Hirschman, Albert O. (1967): Development Projects Observed. Washington: Brookings Institution

Hoerner, Rolf; Katharina Vitinius (1997): Heiße Luft in neuen Schläuchen. Ein kritischer Führer durch die Managementtheorie. Frankfurt a.M.: Eichborn.

Japp, Klaus P. (1994): Verwaltung und Rationalität. In: Damman, Klaus et al. (Hg.): Die Verwaltung des politischen Systems. Neuere systemtheoretische Zugriffe auf ein altes Thema. Opladen: WDV, S. 126–141.

Japp, Klaus P. (1996): Soziologische Risikotheorie. Funktionale Differenzierung, Politisierung und Reflexion. Weinheim: Juventa.

Jones, Daniel T. (1997): Schlank und krank. In: Die Woche, 28. 2. 1997, S. 11.

Jos, Philip H.; Mark E. Tompkins; Steven W. Hays (1989): In Praise of Difficult People: A Portrait of the Committed Whistleblower. In: Public Administration Review, Jg. 49, S. 552–561.

Kanter, Rosabeth M. (1989): When Giants Learn to Dance. London: Simon & Schuster.

Kerst, Christian (1997): Unter Druck – Organisatorischer Wandel und Organisationsdomänen. Der Fall der Druckindustrie. Opladen: WDV.

Kets de Vries, Manfred F. R. (1995): Life and Death in the Executive Fast Lane. Essays on Irrational Organizations and Their Leaders. San Francisco: Jossey-Bass.

Ketteringham; John M.; P. Ranganath Nayak (1986): Breakthroughs. How the Vision and Drive of Innovators in Sixteen Companies Created Commercial Breakthroughs that Swept the World. New York: Rawson Associates.

Kieser, Alfred (1994): Fremdorganisation, Selbstorganisation und evolutionäres Management. In: Zeitschrift für betriebswirtschaftliche Forschung, Jg. 46, S. 199–228.

Kieser, Alfred (1996): Moden & Mythen des Organisierens. In: Die Betriebswirtschaft, Jg. 56, S. 21–39.

Kieser, Alfred (1998): Über die allmähliche Verfertigung der Organisation beim Reden. Organisieren als Kommunizieren. In: Industrielle Beziehungen, Jg. 5, S. 45–75.

Kieser, Alfred; Paul Bomke (1995): Führung bei Restrukturierung. In: Kieser, Alfred; Gerhard Reber; Rolf Wunderer (Hg.): Handwörterbuch der Führung. 2. erw. Aufl. Stuttgart: Schäffer-Poeschel, S. 1829–1843.

Kieserling, André (1993): Konturen einer soziologischen Unternehmensberatung. Bielefeld: unveröff. Ms.

Kieserling, André (1994): Organisationssoziologie und Unternehmensberatung. 6 Lehrvorträge. Bielefeld: unveröff. Ms.

Klimecki, Rüdiger; Gilbert Probst; Peter Eberl (1994): Entwicklungsorientiertes Management. Stuttgart: Schäffer-Poeschel.

Körner, Wolfgang (1992): Der einzig wahre Manager-Berater. Die Mikado-Erfolgsstrategie. Reinbek: Rowohlt.

Koreimann, Dieter S. (1990): Strategien zur Komplexitätsreduzierung. In: Fischer, Rudolf; Margarete Boos (Hg.): Vom Umgang mit Komplexität in Organisationen: Konzepte, Fallbeispiele, Strategien. Konstanz: Universitätsverlag, S. 283–297.

Kotter, John P. (1997): Chaos, Wandel, Führung – Leading Change. Düsseldorf: Econ.

Krell, Gertraude; Günther Ortmann (1984): Personal, Personalwirtschaft, Beschäftigungskrise. In: Staehle, Wolfgang H.; Horst Albach (Hg): Betriebswirtschaftslehre und ökonomische Krise. Kontroverse Beiträge zur betriebswirtschaftlichen Krisenbewältigung. Wiesbaden: Gabler, S. 321–338.

Krohn, Wolfgang; Günter Küppers (1990): Selbstreferenz und Planung. In: Selbstorganisation. Jahrbuch für Komplexität in den Natur- , Sozial- und Geisteswissenschaften. Berlin: Duncker & Humboldt.

Kühl, Stefan (1997a): Zur heimlichen Nützlichkeit von Managementkonzepten. In: GDI Impuls, H. 3/1997 S. 11–21.

Kühl, Stefan (1997b): Widerspruch und Widersinn bei der Umstellung auf dezentrale Organisationsformen. Überlegungen zu einem Paradigmawechsel in der Organisationsentwicklung. In: Organisationsentwicklung, H. 4/1998, S. 4–18.

Kühl, Stefan (1998a): Wenn die Affen den Zoo regieren. Die Tücken der flachen Hierarchien. 5. erw. und überarb. Aufl.; Frankfurt a.M.; New York: Campus.

Kühl, Stefan (1998b): Von der Suche nach Rationalität zur Arbeit an Dilemmata und Paradoxen – Ansätze für eine Organisationsberatung in widersprüchlichen Kontexten. In: Howaldt, Jürgen; Ralf Kopp (Hg.): Sozialwissenschaftliche Organisationsberatung. Auf der Suche nach einem spezifischen Beratungsverständnis. Berlin: Edition Sigma, S. 303–322.

Kühl, Stefan (1998c): Wenn Partizipation zum Problem wird. Die begrenzte Nützlichkeit von Partizipation in Entwicklungshilfeprojekten. In: Peripherie, H. 72/1998, S. 51–70.

Lawrence, Paul R.; Jay W. Lorsch (1967): Organization and Environment. Managing Differentiation and Integration. Homewood, IL: Irwin.

Lewin, Kurt (1951): Field Theory in Social Science. New York: Harper & Row.

Lindblom, Charles E. (1959): The Science of ›Muddling Through‹. In: Public Administration Review, Jg. 19, S. 79–88.

Linden, Frank A. (1996): Traurige Bilanz. Business Reengineering. In: Manager Magazin, H. 8/1996, S. 112–113.

Littler, Craig R.; Graeme Salaman (1982): Bravermania and Beyond: Recent Theories of the Labour Process. In: Sociology, Jg. 16, S. 251–269.

Looss, Wolfgang (1993): Alltägliche Organisationsberatung bei der Einführung neuer Technologien. In: Fatzer, Gerhard (Hg.): Organisationsentwicklung für die Zukunft. Ein Handbuch. Köln: Edition Humanistische Psychologie, S. 79–96.

Luhmann, Niklas (1964): Funktionen und Folgen formaler Organisationen. Berlin: Duncker & Humboldt.

Luhmann, Niklas (1968a): Zweck-Herrschaft-System. Grundbegriffe und Prämissen Max Webers. In: Mayntz, Renate (Hg.): Bürokratische Organisation. Köln; Bonn: Kiepenheuer&Witsch, S. 36–55.

Luhmann, Niklas (1968b): Die Programmierung von Entscheidungen und das Problem der Flexibilität. In: Mayntz, Renate (Hg.): Bürokratische Organisation. Köln; Berlin: Kiepenheuer&Witsch, S. 324–341.

Luhmann, Niklas (1973): Zweckbegriff und Systemrationalität. Über die Funktion von Zwecken in sozialen Systemen. Frankfurt a.M.: Suhrkamp.

Luhmann, Niklas (1988a): Organisation. In: Küppers, Willi; Günther Ortmann (Hg.): Mikropolitik. Rationalität, Macht und Spiele in Organisationen. Opladen: WDV, S. 165–186.

Luhmann, Niklas (1988b): Die Wirtschaft der Gesellschaft. Frankfurt a.M.: Suhrkamp.

Luhmann, Niklas (1995): Funktionen und Folgen formaler Organisation. 4. Aufl. Berlin: Duncker & Humboldt.

Luhmann, Niklas (1997): Organisation und Entscheidung. Bielefeld: unveröff. Ms.

Lullies, Veronika; Heinrich Bollinger; Friedrich Weltz (1993): Wissenslogistik: Über den Umgang mit Wissen bei Entwicklungsvorhaben. Frankfurt a.M.; New York: Campus.

Maisberger, Paul (1996): Typische Fehler bei Business Reengineering Projekten. In: Holzamer, Hans Herbert (Hg.): Management des Wandels. München: Olzog, S. 141–156.

Malinowski, Bronislaw (1948): Magic, Science and Religion. New York: Free Press; Bacon Press.

Manske, Fred (1987): Ende oder Wandel des Taylorismus? Von der punktuellen zur systemischen Kontrolle des Produktionsprozesses. In: Soziale Welt, Jg. 38, S. 166–180.

March, James G. (1990): Entscheidung und Organisation: Kritische und konstruktive Beiträge, Entwicklungen und Perspektiven. Wiesbaden: Gabler.

March, James G. (1990a): Eine Chronik der Überlegungen über Entscheidungsprozesse in Organisationen. In: March, James G. (Hg.): Entscheidung und Organisation: Kritische und konstruktive Beiträge, Entwicklungen und Perspektiven. Wiesbaden: Gabler, S. 2–23.

March, James G. (1994): A Primer on Decision Making. How Decisions Happen. New York et al.: Free Press.

March, James G.; Johan P. Olsen (1990): Die Unsicherheit der Vergangenheit: Organisatorisches Lernen unter Ungewißheit. In: March, James G. (Hg.): Entscheidung und Organisation: Kritische und konstruktive Beiträge, Entwicklungen und Perspektiven. Wiesbaden: Gabler, S. 373–398.

March, James G.; Herbert A. Simon (1958): Organizations. New York: John Wiley & Sons.

Maul, Christian (1993): Der Beitrag der Systemtheorie zum strategischen Führungsverhalten in komplexen Situationen. In: Zeitschrift für Betriebswirtschaft, Jg. 63, S. 715–740.

McLagan, Patricia; Christo Nel (1995): The Age of Participation. New Governance for the Workplace and the World. San Francisco: Berrett–Koehler Publishers.

Merton, Robert K. (1957): Social Theory and Social Structure. 2. Aufl. Glencoe: Free Press.

Metaplan Consulting (1997): Wir nehmen den Wandel von Strukturen in die Hand. Quickborn: Metaplan Consulting.

Meyer, John W. (1992): Organizational Factors Affecting Legalization in Education. In: Meyer, John W.; W. Richard Scott (Hg.): Organizational Environments. Ritual and Rationality. Newbury; London; New Delhi: SAGE, S. 217–232.

Meyer, John W.; Brian Rowan (1977): Institutionalized Organizations. Formal Structure as Myth and Ceremony. In: American Journal of Sociology, Jg. 83, S. 340–363.

Miller, Danny; Peter H.: Friesen (1984): Organizations – A Quantum View. Englewood Cliffs: Prentice-Hall.

Minssen, Heiner (1992): Die Rationalität von Rationalisierung. Betrieblicher Wandel und die Industriesoziologie. Stuttgart: Enke.

Mintzberg, Henry (1991): Mintzberg über Management. Führung und Organisation: Mythos und Realität. Wiesbaden: Gabler.

Moore, Wilbert E.; Melvin M.: Tumin (1949): Some Social Functions of Ignorance. In: American Sociological Review, Jg. 14, S. 787–795.

Müller-Stewens, Günter; Mathias Fontin (1997): Management unternehmerischer Dilemmata: ein Ansatz zur Erschließung neuer Handlungspotentiale. Stuttgart: Schäffer-Poeschel.

Nelson, Richard R.; Sidney G. Winter (1982): An Evolutionary Theory of Economic Change. Cambridge: Harvard University Press.

Neuberger, Oswald (1990a): Widersprüche in Ordnung. In: Königswieser, Roswita; Christian Lutz (Hg.): Das systemisch evolutionäre Management – Der neue Horizont für Unternehmen. Wien: Orac, S. 146–167.

Neuberger, Oswald (1990b): Der Witz der Arbeit. Bemerkungen zur Lache in den Betrieben. In: Kunkel, Klaus (Hg.): Nichts zu lachen? Des Wohlstands süßsaure Gemütslage. Köln: Informedia, S. 51–130.

Neuberger, Oswald (1990c): Der Mensch ist Mittelpunkt. Der Mensch ist Mittel. Punkt. Acht Thesen zum Personalwesen. In: Personalführung, H. 1/1990, S. 3–10.

Neuberger, Oswald (1995a): Mikropolitik. Der alltägliche Aufbau und Einsatz von Macht in Organisationen. Stuttgart: Enke Verlag.

Neuberger, Oswald (1995b): Führen und geführt werden. 5. Aufl. Stuttgart: Enke.

Nonaka, Ikujiro; Hirotaka Takeuci (1995): The Knowledge-Creating Company. How Japanese Companies Create the Dynamics of Innovation. New York; Oxford: Oxford University Press.

Ortmann, Günther (1995): Die Form der Produktion. Organisation und Rekursivität. Opladen: WDV.

Ortmann, Günther et al. (1991): Computer und Macht in Organisationen. Opladen: WDV.

Otala, Matti (1994): Die lernende Organisation. In: Office Management, H. 12/1994, S. 14–23.

Packard, Vance (1993): Die Pyramidenkletterer. Düsseldorf; Wien: Econ.

Pascale, Richard T. (1991): Managen auf Messers Schneide. Spannungen im Betrieb kreativ nutzen. Freiburg.

Peters, Thomas J. (1995): Das Tom-Peters-Seminar. Management in chaotischen Zeiten. Frankfurt a.M.; New York: Campus.

Peters, Thomas J.; Robert H. Waterman (1983): Auf der Suche nach Spitzenleistungen. Was man von den bestgeführten US-Unternehmen lernen kann. Landsberg am Lech: Verlag Moderne Industrie.

Pickering, W. S. F. (1975): Durkhain on Religion. London; Boston: Routledge; Kegan Paul.

Prisching, Manfred (1996): Die Effizienz der Ineffizienz. Paradoxien beim Organisationsmanagement, auf dem Arbeitsmarkt und bei der Mitarbeiterqualifikation. In: Gutschelhofer, Alfred; Josef Scheff (Hg.): Paradoxes Management. Widersprüche im Management – Management der Widersprüche. Wien: Linde, S. 257–277.

Probst, Gilbert J. B.; Bettina Büchel (1994): Organisationales Lernen. Wettbewerbsvorteil der Zukunft. Wiesbaden: Gabler.

Probst, Gilbert J. B.; Steffen Raub; Kai Romhardt (1999): Wissen managen. 3. Aufl. Wiesbaden: Gabler.

Radkau, Joachim (1983): Aufstieg und Krise der deutschen Atomwirtschaft. Reinbek: Rowohlt.

Rammert, Werner; Christof Wehrsig (1988): Neue Technologien im Betrieb: Politiken und Strategien der betrieblichen Akteure. In: Feldhoff, Jürgen et al. (Hg.): Regulierung – Deregulierung. Steuerungsprobleme der Arbeitsgesellschaft. Nürnberg: Bundesanstalt für Arbeit, S. 301–330.

Ritzer, George (1997): Die McDonaldisierung der Gesellschaft. Frankfurt a.M.: Fischer.

Robbins, Harvey; Michael Finley (1996): Why Change Doesn't Work. Why Initiatives Go Wrong and How to Try Again and Succeed. Princeton: Peterson's.

Romme, Georges; Ron Dillen (1997): Mapping the Landscape of Organizational Learning. In: European Management Journal, Jg. 15, S. 68–78.

Sattelberger, Thomas (1994): Die lernende Organisation im Spannungsfeld von Strategie, Struktur und Kultur. In: Sattelberger, Thomas (Hg.): Die lernende Organisation. 2. Aufl. Wiesbaden: Gabler, S. 11–56.

Sawyer, John E. (1952): Entrepreneurial Error and Economic Growth. In: Explorations in Entrepreneurial History, Jg. 4, 199–204.

Schein, Edgar (1997): Wenn das Lernen im Unternehmen wirklich gelingen soll. In: Harvard Businessmanager, H. 3/1997, S. 61–69.

Schirmer, Frank; Martin Smentek (1994): Management contra »Neue Managementkonzepte«? In: Industrielle Beziehungen, Jg. 1, S. 62–90.

Schneider, Louis (1962): The Role for the Category of Ignorance in Sociological Theory: An Exploratory Statement. In: American Sociological Review, Jg. 27, S. 492–508.

Schreyögg, Georg; Christian Noss (1995): Organisatorischer Wandel: Von der Organisationsentwicklung zur lernenden Organisation. In: DBW, Jg. 55, S. 169–185.

Scott, W. Richard (1986): Grundlagen der Organisationstheorie. Frankfurt a.M.; New York: Campus.

Scott, Richard W. (1995): Institutions and Organizations. Thousand Oaks; London: Sage.

Scott-Morgan, Peter (1994): Die heimlichen Spielregeln. Die Macht der ungeschriebenen Gesetze im Unternehmen. Frankfurt a.M.; New York: Campus.

Seitz, Dieter (1993): »Per Order de Mufti läuft nichts«. Zur sozialen Steuerung betrieblicher Gestaltungsprozesse. Berlin: Edition Sigma.

Senge, Peter M. (1990): The Fifth Discipline: The Art and Practice of the Learning Organization. New York: Doubleday.

Shapiro, Eileen C. (1996): Trendsurfen in der Chefetage. Unternehmensführung jenseits der Management-Moden. Frankfurt a.M.; New York: Campus.

Sharpe, Tom (1980): Der Puppenmord oder bis daß ihr Tod ihn scheidet. Berlin: Zweitausendeins.

Siegele, Ludwig (1999): Das nächste Problem. Die Zeit, 24. 6. 1999, S. 25.

Simon, Fritz B. (1997a): Lernen – und wie man es erfolgreich verhindert. In: GDI-Impuls, H. 2/1997, S. 3–12.

Simon, Fritz B. (1997b): Die Kunst, nicht zu lernen. Und andere Paradoxien in Psychotherapie, Management, Politik. Heidelberg: Carl-Auer-Systeme.

Simon, Herbert A. (1946): The Proverbs of Administration. In: Public Administration Review, Jg. 6, S. 53–67.

Simon, Herbert A. (1957): Models of Man. Social and Rational. New York: John Wiley & Sons.

Simon, Herbert A. (1978): Die Architektur der Komplexität. In: Türk, Klaus (Hg.): Handlungssysteme. Opladen: WDV, S. 94–112.

Spalink, Heiner (1998): Werkzeuge für das Change Management. Prozesse erfolgreich optimieren und implementieren. Frankfurt a.M.: FAZ-Verlag

Springer, Roland (1999): Rückkehr zum Taylorismus? Frankfurt a.M.; New York: Campus.

Stacey, R. D. (1992): Managing Chaos. Dynamic Business Strategies in an Unpredictable World. London: Kogan Page.

Staehle, Wolfgang H.(1990): Management. 5. Aufl. München: Vahlen.

Staehle, Wolfgang H. (1991): Redundanz, Slack und lose Kopplung in Organisationen: Eine Verschwendung von Ressourcen? In: Staehle, Wolfgang H.; Jörg Sydow (Hg.): Managementforschung 1. Berlin; New York: Walter de Gruyter, S. 313–345.

Staehle, Wolfgang H. (1994): Management: eine verhaltenswissenschaftliche Perspektive. 7. Aufl. München: Vahlen.

Starbuck, William H. (1983): Organizations as Action Generators. In: American Sociological Review, Jg. 48, S. 91–102.

Starbuck, William H.; Arent Greve; Bo L. T. Hedberg (1988): Responding to Crisis. In: Quinn, James B.; Henry Mintzberg; Robert M. James (Hg.): The Strategy Process. Concepts, Contexts, and Cases. Englewood Cliffs, NJ: Prentice Hall, S. 687–697.

Starkey, Ken (1998): What Can We Learn from the Learning Organization? In: Human Relations, Jg. 51, S. 531–546.

Staute, Jörg (1996): Der Consulting-Report. Vom Versagen der Manager zum Reibach der Berater. Frankfurt a.M.; New York: Campus.

Tacke, Veronika (1992): Changing ›Organizations in Action‹. In: Tacke, Veronika; Klaus Peter Japp (Hg.): Rationalität und Wandel von Organisationen. J.D. Thompson revisited. Bielefeld: FSP »Zukunft der Arbeit« an der Universität Bielefeld, S. 2–14.

Tacke, Veronika (1997a): Systemrationalisierung an ihren Grenzen – Organisationsgrenzen und Funktionen von Grenzstellen in Wirtschaftsorganisationen. In: Schreyögg, Georg; Jörg Sydow (Hg.): Managementforschung 7. Berlin; New York: Walter de Gruyter, S. 1–44.

Tacke, Veronika (1997b): Rationalitätsverlust im Organisationswandel. Von der Waschküche der Farbenfabriken zur informatisierten Chemieindustrie. Frankfurt a.M.; New York: Campus.

Thompson, James D. (1967): Organizations in Action. New York et al.: McGraw-Hill.

Thompson, Paul (1983): The Nature of Work. An Introduction to Debates on the Labour Process. London; Basingstoke: Macmillan Press.

Toffler, Alvin (1980): The Third Wave. New York: William Morrow.

Tushman, Michael L.; Charles A. O'Reilly (1998): Unternehmen müssen auch den sprunghaften Wandel meistern. In: Harvard Businessmanager, H. 1/1998, S. 30–44.

Türk, Klaus (1981): Personalführung und soziale Kontrolle. Stuttgart: Enke.

Vahs, Dietmar (1997a): Alles ist im Fluß. Organisationales Lernen hilft bei der Bewältigung struktureller Veränderung. In: io Management, H. 4/1997, S. 74–79.

Vahs, Dietmar (1997b): Unternehmenswandel und Widerstand. Nur der richtige Umgang mit Veränderungswiderständen führt zum Erfolg. In: io Management, H. 12/1997, S. 18–24.

Van den Ven, Andrew H.; Marshall Scott Poole (1988): Paradoxical Requirements for a Theory of Organizational Change. In: Quinn, Robert E.; Kim S. Cameron (Hg.): Paradox and Transformation: Toward a Theory of Change in Organization and Management. Cambridge: Ballinger, S. 19–63.

Vansina, Leopold S.; Tarsi Taillieu (1996): Organisationsentwicklung und Supervision: Erfolgsfaktoren bei Veränderungsprozessen. Köln: Edition Humanistische Psychologie, S. 19–44.

Vollmer, Hendrik (1996): Die Institutionalisierung lernender Organisationen. Vom Neoinstitutionalismus zur wissenssoziologischen Aufarbeitung der Organisationsforschung. In: Soziale Welt, Jg. 47, S. 315–343.

Wahren, Heinz-Kurt E. (1996): Das lernende Unternehmen. Theorie und Praxis des organisationalen Lernens. Berlin; New York; de Gruyter.

Waldenfels, Bernhard (1990): Der Stachel des Fremden. Frankfurt a.M.; Suhrkamp.

Walgenbach, Peter (1994): Mittleres Management, Aufgaben – Funktionen – Arbeitsstrukturen. Wiesbaden: Gabler.

Walgenbach, Peter (1995): Institutionalistische Ansätze in der Organisationstheorie. In: Kieser, Alfred (Hg.): Organisationstheorien. 2. Aufl. Stuttgart; Köln; Berlin: Kohlhammer, S. 269–302.

Warnecke, Hans-Jürgen (1992): Die Fraktale Fabrik. Revolution der Unternehmenskultur. Berlin et al.: Springer.

Weick, Karl E. (1976): Educational Organizations as Loosely Coupled Systems. In: Administrative Science Quarterly, Jg. 21, S. 1–19.

Weick, Karl E. (1977): Re-Punctuating the Problem. In: Goodman, Paul S. et al. (Hg.): New Perspectives on Organizational Effectiveness. San Francisco: Jossey-Bass, S. 193–225.

Weick, Karl E. (1985): Der Prozeß des Organisierens. Frankfurt a.M.: Suhrkamp.

Weidermann, Peter H. (1984): Das Management des Organizational Slack. Wiesbaden: Gabler.

Wever, Ulrich A. (1989): Unternehmenskultur in der Praxis. Erfahrungen eines Insiders bei zwei Spitzenunternehmen. Frankfurt a.M.; New York: Campus.

Whyte, William H. (1958): Herr und Opfer der Organisation. Düsseldorf: Econ.

Wiedemann, Herbert (1971): Das Unternehmen in der Evolution. Neuwied; Berlin: Luchterhand.

Wieselhuber, Norbert (1996): Die lernende Organisation. Unternehmenspotentiale erfolgreich erschließen. München: Dr. Wieselhuber & Partner.

Wildemann, Horst (1995): Ein Ansatz zur Steigerung der Reorganisationsfähigkeit von Unternehmen: Die lernende Organisation. In: Zeitschrift für Betriebswirtschaft, Jg. 65, S. 1–23.

Wildemann, Horst (1996): Erfolgsfaktoren für schnell lernende Unternehmen. In: Bullinger, Hans-Jörg (Hg.): Lernende Organisationen. Konzepte, Methoden und Erfahrungsberichte. Stuttgart: Schäffer-Poeschel, S. 75–103.

Willke, Helmut (1996): Interventionstheorie. Grundzüge einer Theorie der Intervention in komplexe Systeme. 2. Aufl. Stuttgart: UTB.

Willke, Helmut (1998): Systemtheorie III: Steuerungstheorie. Stuttgart: UTB.

Wimmer, Rudolf (1989): Die Steuerung komplexer Organisationen. Ein Reformierungsversuch der Führungsproblematik in systemischer Sicht. In: Sandner, Karl (Hg.): Politische Prozesse in Unternehmen. Berlin; Heidelberg: Springer, S. 131–156.

Wimmer, Rudolf (1992): Der systemische Ansatz – mehr als eine Modeerscheinung. In: Schmitz, Christof; Peter-W. Gester; Barbara Heitger (Hg.): Managerie. 1. Jahrbuch für systemisches Denken und Handeln im Management. Heidelberg: Carl-Auer-Verlag, S. 70–104.

Wolf, Harald (1997): Das dezentrale Unternehmen als imaginäre Institution. In: Soziale Welt, Jg. 48, S. 207–224.

Womack, James P. (1996): Neues von Hammer und Champy. In: Harvard Businessmanager, Jg. 18, S. 15–17.

Womack, James P.; Daniel T. Jones; Daniel Ross (1991): Die zweite Revolution in der Automobilindustrie. Konsequenzen aus der weltweiten Studie des Massachusetts Institute of Technology. Frankfurt a.M.; New York: Campus.

Zuberbühler, Max (1995): Die lernende Organisation – der radikale Weg zur Überwindung der Bürokratie. in: io Management, H. 4/1995, S. 80–83.

Management und Unternehmensführung

Stefan Kühl
Wenn die Affen den Zoo regieren
Die Tücken der flachen Hierarchien
1998. 197 Seiten
ISBN 3-593-35906-5

Die jetzt erscheinende überarbeitete und erweiterte Neuauflage dieses Buches über die Tücken der flachen Hierarchien bezieht weitreichende Erfahrungen der letzten Jahre und empirische Studien über das Scheitern von Dezentralisierungskonzepten in die Erklärung der organisatorischen Probleme mit ein. Es wird diskutiert, ob die vereinfachenden Tendenzen zur Rezentralisierung bei Firmen wie ABB, Daimler-Benz und Hewlett-Packard die richtige Lösung sind. Der Autor beschreibt, wie mit den geschilderten Schwierigkeiten umgegangen werden kann.

Anhand zahlreicher Beispiele aus der Unternehmenswirklichkeit zeigt der Organisationssoziologe und Unternehmensberater Stefan Kühl, wie die Orientierung auf Wandel, Flexibilität und Innovation die Unternehmen an die Grenze ihrer Existenz treibt, wenn die strukturellen Beschränkungen der Organisationen nicht berücksichtigt werden.

Stefan Kühl arbeitet für verschiedene deutsche Unternehmen und leitet das Forschungsprojekt über neue Koordinations- und Steuerungsformen in dezentralisierten Unternehmen.

Campus Verlag · Frankfurt/New York